ACCESO GRATIS *a la Lectura en la Nube*

Para visualizar el libro electrónico en la nube de lectura envíe junto a su nombre y apellidos una fotografía del código de barras situado en la contraportada del libro y otra del ticket de compra a la dirección:

ebooktirant@tirant.com

En un máximo de 72 horas laborables le enviaremos el código de acceso con sus instrucciones.

La visualización del libro en **NUBE DE LECTURA** excluye los usos bibliotecarios y públicos que puedan poner el archivo electrónico a disposición de una comunidad de lectores. Se permite tan solo un uso individual y privado.

MEMORIA DE LAS VÍCTIMAS DEL TERRORISMO Y UNIVERSIDAD II

Una nueva propuesta disciplinar

Procedimiento de selección de originales, ver página web:
www.tirant.net/index.php/editorial/procedimiento-de-seleccion-de-originales

MEMORIA DE LAS VÍCTIMAS DEL TERRORISMO Y UNIVERSIDAD II

Una nueva propuesta disciplinar

Dirección:

MARIANO VIVANCOS COMES

tirant lo blanch

Valencia, 2026

La presente obra ha sido sometida a la revisión de pares ciegos según el protocolo de publicación de la editorial a efectos de ofrecer el rigor y calidad correspondiente tanto en su contenido como en su forma, aplicándose los criterios específicos aprobados por la Comisión Nacional E 016 (BOE núm. 286, de 26 de noviembre de 2016).

EDITA: TIRANT LO BLANCH
C/ Artes Gráficas, 14 - 46010 - Valencia
TELFS.: 96/361 00 48 - 50
FAX: 96/369 41 51
Email: tlb@tirant.com
www.tirant.com
Librería virtual: www.tirant.es
DEPÓSITO LEGAL: V-376-2026
ISBN: 979-13-7040-008-8
MAQUETA: Tink Factoría de Color

Si tiene alguna queja o sugerencia, envíenos un mail a: *atencioncliente@tirant.com*. En caso de no ser atendida su sugerencia, por favor, lea en *www.tirant.net/ index.php/empresa/politicas-de-empresa* nuestro procedimiento de quejas.

Responsabilidad Social Corporativa: http://www.tirant.net/Docs/RSCTirant.pdf

Autores

Iñaki Arteta Orbea

Alberto Baixauli Fernández

Aleixandre Catalá i Bas

Emilio Daniel Villareal

Carmen Ladrón de Guevara Pascual

Margarita Roig Torres

Borja Sánchez Barroso

Mariano Vivancos Comes

Índice

PARTE III
VÍCTIMAS DEL TERRORISMO Y DERECHO PENAL

PARTE IV
TESTIMONIO DE LAS VICTIMAS COMO EXPERIENCIA DOCENTE

Prólogo del Presidente de la Fundación Broseta

Como Presidente de la Fundación Broseta, es para mí un honor presentar esta obra que aborda, con rigor y sensibilidad, uno de los capítulos más complejos y fundamentales de nuestra historia reciente: el terrorismo en España y, muy especialmente, la memoria y los derechos de sus víctimas. Y todo ello, en el marco del Proyecto de Innovación Educativa Emergente UV-SPFIE-3321827, "Ciudadanía activa por la Memoria y la Justicia: víctimas del terrorismo en el aula universitaria", del que formo también parte, y que impulsa un enfoque transformador para integrar la memoria y los derechos de las víctimas en la educación superior.

Los diferentes trabajos reunidos en la obra colectiva constituyen un aporte multidisciplinar, que recorre desde el análisis jurídico y penitenciario de los condenados por actos terroristas, hasta la reflexión pedagógica sobre la enseñanza de esta realidad en nuestras universidades. Con especial atención, se profundiza en el reconocimiento y la dignificación de las víctimas, un eje imprescindible para la consolidación de una democracia madura y consciente.

Margarita Roig nos confronta con las tensiones y desafíos que plantea la política penitenciaria en materia de terrorismo, señalando la necesidad de equilibrar la justicia y la reinserción, sin desatender el legítimo sufrimiento de las víctimas. Por su parte, Carmen Ladrón de Guevara destaca la evolución hacia un modelo procesal que coloca a las víctimas en el centro, reconociendo y ampliando sus derechos en el marco del proceso penal, al tiempo que subraya los retos prácticos que aún persisten.

En el ámbito educativo, Alberto Baixauli y Alexandre Catalá proponen innovaciones para que la enseñanza del Derecho Penal y la historia del terrorismo fomente valores democráticos y el pensamiento crítico, integrando testimonios y nuevas tecnologías de manera reflexiva. Emilio Villareal y Mariano Vivancos nos invitan a preservar y transmitir la memoria de las víctimas desde una perspectiva histórica y ética, enfatizando este último en la necesidad de una memoria democrática inclusiva que reconozca plenamente a quienes han sufrido el terrorismo, al nivel de otras víctimas históricas.

El testimonio directo de las víctimas, tal y como nos recuerda Iñaki Arteta, adquiere en esta obra una dimensión humana y educativa insustituible. La defensa de la creación de archivos audiovisuales independientes para preservar estas voces es una apuesta por la verdad, la justicia y la resistencia frente al olvido y la manipulación.

Finalmente, Borja Sánchez Barroso nos advierte del valor irremplazable de la presencia humana y la mediación ética en la enseñanza de estos temas, recordándonos que la inteligencia artificial, por avanzada que sea, no puede sustituir el compromiso emocional y crítico que demanda la memoria de las víctimas.

Esta obra es, en definitiva, una llamada a la responsabilidad colectiva: preservar la memoria, garantizar derechos, fomentar una educación crítica y humana, y construir una democracia que nunca olvide el pasado para forjar un futuro más justo y digno.

Confío en que su lectura contribuya a fortalecer la reflexión jurídica, social y educativa sobre un legado que debe seguir siendo un pilar esencial de nuestra convivencia y respeto a los derechos humanos.

Vicente Garrido Mayol
Presidente de la Fundación Broseta

Prólogo del Director

La memoria de las víctimas del terrorismo constituye uno de los mayores desafíos éticos, jurídicos y políticos para cualquier democracia contemporánea. Este volumen colectivo nace de la convicción de que solo a través de la memoria, la justicia y la educación es posible formar una ciudadanía activa y consciente, capaz de resistir frente al olvido o la banalización de la violencia.

La presente obra es fruto del trabajo desarrollado por un grupo de profesores de la Facultad de Derecho de la Universitat de València en el marco del Plan de Innovación Educativa Emergente Ciudadanía activa por la memoria y la justicia: víctimas del terrorismo en el aula universitaria, financiado por el Vicerrectorado de Formación Permanente, Transformación Docente y Empleo durante el curso 2024-2025. A este esfuerzo se han sumado colaboradores externos procedentes del ámbito académico, jurídico y cultural, todos ellos comprometidos con la defensa de los derechos humanos y con la necesidad de integrar a las víctimas en el relato democrático.

Desde una perspectiva interdisciplinar, el libro se articula en cuatro grandes bloques que abordan el fenómeno de la memoria del terrorismo desde distintas dimensiones: histórica, constitucional, penal y testimonial.

La Parte I, dedicada a *Víctimas del terrorismo e historia*, se abre con el capítulo de Emilio Daniel Villareal, quien analiza la aportación del Informe Foronda a la nueva conceptualización de las víctimas del terrorismo en el marco de la educación superior. Su contribución destaca la necesidad de una pedagogía activa y crítica para comprender el impacto social, político y económico de cuatro décadas de violencia.

La Parte II, centrada en *Víctimas del terrorismo y Derecho Constitucional*, recoge tres aportaciones. El profesor Aleixandre Catalá i Bas examina la ilegalización de partidos políticos que ampararon la violencia, conectando este debate con la implementación de metodologías innovadoras en la enseñanza del Derecho. A continuación, Borja Sánchez Barroso advierte de los riesgos de la deshumanización en la enseñanza de la historia del terrorismo cuando se delega en la inteligencia artificial una tarea que exige presencia, escucha y empatía. Finalmente, reflexiono sobre la exclusión de las víctimas del terrorismo en el marco normativo de la memoria democrática, subrayando la necesidad de una plena integración legislativa que repare una injusticia histórica.

La Parte III, dedicada a *Víctimas del terrorismo y Derecho Penal*, incluye dos capítulos. Alberto Baixauli plantea la incorporación de los testimonios de las víctimas como recurso docente en diversas asignaturas de Derecho Penal y Criminología, con el objetivo de fomentar valores cívicos y democráticos en el alumnado. Por su parte, Margarita Roig analiza los límites jurídicos a la salida anticipada de prisión de condenados por terrorismo, abordando un debate de especial sensibilidad social y política.

La Parte IV, titulada *El testimonio de las víctimas como experiencia docente*, reúne dos contribuciones que destacan el valor de la memoria viva. El cineasta Iñaki Arteta reivindica en El rostro habla la importancia del testimonio audiovisual como herramienta contra el olvido y propone la creación de un archivo. Por su parte la letrada Carmen Ladrón de Guevara, asesora jurídica de la Asociación de Víctimas del Terrorismo (AVT), analiza en su capítulo la evolución de los derechos de las víctimas en el proceso penal, destacando avances y carencias en la aplicación práctica del Estatuto de la Víctima del Delito.

El hilo que une estas aportaciones es la convicción de que la memoria de las víctimas no es solo un ejercicio de justicia histórica, sino también una herramienta para consolidar una democracia más ética y consciente. Recordar a las víctimas es reconocer su dignidad y su resistencia cívica; es también comprometerse con la transmisión de estos valores a las nuevas generaciones de españoles y valencianos. Esperamos que esta obra sirva como espacio de reflexión crítica y como impulso para que la universidad, y la sociedad en su conjunto, asuman el compromiso de mantener viva la memoria de quienes sufrieron la violencia terrorista. Porque, como nos recuerda la experiencia histórica, una democracia que olvida es una democracia en permanente riesgo.

Mariano Vivancos Comes
Profesor de Derecho Constitucional

PARTE I
VÍCTIMAS DEL TERRORISMO E HISTORIA

Capítulo 1

La aportación del Informe Foronda a la nueva conceptualización de las víctimas del terrorismo en su aproximación histórica en la educación superior

EMILIO DANIEL VILLARREAL
Doctor en Derecho, Gobierno y Políticas Públicas
Universidad Autónoma de Madrid

I. INNOVACIÓN EDUCATIVA Y VÍCTIMAS DEL TERRORISMO

Antes de adentrarnos en la esencia del tema sería conveniente ubicarnos en el marco en el que deseo situar las referencias conceptuales en lo que a innovación docente se refiere. El término innovación no es nuevo y en el campo de la pedagogía viene utilizándose con cierta asiduidad desde la segunda mitad del siglo pasado.

Por utilizar una concepción referencial de la innovación educativa mencionaré las palabras del profesor Martínez Bonafé extraídas de un artículo publicado en la revista Cuadernos de Pedagogía que se concretan en "yo quiero entender la innovación como el deseo y la acción que mueven a un profesor, a una profesora o colectivo de profesores y profesoras, a intentar realizar mejoras en su práctica profesional, con la finalidad de conseguir la mejor y más amplia educación para sus alumnos y alumnas"[1]. Tal definición puede ser trasladada sin problema alguno a cualquier ámbito del espacio educativo incluida la educación superior.

Tal y como se recoge en un artículo publicado en la revista Edetania —Estudios y Propuestas Socioeducativos—, "La sociedad reclama un nuevo modelo educativo que incorpore metodologías docentes que fomenten un aprendizaje significativo, experiencial y cooperativo, en el que el estudiante sea parte activa del proceso"[2] como consecuencia de la puesta en cuestión del modelo tradicional que transmite los conocimientos de forma estandarizada y fragmentada tal y como sostiene el filósofo francés Edgar Morín[3].

La innovación supone reflexión, diseño, aplicación e implantación de elementos, nuevos o preexistentes, que deben conllevar una situación de mejora en el proceso. La innovación en educación supone la introducción de cambios en los procesos de enseñanza-aprendizaje y formación con la intención de mejorar los resultados del aprendizaje tal y como señalan autores como Fidalgo-Blanco o Sein-Echaluce[4].

Por otro lado, la introducción de forma imparable de la utilización de las Tecnologías de la Información y la Comunicación (TICs) en las aulas, tanto en la educación obligatoria como en las del espacio post-obligatorio incluidas las aulas universitarias, han ido configurando un nuevo horizonte didáctico que obliga al replanteamiento de

---

1 Martínez Bonafé, J. (2008). "Pero, ¿qué es la innovación educativa?". *Cuadernos de Pedagogía,* n.º 375, 78-82.

2 Fernández Piqueras, R., Guerrero Valverde, E., Cebrián Cifuentes, S., Ros Ros, C. (2020). "Innovación educativa universitaria y metodologías activas para el aprendizaje de las competencias específicas del grado"en *Edetania. Estudios y Propuestas Socioeducativos, nº 58, 183-200.* https://doi.org/10.46583/edetania_2020.58.723.

3 Morín, E. (2001). *Los siete saberes necesarios para la educación del futuro.* Madrid. Paidós Studio.

4 Fidalgo-Blanco, A., Sein-Echaluce, M. L., García-Peñalvo, F. J. y Balbín-Bastidas, A. M.ª (2019). "Método para diseñar buenas prácticas de innovación educativa docente: Percepción del profesorado" en *V Congreso Internacional sobre Aprendizaje, Innovación y Competitividad.* Madrid.

los roles desarrollados por los diferentes participantes en entornos de formación/aprendizaje tradicional para establecer nuevos roles que sean capaces de asumir los nuevos retos que van apareciendo, de manera muy concreta, en los diferentes ámbitos del Espacio Europeo de Educación Superior.

Desde estos parámetros de partida resulta evidente la apertura de un nuevo horizonte que permite la introducción del discurso de las Víctimas del Terrorismo en nuevos materiales de estudio y trabajo con una nueva perspectiva que permita adquirir una visión de conjunto del fenómeno terrorista contando con las aportaciones de los diferentes implicados a la vez que se reivindica para ellas memoria, dignidad y reconocimiento desde el imperativo del respeto a los derechos humanos como uno de los pilares de construcción de una convivencia pacífica.

II. ACTIVIDADES EDUCATIVAS Y VÍCTIMAS DEL TERRORISMO: ALGUNOS EJEMPLOS

La figura de las Víctimas del Terrorismo ha sido y sigue siendo un elemento central en la construcción de textos explicativos del fenómeno terrorista a lo largo de los últimos años. Sin embargo, su aparición en esos textos ha sido, en gran parte, más como sujeto pasivo y elemento colateral en la explicación aportada que como elemento con voz propia. La centralidad del discurso, la importancia de lo explicado se ha centrado mayormente en la descripción de la intencionalidad de los victimarios, auténticos protagonistas de la mayoría de los textos elaborados en estas décadas. Será más allá de 2015, fecha de publicación del informe que se va a analizar, cuando los documentos y libros que van saliendo a la luz comiencen a plasmar un análisis diferente en el que se reivindica la centralidad de las Víctimas como elemento necesario en la comprensión del fenómeno terrorista.

Por su parte, tras años de sufrir la tragedia terrorista, la sociedad española comenzó a organizarse en diversas asociaciones cívicas que fueron surgiendo en el panorama nacional desde que en 1981 la

Asociación de Víctimas del Terrorismo[5] hizo su aparición. Tras ella surgirán otras entidades con fines similares tales como la Fundación Víctimas del Terrorismo[6], la Asociación Dignidad y Justicia[7], la Fundación Manuel Giménez Abad[8], la Asociación de Ayuda a las Víctimas del 11-M[9], el Colectivo de Víctimas del Terrorismo (COVITE)[10], la Asociación 11-M Afectados del Terrorismo[11], la Coordinadora Gesto por la Paz de Euskal Herria[12], la Fundación Tomás Caballero, etc. con finalidades diversas pero con la misma figura como centro gravitacional de sus propuestas: las Víctimas del terrorismo.

De entre ellas, la Fundación Profesor Manuel Broseta[13], cuyo nacimiento está íntimamente relacionado con el hecho terrorista, surgió en 1992 con la doble finalidad de, por un lado, canalizar la respuesta de una parte de la sociedad valenciana al entorno terrorista y, por otro, mantener el espíritu y la memoria del profesor Broseta Pont entre la juventud fundamentalmente. Se trata de otra institución preocupada por las Víctimas del Terrorismo, desde una perspectiva valenciana, que comenzará a desarrollar una continua actividad sobre todo en la esfera del Derecho a la que el profesor estaba vincula-

---

5 "Asociación Victimas del Terrorismo | AVT", n.d. Último acceso 19 de junio de 2025, https://avt.org/es

6 "Fundación Victimas del Terrorismo", n.d. Último acceso 19 de junio de 2025, https://fundacionvt.org/

7 "Asociación Dignidad y Justicia | DyJ", n.n. Último acceso 19 de junio de 2025, https://www.asociaciondignidadyjusticia.es/

8 "Fundación Manuel Giménez Abad", n.d. Último acceso 19 de junio de 2025, https://www.fundacionmgimenezabad.es/

9 Dada su escasa representación (no contaba con más de 600 asociados) cesó su actividad en 2024.

10 "Colectivo de Víctimas del Terrorismo | Covite", último acceso 19 de junio de 2025, https://covite.org/

11 "Asociación 11-M Afectados del Terrorismo", último acceso 19 de junio de 2025, https://asociacion11m.org/

12 La actividad pública de Gesto por la Paz finalizó el 1 de junio de 2013. Último acceso 19 de junio de 2025, http://www.gesto.org/es/que-fue-gesto-por-la-paz/historia/violencia/final-violencia.html

13 "Fundación Profesor Manuel Broseta", último acceso 19 de junio de 2025, https://www.fundacionbroseta.org/

do. Sus convocatorias de los Premios Convivencia[14] a lo largo de los años han ido reconociendo la labor desempeñada en el campo del Civismo a personalidades e instituciones tan variadas como la Coordinadora Gesto por la Paz en Euskal Herria (1993), Mijail Gorbachov (2009), Malala Yousafzai (2014), la Unidad Militar de Emergencias UME (2021) o Iñaki Arteta Orbea (2024).

De igual manera, el resto de las asociaciones vinculadas al mundo de las Víctimas del Terrorismo han ido realizando una continua actuación en la reivindicación, no solo del papel que las Víctimas deberían desempeñar en la explicación del fenómeno terrorista, sino en el campo educacional expresando la necesidad de incluir contenidos en el sistema educativo que permitiesen comprender el desarrollo de los acontecimientos pasados a la par que reivindicar la necesidad de resarcir públicamente a todas las Víctimas del Terrorismo del dolor, daño y soledad padecidos.

Debemos trasladarnos hasta los años 2017 y 2018 para tener las primeras experiencias educativas en el ámbito de la Enseñanza Secundaria Obligatoria (ESO) y el Bachillerato a través del programa "Testimonio de las Víctimas del Terrorismo en las aulas" que junto con el proyecto educativo "Memoria y prevención del terrorismo", resultado de la colaboración entre los ministerios de Educación e Interior junto con la Fundación Víctimas del Terrorismo y el Centro para la Memoria de las Víctimas del Terrorismo, ha generado los primeros materiales educativos[15] para disciplinas como Geografía e Historia[16], Filosofía, Historia del Mundo Contemporáneo, Valores Éticos o Psicología.

---

14 "Premios convivencia | Fundación Profesor Manuel Broseta", último acceso 19 de junio de 2025 https://www.fundacionbroseta.org/premios-convivencia/

15 "Unidades Didácticas en castellano; Descargas |Ministerio del Interior" n.d. Último acceso 19 de junio de 2025. https://www.interior.gob.es/opencms/es/servicios-al-ciudadano/tramites-y-gestiones/ayudas-y-subvenciones/ayudas-a-victimas-de-actos-terroristas/unidades-didacticas-del-proyecto-educativo-memoria-y-prevencion-del-terrorismo/unidades-didacticas-en-castellano/

16 "El terrorismo en España; |Ministerio del Interior" n.d. Último acceso 19 de junio de 2025. https://www.interior.gob.es/opencms/pdf/servicios-al-

En el ámbito universitario, dadas las pérdidas sufridas en el mismo a manos de los terroristas y su transformación como espacio de memoria, las actividades en recuerdo y honor de las Víctimas han sido, en determinados momentos, habituales y aunque esa transformación ha supuesto un cierto viraje en la orientación de las decisiones y políticas desarrolladas en los últimos tiempos eso todavía no ha conllevado, salvo en ciertos casos, la generación e introducción de nuevos contenidos y materiales de trabajo sobre el terrorismo y sus víctimas de manera generalizada en los diferentes estudios y titulaciones.

Mientras que otras disciplinas (las vinculadas al mundo de las Ciencias Jurídicas, por poner un ejemplo) han introducido en sus diferentes tratamientos la figura de la/s Víctima/s como elemento central en la construcción y elaboración de sus discursos, el campo de la Historia ha resultado más refractario a la hora de introducir el punto de vista de las propias Víctimas en la elaboración de materiales que permitan explicar y trabajar el complejo mundo del Terrorismo, nacional o internacional, en las aulas de una manera diferente e innovadora no simplemente por el hecho de utilizar nuevas tecnologías (TICs) sino por dotar de un rol activo y con discurso propio a un elemento que había sido, en la mayoría de materiales elaborados previamente, pasivo, necesario —no puede haber acción terrorista sin una o varias posibles Víctimas— pero hasta cierto punto inanimado, carente de posicionamiento propio ante el desarrollo de los acontecimientos descritos.

Como he señalado anteriormente, aunque el fenómeno del terrorismo ha afectado a la totalidad del territorio nacional en mayor o menor medida, las comunidades autónomas del País Vasco y la Comunidad Foral de Navarra, por ser unos de los escenarios más repetidos en las acciones terroristas desarrolladas en nuestro país desde la segunda mitad del siglo XX, han ido forjando, al calor de instituciones como el Departamento de Historia Contemporánea de la Universidad del País Vasco (UPV/EHU) con el Instituto de Historia Social "Valentín de Foronda", un crisol de historiadores entre los que pode-

ciudadano/ayudas-y-subvenciones/ayudas-a-victimas-de-actos-terroristas/unidades-didacticas-en-castellano/UD1_Terrorismo_en_Espana_ALUMNOS.pdf mos destacar, entre otros, a Gaizka Fernández Soldevilla o a Raúl López Romo, ambos vinculados a su vez con el Centro Memorial de las Víctimas del Terrorismo, preocupados por temas relacionados con la historia reciente tales como la represión franquista, la Transición, los partidos políticos, o el terrorismo y sus víctimas.

La Fundación Centro para la Memoria de las Víctimas del Terrorismo (FCMVT)[17] también conocida como Centro Memorial para las Víctimas del Terrorismo es una fundación perteneciente al sector público, adscrita al Ministerio del Interior y constituida como resultado del mandato contenido en el articulado de la Ley 29/2011, de 22 de septiembre, de Reconocimiento y Protección Integral de las Víctimas del Terrorismo[18].

La misma Ley, en su artículo 59 (*Educación para la defensa de la libertad, la democracia y la paz*) recoge la necesidad de incorporar la voz de las Víctimas a los planes y proyectos educativos[19], mandato que viene contenido en los estatutos de la FCMVT en sus artículos sobre Fines y Actividades 3.2 y 4.1.a[20].

---

17 "Disposición 12277 del BOE | BOE" https://www.boe.es/boe/dias/2015/11/13/pdfs/BOE-A-2015-12277.pdf

18 "Ley 29/2011, de 22 de septiembre, de Reconocimiento y Protección Integral a las Víctimas del Terrorismo | BOE", n.d. Último acceso 19 de junio de 2025, https://www.boe.es/buscar/pdf/2011/BOE-A-2011-15039-consolidado.pdf. Dicha Ley, en su artículo 57, señala que "El Gobierno constituirá un Centro Nacional para la Memoria de las Víctimas del Terrorismo, que tendrá como objetivo preservar y difundir los valores democráticos y éticos que encarnan las víctimas del terrorismo, construir la memoria colectiva de las víctimas y concienciar al conjunto de la población para la defensa de la libertad y de los derechos humanos y contra el terrorismo. El Centro Nacional para la Memoria de la Víctimas del Terrorismo tendrá su sede en la Comunidad Autónoma del País Vasco".

19 "Las Administraciones educativas al objeto de garantizar el respeto de los derechos humanos y la defensa de la libertad dentro de los principios democráticos de convivencia, impulsarán planes y proyectos de educación para la libertad, la democracia y la paz, en los que se procurará la presencia del testimonio directo de las víctimas del terrorismo".

20 "Estatutos-Fundación | FCMVT", n.d. Último acceso 20 de junio de 2025, https://www.memorialvt.com/wp-content/uploads/ESTATUTOS-FUNDACION.pdf

La actividad divulgadora de la FCMVT desde su creación ha facilitado la edición, publicación y difusión de materiales tanto textuales como gráficos algunos de ellos surgidos como resultado de la labor investigadora de historiadores como los mencionados anteriormente (Fernández Soldevilla, López Romo, Moreno Bibiloni, Mota Zurdo, etc.) así como de otros de trayectoria más antigua (Rivera Blanco, Castells Arteche, Pablo Contreras, etc.) y de otros profesionales de otras ramas como el periodismo y la comunicación (Domínguez Iribarren), la politología o la sociología, etc. Entre sus publicaciones nos encontramos con la revista *Cuadernos del Centro Memorial de las Víctimas del Terrorismo,* publicada anualmente y de forma ininterrumpida hasta el momento presente desde 2016 y que en el prólogo de su primer número ya señala de forma inequívoca uno de sus principales retos al mencionar la intención de "profundizar en la dignificación de las víctimas, frente a los perversos intentos de legitimar o justificar el terrorismo. Y hacerlo con un enfoque humano, que ponga a la víctima en el centro del relato, y desde un conocimiento técnico-profesional profundo y certero"[21].

Además, el Centro Memorial de las Víctimas del Terrorismo, ha publicado una serie de informes relacionados con el estudio y análisis del terrorismo con títulos como *La estrategia del Miedo —ETA y la espiral del silencio en el País Vasco—, La sociedad vasca ante la memoria de las víctimas y el final del terrorismo, Las claves de la derrota de ETA*, etc.[22]

Por su parte, el Parlamento Vasco en fechas posteriores y mediante la aprobación de la Ley 4/2014, de 27 de noviembre, de creación del Instituto de la Memoria, la Convivencia y los Derechos Humanos, constituyó el mencionado organismo integrado, como organismo autónomo de carácter administrativo, en la Administración institucional del la Comunidad Autónoma del País Vasco para el desarrollo de la política pública que garantice, impulse y desarrolle los derechos

---

[21] Domínguez, F. (2016) "Las víctimas, siempre en nuestra memoria" en *Cuadernos del Centro Memorial de las Víctimas del Terrorismo, nº1*, Vitoria-Gasteiz, Editorial MIC, P. 9.

[22] "Publicaciones | Centro Memorial de las Víctimas del Terrorismo", n.d. Último acceso 20 de junio de 2025, https://www.memorialvt.com/publicaciones/

humanos, promocione la memoria y favorezca el progreso y desarrollo de la convivencia democrática[23]. Sus fines y actividades vienen recogidos en el articulado de sus estatutos[24] en consonancia con lo establecido en su Ley de creación.

III. EL INFORME FORONDA. DEMANDA, JUSTIFICACIÓN, ESTRUCTURA Y ANÁLISIS

Raúl López Romo, doctor en Historia Contemporánea por la Universidad del País Vasco, es, *de facto*, la cabeza visible del documento que a continuación analizaré y que considero un texto referencial en lo que al tratamiento de las Víctimas del Terrorismo se refiere del cual, hace unos meses, se ha publicado una edición en francés[25]. Interesado por el fenómeno terrorista es autor de obras como *Sangre, votos, manifestaciones. ETA y el nacionalismo vasco radical (1958-2011)* (Editorial Tecnos, 2012), *Euskadi en duelo: la central nuclear de Lemóniz como símbolo de la transición vasca* (Fundación 2012, 2012) o más recientemente *Sobre el olvidado terrorismo vasco* (Betagarri Liburuak, 2023). A su vez actuó como coordinador del libro *Memorias del terrorismo en España* publicado en 2018 por la editorial Catarata. También ha sido responsable de la puesta en funcionamiento de AROVITE[26] (Archivo Online sobre la Violencia Terrorista en Euskadi), fuente de referencias sobre el terrorismo en el País Vasco, causado por las diversas ramas de ETA, así como por los GAL, la extrema derecha o los Comandos Autónomos Anticapitalistas, tal y como se menciona en su página principal. En la actualidad forma parte del staff de la

---

23 "Ley 4/2014, de 27 de noviembre, de creación del Instituto de la Memoria, la Convivencia y los Derechos Humanos | BOE", n.d. Último acceso 20 de junio de 2025, https://www.boe.es/buscar/pdf/2014/BOE-A-2014-13185-consolidado.pdf

24 "Boletín Oficial del País Vasco | Gobierno Vasco" n.d. Último acceso 20 de junio de 2025, https://www.euskadi.eus/web01-bopv/es/bopv2/datos/2015/11/1504701a.shtml

25 López Romo, R..(2025). *Le rapport Foronda. Les effets du terrorisme sur la société basque (1968-2010)*, Saint-Apollinaire, Éditions Orbis Tertius, 213.

26 "Arovite | IUHSVF", 2025, Último acceso 20 de junio de 2025, https://www.arovite.com/es/

Fundación Centro para la Memoria de las Víctimas del Terrorismo en calidad de responsable del Área de Educación y Exposición.

El Informe Foronda, cuyo título completo es "*Informe Foronda. Los contextos históricos del terrorismo en el País Vaso y la consideración de sus víctimas (1968-2010)*", se realizó, por el Instituto de Historia Social Valentín de Foronda (IHSVF)[27], entidad universitaria dependiente de la Universidad del País Vasco sostenida por la propia Universidad, el Ayuntamiento de Vitoria-Gasteiz y la Diputación Foral de Álava, a instancias de la solicitud, a finales de 2013, de la Dirección de Promoción de la Cultura del Gobierno Vasco y contando como miembros de su equipo asesor con los catedráticos Luís Castells Arteche y Antonio Rivera Blanco junto con el profesor José Antonio Pérez Pérez quedando la redacción del texto en manos de Raúl López Romo.

El informe, publicado en 2015 por la editorial Los Libros de la Catarata, a lo largo de sus más de 150 páginas, plantea un enfoque historiográfico mediante una interpretación histórica panorámica del fenómeno terrorista sin descender al terreno de lo concreto tal y como recogen otras publicaciones de carácter más periodístico.

El Informe Foronda se puede considerar como un texto relevante para poder entender las nuevas aportaciones que han ido surgiendo en el ámbito de la Historia en lo que al papel de las Víctimas del Terrorismo corresponde en la elaboración de los diferentes relatos que se han ido recreando para explicar el fenómeno terrorista dentro de este apartado de la Academia.

Dicho informe, estaría regido por el principio epistemológico según el cual, en palabras mencionadas del historiador Lucien Febvre "(...) el historiador no es un juez. Ni siquiera un juez de instrucción. La historia no es juzgar; es comprender y hacer comprender.(...) Es el precio que cuestan los progresos de nuestra ciencia."[28], introduce, desde mi punto de vista, un punto de inflexión, un antes y un después en el marco de contextualización de los hechos para la elabo-

---

27 "Instituto de Historia Social Valentín de Foronda | UPV" n.d. Último acceso 20 de junio de 2025, https://www.ehu.eus/es/web/institutovalentindeforonda/aurkezpena

28 Febvre, L. (1982). *Combates por la Historia.* Barcelona. Editorial Ariel, p. 167.

ración de materiales de trabajo al establecer un nuevo enfoque referencial de los acontecimientos acaecidos en el País Vasco —aunque existan menciones a otros territorios del Estado Español— en el que, a pesar de utilizar cuadros estadísticos necesarios para todo análisis cuantitativo de cualquier proceso histórico, el desarrollo textual —el discurso propiamente dicho— introduce una nueva percepción del papel de las Víctimas en los hechos descritos que permitirán, posteriormente, iniciar toda una serie de elaboraciones materiales en las que las Víctimas adquirirán una mayor relevancia en la construcción del discurso histórico desde el punto de vista pedagógico. El informe aporta una contextualización global del fenómeno terrorista en el País Vasco tal y como se recoge en la justificación del tema que aparece en el mismo.

El informe, que en el momento de su redacción y posterior publicación se enmarca en un contexto en el que la actividad terrorista comienza un declive como consecuencia de diferentes factores, diferencia los años comprendidos en el período 1968-2010 en cuatro etapas en las que el terrorismo ha marcado tanto la actividad en el País Vasco como en el resto del territorio español condicionando el desarrollo de la vida cotidiana hasta prácticamente nuestros días.

Tal y como se reconoce en el propio informe "la persistencia del terrorismo ha afectado profundamente la política de este país hasta erigirse como un obstáculo de primer orden para el asentamiento y consolidación de los principios y valores democráticos"[29]. Además, la actividad terrorista, ha supuesto la conculcación de derechos humanos tan elementales como el derecho a la vida o a la libre expresión de las ideas, condicionando la vida de miles de personas y cercenando la de más de novecientas. Este terrorismo contempla las acciones realizadas tanto por ETA (a la cual cabe la atribución de más del 80 % de las acciones) como por otras organizaciones tanto de extrema izquierda como de extrema derecha e incluso los relacionados con la "guerra sucia" desarrollada por los aparatos del Estado lo que con-

---

29 López Romo, R. (2015). *Informe Foronda. Los contextos históricos del terrorismo en el País Vaso y la consideración de sus víctimas.* Madrid, Los Libros de la Catarata, p. 7.

lleva consecuencias que, posiblemente, se arrastren durante varias decenas de años.

La Historia suele ser inseparable de la cronología. Los hechos acontecen en un tiempo y un lugar, aspectos estos a los que los historiadores les conceden una importancia relevante a la hora de construir un discurso explicativo de lo acaecido.

La estructura cronológica del informe se organiza en torno a cuatro etapas que contemplan desde los orígenes del terrorismo a finales de la década de los años 60 (cuando ETA se cobró su primera víctima mortal) hasta finales de la primera década del presente siglo. De manera más concreta son:

a) 1er Período (1968-1975). Orígenes del terrorismo e impacto en los años finales de la dictadura franquista.

b) 2º Período (1976-1981). Transición democrática.

c) 3er Período (1982-1994). Consolidación democrática.

d) 4º Período (1995-2010). "Socialización del sufrimiento".

Dado que el concepto de terrorismo es polisémico los autores del informe se atienen a la definición del profesor Juan Avilés Farré, especialista en la materia y que se concreta en "Violencia clandestina ejercida contra personas no combatientes, con el propósito de generar un clima de terror favorable a los objetivos políticos de quienes la perpetran, o de forzar una decisión de un gobierno o de una organización internacional"[30] para complementarla con la de Fernando Reinares, otro experto, que lo identifica como "una forma de acción colectiva caracterizada por el recurso sistemático y tendencialmente exclusivo a la violencia armada, ya sea potencia o efectiva, con la intención de afectar la distribución del poder mediante atentados cuyo impacto psicológico y simbólico supera al derivado de los daños personales y materiales que provocan. Se trata de un fenómeno surgido en su configuración actual a finales de los años sesenta, preferentemente en el contexto de sociedades industrializadas y protagonizado

---

30 Avilés, J. (2011). "Prólogo" en *Las armas NBQ-R como armas de terror.* Ministerio de Defensa, Madrid, p. 15.

por organizaciones clandestinas de dimensiones reducidas e ideológicamente inspiradas"[31].

Además los autores rehúsan de forma expresa la utilización de la expresión "lucha armada" no solo por la utilización realizada por los victimarios en la presentación pública de su actividad, sino por alejarse de un componente semántico imprescindible para comprender la actividad *terrorista.*

Aunque el informe reconoce la existencia de algunos hechos terroristas anteriores a 1968, los autores establecen esa fecha como punto de partida de lo que sería la actividad emprendida por ETA mantenida en el tiempo hasta su cese definitivo a finales de la segunda década del presente siglo. Tal fecha de inicio coincide con el inicio de actividades terroristas por parte de organizaciones relacionadas con otros países del entorno como Italia, Reino Unido o Alemania en lo que el historiador González Calleja denomina la "tercera oleada histórica del terrorismo"[32]. El estudio abarca un ciclo temporal que se extiende a lo largo de 43 años, desde el asesinato a manos de ETA del guardia civil de tráfico José Pardines Arcay hasta la muerte del gendarme francés Jean-Serge Nérin también a manos de ETA.

La relevancia del informe reside en, por un lado, aportar datos contrastados, por otro en ofrecer una considerable documentación recopilada en el proceso de elaboración del mismo, y por último, la utilización de una precisión conceptual alejada de intereses de oportunidad política. Además el propio informe supone un enorme trabajo de síntesis ya que en él solo se muestran una parte de los efectos del terrorismo además de incorporar aspectos inéditos (fondo fotográfico, etc.) junto a datos ya publicados y ampliamente trabajados.

En el fondo fotográfico mencionado se han seleccionado imágenes relativas a las repercusiones que los atentados pudieron provo-

---

31 Reinares, F. (1989). "Democratización y terrorismo en el caso español" en *La transición democrática española,* Tezanos, J.F. (Coor.), Cotarelo, R. (Coor.), Madrid, Sistema, 612.

32 González Calleja, E. (2012). *El laboratorio del miedo. Una historia general del terrorismo*. Barcelona, Editorial Crítica, pp. 13-14.

car sin incluir imágenes de los propios atentados, aspecto este que diferencia al informe de otro tipo de publicaciones de carácter más periodísticos y que utilizan las imágenes con una finalidad más de impacto mediático que de análisis de la respuesta social.

Como novedad el informe introduce la utilización de una herramienta estadística (base de datos) sistematizadora de la respuesta de la sociedad vasca ante el hecho terrorista y enfocada a las movilizaciones sociales realizadas en respuesta a tales hechos. Dicha herramienta permite introducir al final del informe un listado integrado de víctimas mortales abriendo un camino de investigación a posibles estudios posteriores clarificadores de la identidad de las víctimas, incluidas las no mortales de las cuales, en el momento de la publicación del informe, no existían registros exhaustivos. Dicha herramienta tampoco incluía a los miembros de ETA que perdieron la vida enfrentándose a las Fuerzas de Seguridad del Estado (FSE) o al manipular sus propios artefactos explosivos ni a los miembros de las FSE que se suicidaron en Euskadi durante los tristes "años de plomo".

Tal y como reconoce el propio informe, la información que aporta no es "sustancialmente original" pero supone un trabajo de síntesis y unificación de datos extraídos a partir de diversas fuentes (informe de la DAVT[33] del Gobierno Vasco (2008), el DTV Dataset[34], el TVED[35] de la Fundación Juan March y el libro *Vidas rotas*[36]) con el fin de suministrar el nombre y apellidos de la víctima, la fecha y lugar del atentado, la organización responsable, el estatus de la víctima y, he aquí la diferencia, las movilizaciones, acciones sociales y públicas (huelgas, concentraciones o manifestaciones) legales o ilegales que se generaron como respuesta social tras cada atentado mortal además de la forma de movilización, la forma de convocatoria, la identidad del convocante, la existencia de apología del terrorismo o de la violencia o la existencia de contramanifestaciones, utilizando como fuentes de información bases hemerográficas pertenecientes a

---

33 Dirección de Atención a Víctimas del Terrorismo del Gobierno Vasco.

34 Domestic Terrorist Victims Dataset.

35 The Victims of ETA Dataset.

36 Alonso, R., Domínguez, F., García, M. (2010). *Vidas Rotas. Historia de los hombres, mujeres y niños víctimas de ETA*, Madrid, Espasa.

diferentes diarios (*El País, Egin, El Correo, ABC,* etc.) y de otras fuentes como Gesto por la Paz o la Fundación Fernando Buesa[37].

Tal cúmulo de información y los límites establecidos para la elaboración del informe obligaron a la restricción de la búsqueda de datos aportando una muestra compuesta por 154 expedientes de atentados mortales distribuidos en los cuatro períodos o etapas anteriormente mencionados.

La distribución de los expedientes a dichas etapas fue la siguiente:

- 1ª etapa-franquismo (1968-1975): 16 expedientes.
- 2ª etapa-transición democrática (1976-1981): 65 expedientes.
- 3ª etapa-consolidación democrática (1982-1994): 53 expedientes.
- 4ª etapa-"socialización del sufrimiento" (1995-2010): 20 expedientes.

Cada una de las etapas descritas, además de contener los datos asociados a los diferentes expedientes, contienen un relato gráfico con imágenes de las respuestas sociales producidas como consecuencia de acontecimientos o con personajes referenciales de dichos momentos.

En la primera etapa (Franquismo, 1968-1975) el informe señala el nacimiento de ETA a finales de la década de los años 50 del siglo pasado como respuesta, por parte del mundo abertzale, a la percepción de la inactividad del PNV (Partido Nacionalista Vasco) frente a la dictadura franquista fruto de la irrupción en la escena pública de una nueva generación de vascos que no habían vivido la guerra civil y que se habían desarrollado bajo el yugo de una inflexible dictadura en un período de grandes transformaciones socioeconómicas y culturales.

En sus principios, ETA ejerció escasa influencia en la sociedad vasca inmersa en una serie de cambios de orden económico y social con

37 "Fundación Fernando Buesa | fB", 2025, Último acceso 20 de junio de 2025, https://www.fundacionfernandobuesa.com/

un desarrollo urbano notable y un despertar de la cultura vasca tal y como señalan autores como Juan Carlos Fusi[38], José Antonio Pérez Pérez[39] o Aitor González de Langarica[40]. Sin embargo, la decisión estratégica de comenzar a matar colocaría a la organización en primer plano de la actualidad[41].

La respuesta del gobierno a los asesinatos del guardia civil José Pardines[42] y del comisario Melitón Manzanas[43] aumentaría la corriente de reclutamiento de la banda creciendo de forma exponencial se-

---

38 Fusi, J.P.. (1986). "La reaparición de la conflictividad en la España de los sesenta", en Fontana, J. (editor) *España bajo el franquismo,* Barcelona, Crítica, 160-169.

39 Pérez Pérez, J.A.. (2001). *Los años del acero. La transformación del mundo laboral en el área industrial del Gran Bilbao (1958-1977). Trabajadores, convenios y conflictos,* Madrid, Biblioteca Nueva, 448.

40 González de Langarica, A..(2007). *La ciudad revolucionada: Industrialización, inmigración, urbanización (Vitoria, 1946-1965),* Vitoria-Gasteiz, Ayuntamiento de Vitoria-Gasteiz, 220.

41 En su memoria anual el Gobierno Civil de Guipúzcoa constató que a principios de 1974 ETA se encontraba «en alza de cara al exterior, debido al éxito reciente del atentado contra el Almirante Carrero Blanco, pero simultáneamente sigue en aumento la crisis que está sufriendo en su interior». Nota extraída de *Dinamita, tuercas y mentiras. El atentado de la cafetería Rolando* (p. 66).

42 Gaizka Fernández Soldevilla y Santiago De Pablo señalan en la página 202 de *Las raíces de un cáncer. Historia y memoria de la primera ETA (1959-1973)* que cinco días después, el 7 de junio 1968, de que ETA decidiese la eliminación de Jose María Junquera y Melitón Manzanas, jefes de la Brigada de Investigación Social, en un control rutinario de tráfico, Txabi Etxabarrieta e Iñaki Sarasketa, asesinaron al guardia civil José Antonio Pardines. 56 días después ETA mató a Manzanas.

43 Según Santiago de Pablo tras el asesinato de Manzanas se había puesto en marcha la espiral acción-represión-acción diseñada por ETA en 1965 que supuso una reacción represiva del Estado franquista que afectaría a muchas personas ajenas a ETA lo que acabaría incrementado el prestigio de la organización terrorista tanto en el interior como en el extranjero. En De Pablo, S. (2015). *La patria soñada. Historia del nacionalismo vasco desde su origen hasta la actualidad,* Madrid, Biblioteca Nueva, 375-377.

gún autores como José María Garmendia[44] intensificándose además en 1970 como consecuencia del proceso de Burgos[45].

La aparición simultánea de ETA junto a otras organizaciones como Comisiones Obreras o la Unión Sindical Obrera supuso un cambio en la configuración del antifranquismo lejos de las formaciones procedentes de la etapa republicana y de la guerra civil. Dichas organizaciones clandestinas se decantaron por la oposición pacífica al régimen, pero el posicionamiento violento de ETA logró de estas una actitud comprensiva al "estar en la misma lucha" y pensar que tal estrategia sería limitada en un breve plazo de tiempo pese a que también existieron juicios críticos contundentes con la estrategia seguida. Sin embargo, las respuestas represivas de la dictadura favorecieron la imagen de la organización frente a los menos radicales, agrandando el abertzalismo ampliamente sus bases a costa de una parte del sector nacionalista más moderado.

Por aquellas fechas (1963) fue creado el Tribunal de Orden Público[46] (TOP), instancia judicial dedicada a la persecución de la oposición política a la dictadura y que encausó a un número muy superior de vascos (miembros de ETA o de organizaciones de izquierda

---

44 Garmendia, J.M. (2000). "ETA: nacimiento, desarrollo y crisis (1959-1978)", en Elorza, A. (Coor.) de *La historia de ETA,* Madrid, Ediciones Martínez Roca, 133.

45 El 3 de diciembre de 1970 se inició el proceso de Burgos, en el que se juzgó a dieciséis miembros de ETA. Hubo seis condenados a muerte, aunque su pena sería conmutada. Fernández Soldevilla, G.(2020). «El Franquismo Ante El Proceso De Burgos» (2020), <https://revistascientificas.us.es/index.php/araucaria/article/view/11798. (Consulta: 16/06/2025)

46 El Tribunal de Orden Público fue creado por la Ley 154/1963, de 2 de diciembre, aunque ésta no entró en vigor hasta el 3 de febrero de 1964, según lo dispuesto en la disposición final primera. Con sede en Madrid y jurisdicción en todo el territorio nacional se crean un tribunal y un juzgado de instrucción "competencia privativa para conocer de los delitos cometidos en todo el territorio nacional, singularizados por la tendencia, en mayor o menor gravedad, a subvertir los principios básicos del Estado, perturbar el orden público o sembrar la zozobra en la conciencia nacional". "PARES. Portal de Archivos Españoles | Ministerio de Cultura" n.d. Último acceso 20 de junio de 2025, https://pares.mcu.es/ParesBusquedas20/catalogo/autoridad/50890

—básicamente comunistas—), estableciéndose durante el período mencionado, fundamentalmente en alguna de las provincias vascas, decretos de estado de excepción que incrementarían el malestar social y la conflictividad en los ámbitos laboral y estudiantil.

Dada la incapacidad del Estado en derrotar a ETA se produjo, tal y como se señala en el informe, una situación de "empate oscilante" que no haría más que dilatar la actividad terrorista en el tiempo. Será el momento de la estructuración de la organización terrorista en diferentes frentes, entre ellos el "frente militar" encargado de la realización de los diferentes atentados que con el paso del tiempo se apropiaría de las siglas y de la estructura de la organización.

En 1973 se producirá el atentado contra el almirante Carrero Blanco[47], Presidente del Gobierno, que generará, en el País Vasco, ciertas movilizaciones sociales a cargo de seguidores del régimen que culminaron con los asistentes realizando el saludo fascista y entonando el "Cara al sol".

En la finalización de la primera etapa señalada la mayoría de los atentados le costaron la vida a miembros de las FSE cuya respuesta social solía finalizar con una concentración tras el oficio religioso a las puertas del templo con una multitud que gritaba a favor de Franco y España mientras entonaban el mencionado cántico incitados por algún responsable civil del régimen. Pero no siempre hubo respuesta social sobre todo cuando los fallecidos eran víctimas civiles.

En los estertores finales del franquismo, las decisiones tomadas por el Gobierno no hicieron más que afianzar la espiral acción-reacción pronosticada por los teóricos de la organización. La muerte del etarra responsable del asesinato del guardia civil Pardines supuso la aparición del "primer mártir de la revolución" tal y como se reconoce en el informe, de forma que lo que se pretendía fuese un castigo ejemplarizante se tornó en una medida contraproducente.

La segunda etapa del informe cubre el período histórico de la transición democrática entre los años 1976 y 1981 y en su descripción

---

47 Fernández Soldevilla, G., De Pablo, S.. (2024). *Las raíces de un cáncer. Historia y memoria de la primera ETA (1959-1973)*, Editorial Tecnos, 253-266.

se encuentra acompañada, en primer lugar, de una tabla de datos muy significativa que señala que durante la dictadura (1968-1975) el número de víctimas mortales supuso el 5% del total (45) mientras que en el período post-dictatorial comprendido entre los años 1976 y 2010 el número de víctimas mortales ascendió a 869, un 95% del total de las producidas hasta ese momento. Junto a dicha tabla aparece otra de similares características desglosando dicho número de víctimas según las etapas consideradas en el informe de tal manera que, mientras que en la dictadura se produjeron el 5% de las víctimas (45), en la transición el número ascendió a 336 (37%), durante la consolidación democrática este número creció hasta 435 (48%) y durante el período conocido como "socialización del sufrimiento", última de las etapas consideradas en el informe, el número se concretó en 98 victimas (11%).

Durante esa segunda etapa ETA acabó con la vida de 302 personas lo que creo un clima violento en un momento de cambio político, hecho en consonancia con los datos aportado por la TWEED[48] europea según la cual los años comprendidos entre 1971 y 1980 fueron años en los que el terrorismo golpeó de manera considerable a países de Europa occidental como Italia, Irlanda, el Reino Unido o Alemania confiriéndole a la transición política española la característica de ser la más sangrienta de las acontecidas en el entorno.

El informe señala que el año 1980, año de las primeras elecciones autonómicas vascas y de la formación del primer Parlamento Vasco de la historia, resultó ser el más cruento del período. Durante la transición tanto la Guardia Civil como la Policía fueron las instituciones con más víctimas mortales lo que conllevo, en diferentes ocasiones, las manifestaciones de mujeres de guardias civiles como consecuencia del clima de terror en el que vivían. Es un período donde otros colectivos (victimas "colaterales", militares, políticos de la democracia, etc.) pasaron a engrosar la lista de víctimas del terrorismo hasta el momento formada básicamente por miembros de las FSE.

Pese a no ser el único grupo terrorista con miembros de ideología abertzale, ETA se convirtió en la referencia central del llamado

---

[48] Terrorism in Western Europe Events Data.

Movimiento de Liberación Nacional Vasco (MLNV)[49] integrado fundamentalmente por organizaciones sectoriales de la izquierda abertzale.

Poco a poco el espacio público vasco empezará a estar bajo el control de ese entorno terrorista que intentará a toda costa legitimar la actuación de ETA imponiendo su discurso ante posicionamientos abertzales mas moderados como los de Euskadiko Ezkerra que también se convertiría en blanco de la crítica de ETA.

La espiral de miedo y silencio vivida en el País Vasco bajo la dictadura no hizo más que trasladarse a otros terrenos comenzando un proceso que acabará con el exilio final de familias presionadas por el entorno terrorista en mayor o menor grado. Es el momento de entrada en escena de la colación HB (Herri Batasuna), brazo político de ETA, que alcanzará el estatus de segunda fuerza política tan solo detrás del PNV.

El ambiente de repudio creado hacia las FSE irá *in crescendo* hasta el extremo que, en 1995, según el Euskobarometro, el 59% de los vascos tenía una valoración muy mala o bastante mala de las mismas. El Estado se encontraba en un difícil equilibrio al tener que legitimar democráticamente a unas fuerzas de seguridad hijas de la dictadura cuyos comportamientos no siempre iban en la dirección adecuada.

Es un momento en el que multitud de testimonios abundan en la sensación de soledad, abandono y olvido sufrido por las víctimas. Durante la transición no hubo una defensa pública evidente de los policías asesinados, objetivo mayoritario del terrorismo del momento. El espacio social quedará ampliamente bajo la influencia del MLNV «maestro de ceremonias» de los funerales en torno a sus víctimas ritualizándolos mediante el canto del Eusko Gudariak[50], el uso de

---

49 Según el profesor Íñigo Bullain del Departamento de Derecho Público y Ciencias Histórico-Jurídicas y del Pensamiento Político de la Facultad de Ciencias Sociales y de la Comunicación de la Universidad del País Vasco el término del MLNV apareció por primera vez en la II Asamblea de ETA de 1963, aunque su formulación teórica no fue aprobada oficialmente hasta la V Asamblea de 1967-8.

50 "Eusko Gudariak, el himno de los gudaris | Sabino Arana fundazioa", 2025, Último acceso 20 de junio de 2025, https://www.sabinoarana.eus/es/histo-

la txalaparta[51] y otros elementos de lo considerado por ese entorno como cultura vasca. Todo ello creará un ambiente de cultura antirrepresiva que iba abrazando al mundo de la izquierda abertzale más radical y que dará como resultado la aparición de una evidente bipolaridad social.

El período de consolidación democrática supondrá, entre otras situaciones, la perdida de hegemonía del PNV de los años 1987-1998 que pasará a compartir responsabilidades con el Partido Socialista de Euskadi (PSE). Sin embargo, la actividad terrorista supondrá la actividad de grupos de extrema derecha y parapoliciales[52] frente a la desarrollada por activistas de extrema izquierda en un ambiente en el que las instituciones de la Comunidad Autónoma del País Vasco (CAPV) van desarrollando sus estrenadas competencias. Será el momento de aparición del terrorismo del GAL que concitará un gran rechazo en la sociedad vasca y que supondrá al final el encarcelamiento de sus responsables.

Es un período en el que empiezan a aparecer organizaciones civiles movilizadas frente a la violencia, aunque también en ese escenario se desarrollarán enfrentamientos entre organizaciones defensoras de las víctimas y las defensoras de la solución política del "conflicto vasco" vinculadas al mundo abertzale más radical.

El entorno terrorista abertzale también sufrirá escisiones y abandonos que acabarán, en algunos casos, con la depuración de los disidentes como M.ª Dolores González Katarain "Yoyes" ex-dirigente reinsertada a la vez que dicho entorno también perderá dirigentes

---

rias-vascas/efemerides/euzko-gudariak-el-himno-de-los-gudaris-20200924

51 "Walk on the basque side | Vanessa Sánchez", n.d. Último acceso 20 de junio de 2025, https://walkonthebasqueside.com/que-es-la-txalaparta/?cn-reloaded=1

52 Para mayor información sobre terrorismo parapolicial veáse el capítulo 9 «El terrorismo parapolicial» en *Allí donde se queman libros. La violencia política contra las librerias (1962-2018)* de Fernández Soldevilla y López Pérez (Editorial Tecnos).

como Santiago Brouard[53] (HB) en atentados terroristas a manos de grupos de extrema derecha o parapoliciales como los GAL.

Lo que se puede ir comprobando a través de los datos tabulados en el informe es la contundencia en la movilización del entorno abertzale en los atentados catalogados como parapoliciales (extrema derecha) hasta el extremo de suponer movilizaciones en el 100% de los casos documentados en muchas de las cuales hacía presencia la apología del terrorismo o de la violencia.

Como recapitulación del período se puede señalar que la actividad de determinadas organizaciones pacifistas empezó a canalizar y expresar de manera sostenida en el tiempo campañas de denuncia pese a sufrir fuertes resistencias por parte del nacionalismo vasco radical. La extorsión como vía de ingresos de ETA conllevará una variante terrorista: el secuestro. Euskadi sufrirá una polarización evidente.

También será un período de creciente producción cultural (literatura, cine) en el que se transitará de una primigenia visión épica de una ETA luchadora contra el franquismo a una ETA más prosaica con la instrumentalización de los héroes-mártires, la relación con el mundo de las drogas o el sinsentido de los asesinatos políticos, fruto de una profunda reflexión tal y como se recoge en el informe. Se habrán superado los "años de plomo"[54] pero la actividad terrorista aún mantendrá actividad hasta bien entrado el siglo XXI.

Aunque el distanciamiento en el tiempo de la dictadura franquista, las masacres cometidas por ETA, la labor de sensibilización realizada por diferentes organizaciones cívicas y la unidad de las fuerzas democráticas contra el terrorismo fueron factores que ahondaron en la pérdida de prestigio entre los vascos de la violencia como herra-

---

53 "Santiago Brouard Pérez | Covite), n.d. Último acceso 20 de junio de 2025, https://mapadelterror.com/victims/santiago-brouard-perez/

54 Se conoce con el nombre de "años de plomo" a un período de tiempo comprendido entre mediados de los años 70 y mediados de los 80, aunque algunos autores lo alargan hasta principios de los 90, del siglo pasado en el que la actividad terrorista fue muy intensa provocando un alto número de víctimas.

mienta política, será el asesinato de Miguel Ángel Blanco[55], en 1997, el hecho que marcará una clara línea de separación que coincidirá en el tiempo con la teorización y puesta en práctica de la llamada "socialización del sufrimiento" por parte del nacionalismo vasco radical lo que suponía la extensión del impacto de la violencia a nuevas capas de la población con la finalidad de propiciar un enfrentamiento entre abertzales y "españolistas" fruto de una ofensiva de los primeros en los entornos educativo, lingüístico, cultural y fundamentalmente en los medios de comunicación.

Esa etapa de extensión social del terror[56] abarcaría desde 1995 hasta 2010 en buena parte de la cual coincidieron los atentados de ETA junto con una violencia de baja intensidad, el *kale borroka*, tomando como punto de partida el asesinato de Gregorio Ordóñez (PP) en enero de 1995, continuando con el de Fernando Múgica (PSE) en 1996 y el de Miguel Ángel Blanco en 1997. Posteriormente acabaría con la vida de dirigentes como Fernando Buesa o Ernest Lluch, o de concejales de pequeños ayuntamientos como Manuel Indiano o Froilán Elespe, hasta 2010 en que cometería su último asesinato en la figura del gendarme francés Jean-Serge Nèrin. Tal estrategia sería aplicada también contra los creadores de opinión (intelectuales y periodistas enfrentados al nacionalismo vasco radical) apoyada en la llamada violencia de persecución que se dirigía contra los "enemigos" ideológicos y que acabaría extendiendo la condición de víctima a un amplio espectro de la sociedad vasca que integraba además de los objetivos tradicionales a políticos, jueces, fiscales,

---

55 "Miguel Ángel Blanco tenía veintinueve años cuando ETA lo secuestró el 10 de Julio de 1997, cuarenta y ocho horas después apareció herido de muerte con dos tiros en la cabeza en la localidad guipuzcoana de Lasarte. Era el secuestro número 78 de la banda terrorista ETA desde 1970, el número 10 de los secuestrados asesinados. El número 778 en la macabra nómina de muertos de la terrorífica organización". Fragmento extraído de "Su vida" apartado de la página web de la Fundación Miguel Ángel Blanco. https://www.fmiguelangelblanco.es/miguel-angel-blanco/su-vida/

56 Fernández Soldevilla, G., López Romo, R..(2012). *Sangre, votos, manifestaciones: ETA y el nacionalismo vasco radical 1958-2011*, Madrid, Editorial Tecnos, pp. 282-284

periodistas, profesores, etc necesitando de la escolta policial en su habitual *Modus Vivendi.*

Como en ocasiones anteriores la postura de los radicales abertzales ante los asesinatos o los actos de persecución fue la de "condenar" los atentados por intentar generar un enfrentamiento artificial de "guerra sucia" justificando los actos realizados.

Durante tal período acaecerían importantes hechos como la ilegalización de las Gestoras Pro-Amnistia o la de la propia coalición Herri Batasuna. Sin embargo, el mundo radical abertzale se reorganizaría en torno a una "nueva" formación política, Euskal Herritarrok (Ciudadanos Vascos) que seguiría dando cobertura a la izquierda abertzale más radical.

Quedaba ya lejos la firma del Pacto de Ajuria Enea[57] firmado en 1988 por todo el arco parlamentario salvo la izquierda radical abertzale para que la aparente unión de los demócratas conseguida tras el asesinato de Miguel Ángel Blanco diese paso a una separación evidente 10 años después en 1998 con el Pacto de Estella/Lizarra[58] donde los partidos democráticos nacionalistas (Partido Nacionalista Vasco y Eusko Alkartasuna) suscribieron dicho pacto con el entorno de HB con la finalidad de establecer una negociación que lograse el cese de la violencia de ETA, objetivo no alcanzado y que dejó el panorama político vasco polarizado entre abertzales y constitucionalistas (epíteto que vendría a sustituir en cierta medida el utilizado anteriormente de españolistas). El "espíritu de Ermua" había fenecido. Muestra de ello fueron las manifestaciones masivas y simultáneas que recorrieron las calles de Vitoria, una secundada por los nacionalistas vascos y la otra por los constitucionalistas que reprochaban a los primeros su ambigüedad ante el terrorismo. Hubo una tercera que aglutino a ciudadanos y miembros de Gesto por la Paz no identifica-

---

57 El 12 de enero de 1988, después de 110 días de intensas negociaciones, las fuerzas democráticas con representación en el Parlamento vasco (PNV, PSE, EA, EE, PP y CDS) firmaron el «Acuerdo para la pacificación y normalización de Euskadi» o Pacto de Ajuria Enea. Citado en Héroes, heterodoxos y traidores. Historia de Euskadiko Ezkerra (1974-1994), p. 329.

58 De Pablo, S. (2015). *La patria soñada. Historia del nacionalismo vasco desde su origen hasta la actualidad*, Madrid, Biblioteca Nueva, 400-401.

dos con ninguno de los otros dos bloques y que reclamaban unidad ante el terrorismo.

Es en este período, a finales de los 90, donde la aparición de diferentes asociaciones convierte a las víctimas del terrorismo, tal y como se señala en el informe, en sujeto político, favoreciendo su visibilización política y mediática mediante el reconocimiento público a través de una legislación específica tanto nacional como autonómica. Esa visibilización también se apreciará en el impacto mediático de los atentados cometidos posteriormente con un aumento de la información y de los tiempos de exposición en los medios de comunicación.

La nueva situación afectará al entorno nacionalista suspendiendo el acuerdo entre PNV y EH y proyectando una nueva imagen de las fuerzas democráticas encabezando manifestaciones tras la misma pancarta y en las que las convocatorias aglutinan a diferentes organizaciones pacifistas como Gesto por la Paz, Denon Artean, Bakea Orain o la Asociación Pro Derechos Humanos del País Vasco con un mayor grado de organización y menos espontáneas que las de los primeros años y donde predominaba el silencio, los aplausos y gritos como "vascos sí, ETA no".

El informe deja bien claro que el atentado de Miguel Ángel Blanco marcó un antes y un después en el devenir político, pero para poder entender el final del terrorismo hay que tener en cuenta, primeramente, la labor de los cuerpos policiales que lograron descabezar a ETA en repetidas ocasiones y sobre todo frecuentemente en la segunda mitad de la década de los años 2000. Pero no resulta menos importante el rechazo social al empleo de la violencia expresado por la población española y especialmente la vasca. También se deberá tener en cuenta la colaboración antiterrorista con los países europeos, especialmente Francia difuminándose el santuario que había servido de refugio a una buena parte del activismo etarra en las décadas anteriores, así como la situación internacional en la que organizaciones como el IRA Provisional cesará su actividad armada. Pero el informe también reconoce la evolución del nacionalismo radial vasco hacia posiciones de abandono de la violencia en favor de posiciones pacíficas.

Hacia el final del informe se presenta una aproximación a otros efectos del terrorismo como los gastos producidos por el mismo como las cuantías pagadas por el Consorcio de Compensación de Seguros, responsable del resarcimiento económico de las víctimas por los daños personales y materiales provocados por el fenómeno terrorista y que en el período 1971-2001 supuso el 9% del total dedicado por el Consorcio. También contempla la evolución del número de atentados por año donde se percibe con claridad el período de 1978 a 1986 como el de mayor actividad de ETA.

A su vez existe un apartado referido a las políticas penitenciarias en relación a los presos por delitos por terrorismo, al igual que un apartado a los datos relacionados con los heridos resultantes de las acciones terroristas y que supondrían, por el número de víctimas indemnizadas, un total de 3421 víctimas.

De igual modo existe una cuantificación del número de personas de los que ETA recabó información y que podrían catalogarse de amenazadas y que en el período 1968-2001 ascenderían a 15649 pertenecientes a colectivos muy diversos. Sin embargo, un estudio realizado por Gesto por la Paz cifró el total de personas amenazadas por ETA en torno a las 42000.

El último apartado del informe sobre la opinión pública de los vascos sobre el terrorismo demostrándose según los datos analizados que en las dos últimas décadas las dos mayores preocupaciones para la población vasca han sido el paro y la violencia con un descenso en los valores de la segunda a medida que ha ido avanzando el tiempo. Aunque haya existido reprobación hacia ETA no ha sido obstáculo para que un porcentaje significativo de la población se haya mostrado partidaria de la negociación tras el abandono de las armas. Los datos sobre el temor a expresar públicamente sus ideas afectaban fundamentalmente al ámbito de los no abertzales.

Todos estos datos, expresados la mayor parte de ellos a través de tablas culminan con unas consideraciones finales que podrían ser resumidas en:

- El terrorismo ha constituido un factor de primer orden en el condicionamiento de las dimensiones de la vida de la ciudadanía vasca.

- La consideración social de las víctimas del terrorismo ha variado considerablemente a lo largo de las etapas estudiadas.
- El terrorismo de ETA fue más letal en democracia que durante la dictadura.
- La segunda mitad de la década de los años 80 fue importante para el crecimiento de la reacción frente al terrorismo.
- La estrategia de “socialización del sufrimiento” evidenció la concepción maniquea y extremista de la política mantenida por ETA y su entorno.
- El cese definitivo de la actividad de ETA supuso la desaparición del terrorismo como preocupación de la sociedad vasca.
- De los 914 muertos producidos por el terrorismo 845 murieron a manos de ETA y organizaciones afines.
- Mientras que el 100% de los miembros de ETA asesinados tuvieron movilización social, los atentados de ETA no tuvieron siempre respuesta en forma de movilización social con variaciones a lo largo del tiempo.
- De las víctimas secuestradas por ETA, 9 acabaron asesinadas y 14 recibieron tiros de castigo en las piernas.
- Una parte importante de la sociedad vasca se ha sentido coaccionada a la hora de participar en política o expresar libremente sus ideas.

Como colofón del informe todo lo expresado anteriormente concluye en:

1. Evitar la relativización de las víctimas del terrorismo.
2. Reivindicar a las víctimas de todos los terrorismos.
3. Atribuir responsabilidades a los victimarios.
4. Asentar una cultura democrática
5. Desarrollar una profundización en la investigación de la actividad terrorista.

Para cerrar el presente análisis es necesario realizar una referencia a los anexos finales del mismo entre los que se encuentra una tabla con un listado de las víctimas mortales producidas por el terrorismo en el período 1968-2010 conteniendo además del nombre y apellidos de cada víctima, la fecha del atentado (año, mes y día), la localidad donde se produjo, la provincia, la autoría del mismo y el estatus de la víctima según una codificación explicada previamente. Además también se adjuntan una serie de tablas y gráficos relacionados con las víctimas contempladas en el listado mencionado.

Poco tiempo después de la publicación del referido informe sería puesto en funcionamiento el Centro Memorial para las Víctimas del Terrorismo.

IV. CONCLUSIÓN

Las víctimas del Terrorismo, desde la aparición de la mayoría de las organizaciones civiles que las representan, se han convertido en un elemento indispensable para la construcción de relatos que pretendan dar una explicación científicamente trabajada de lo que el fenómeno del terrorismo supone como elemento condicionador de las vidas de las personas de los territorios afectados por su existencia. Tal tratamiento les reconoce su propia personalidad como elemento activo de la evolución histórica que el fenómeno terrorista ha ido desarrollando a lo largo del tiempo, de tal manera que las nuevas visiones que se ofrecen de dicho fenómeno deberían respetar ese rol para superar el primigenio tratamiento de las víctimas caracterizado por una especie de invisibilización que despersonalizaba a los afectados centrándose el discurso, mayoritariamente, en la figura de los victimarios y sus objetivos como parte central del discurso explicativo y suponiendo tal tratamiento un doble agravio que hizo que las víctimas se sintieran indefensas, solas y abandonadas del reconocimiento social.

El cambio de paradigma supuso la modificación en el tratamiento del terrorismo en su aproximación al contar con la colaboración activa de la figura de la víctima como elemento central de los nuevos estudios e incitando a que dentro del mundo educativo (a todos los niveles incluido el universitario) se plantease la necesidad de generar materiales nuevos que supusieran una innovación en el tratamiento del terrorismo y de la figura de las víctimas en esos nuevos materiales.

Aunque la incorporación de esta visión va siendo progresiva, resulta evidente que, en determinadas disciplinas como las ciencias jurídicas, el camino recorrido es mayor que en otras. En el caso de la Historia, el informe realizado por el Instituto de Historia Social Valentín de Foronda de la Universidad del País Vasco, conocido como Informe Foronda, sobre la influencia del terrorismo en la sociedad del País Vasco y la consideración social sobre sus víctimas, supondrá, en cierta medida, un punto de inflexión en el tratamiento de las víctimas y las movilizaciones sociales asociadas a la hora de explicar el fenómeno terrorista sirviendo, a su vez, como punto de reflexión para acometer nuevos estudios históricos que refuercen dicho tratamiento.

Al calor del trabajo del IHSVF ha ido surgiendo un grupo de historiadores, algunos de los cuales como Gaizka Fernández Soldevilla o el propio Raúl López Romo vinculados al Centro Memorial de las Víctimas del Terrorismo desde prácticamente su creación, que vienen realizando una gran labor divulgativa en el tema del estudio histórico del terrorismo vinculado tanto al País Vasco como al resto del territorio español suponiendo la apertura de nuevas vías de investigación innovadoras en las que las víctimas adquieren un papel referencial.

V. BIBLIOGRAFÍA

Alonso,R., Domínguez, F., García, M. (2010). *Vidas Rotas. Historia de los hombres, mujeres y niños víctimas de ETA*, Madrid, Espasa.

Avilés, J. (2011). "Prólogo" en VVAA, Ministerio de defensa, *Las armas NBQ-R como armas de terror*, Madrid, Ministerio de Defensa, pp. 11-22.

Bullain, Í.. (2011) *Revolucionarismo patriótico: el Movimiento de Liberación Nacional Vasco: origen, ideología, estrategia y organización*, Madrid, Editorial Tecnos.

De Pablo, S. (2015). *La patria soñada. Historia del nacionalismo vasco desde su origen hasta la actualidad*, Madrid, Biblioteca Nueva.

Domínguez, F. (2016) "Las víctimas, siempre en nuestra memoria", Fundación Centro para la Memoria de las Víctimas del Terrorismo, *Cuadernos del Centro Memorial de las Víctimas del Terrorismo, nº1*, Vitoria-Gasteiz, Editorial MIC, pp. 9-10.

Febvre, L. (1982). *Combates por la Historia.* Barcelona. Editorial Ariel.

Fernández Piqueras, R., Guerrero Valverde, E., Cebrián Cifuentes, S., Ros Ros, C. (2020). "Innovación educativa universitaria y metodologías activas para el aprendizaje de las competencias específicas del grado". *Edetania. Estudios y Propuestas Socioeducativos., nº 58, 183-200.* https://doi.org/10.46583/edetania_2020.58.723.

Fernández Soldevilla, G., (2013). *Héroes, heterodoxos y traidores. Historia de Euskadiko Ezkerra (1974-1994)*, Madrid, Editorial Tecnos.

Fernández Soldevilla, G., Escauriaza Escudero, A.. (2024). *Dinamita, tuercas y mentiras. El atentado de la cafetería Rolando*, Editorial Tecnos.

Fernández Soldevilla, G., De Pablo, S.. (2024). *Las raíces de un cáncer. Historia y memoria de la primera ETA (1959-1973)*, Madrid, Editorial Tecnos.

Fernández Soldevilla, G., López Pérez, J.F.. (2023). *Allí donde se queman libros. La violencia política contra las librerías (1962-2018)*, Madrid, Editorial Tecnos.

Fernández Soldevilla, G., López Romo, R. (2012). *Sangre, votos, manifestaciones: ETA y el nacionalismo vasco radical 1958-2011*, Madrid, Editorial Tecnos.

Fidalgo-Blanco, A., Sein-Echaluce, M. L., García-Peñalvo, F. J. y Balbín-Bastidas, A. M.ª (2019). "Método para diseñar buenas prácticas de innovación educativa docente: Percepción del profesorado" en *V Congreso Internacional sobre Aprendizaje, Innovación y Competitividad.* Madrid.

Fontana, J. (editor) (1986). *España bajo el franquismo*, Barcelona, Crítica.

Fusi, J.P.. (1986). "La reaparición de la conflictividad en la España de los sesenta", Fontana, J. (editor) *España bajo el franquismo*, Barcelona, Crítica.

Garmendia, J.M. (2000). "ETA: nacimiento, desarrollo y crisis (1959-1978)", Elorza, A. (Coor.) *La historia de ETA*, Madrid, Ediciones Martínez Roca.

González Calleja, E. (2012). *El laboratorio del miedo. Una historia general del terrorismo*. Barcelona, Editorial Crítica.

González de Langarica, A..(2007). *La ciudad revolucionada: Industrialización, inmigración, urbanización (Vitoria, 1946-1965)*, Vitoria-Gasteiz, Ayuntamiento de Vitoria-Gasteiz.

López Romo, R. (2015). *Informe Foronda. Los contextos históricos del terrorismo en el País Vaso y la consideración de sus víctimas.* Madrid, Los Libros de la Catarata.

López Romo, R..(2025). *Le rapport Foronda. Les effets du terrorisme sur la société basque (1968-2010),* Saint-Apollinaire, Éditions Orbis Tertius.

Martínez Bonafé, J. (2008). "Pero, ¿qué es la innovación educativa?". Cuadernos de Pedagogía, n.º 375, 78-82.

Morín, E. (2001). *Los siete saberes necesarios para la educación del futuro.* Madrid. Paidós Studio.

Pérez Pérez, J.A.. (2001). *Los años del acero. La transformación del mundo laboral en el área industrial del Gran Bilbao (1958-1977). Trabajadores, convenios y conflictos,* Madrid, Biblioteca Nueva.

Reinares, F. (1989). "Democratización y terrorismo en el caso español" en *La transición democrática española,* Tezanos, J.F. (Coor.), Cotarelo, R. (Coor.), Madrid, Sistema.

Vivancos Comes, M. (2024). "Ciudadanía activa por la memoria y justicia de las víctimas del terrorismo: una experiencia de innovación docente en el ámbito de la educación superior" en *Docencia y Derecho, Revista para la docencia jurídica universitaria,* n.º 23, pp. 75-91.

Vivancos Comes, M. (Dir.) (2024). *Memoria de las víctimas del terrorismo y universidad. Actas del I Congreso de Innovación Docente,* València, Tirant lo Blanch.

Vivancos Comes, M. (Coor.) (2025). *Autogobierno valenciano en perspectiva. 40 años de rendimiento institucional,* València, Tirant lo Blanch.

VI. WEBGRAFÍA

- "Arovite | IUHSVF", 2025, Último acceso 20 de junio de 2025, https://www.arovite.com/es/
- "Asociación 11-M Afectados del Terrorismo", último acceso 19 de junio de 2025, https://asociacion11m.org/
- "Asociación Victimas del Terrorismo" AVT, último acceso 19 de junio de 2025, https://avt.org/es
- "Asociación Dignidad y Justicia | DyJ", n.n. Último acceso 19 de junio de 2025, https://www.asociaciondignidadyjusticia.es/
- "Boletín Oficial del País Vasco | Gobierno Vasco" n.d. Último acceso 20 de junio de 2025, https://www.euskadi.eus/web01-bopv/es/bopv2/datos/2015/11/1504701a.shtml
- "Colectivo de Víctimas del Terrorismo | Covite", último acceso 19 de junio de 2025, https://covite.org/

- "Disposición 12277 del BOE | BOE" https://www.boe.es/boe/dias/2015/11/13/pdfs/BOE-A-2015-12277.pdf
- "El terrorismo en España; |Ministerio del Interior" n.d. Último acceso 19 de junio de 2025. https://www.interior.gob.es/opencms/pdf/servicios-al-ciudadano/ayudas-y-subvenciones/ayudas-a-victimas-de-actos-terroristas/unidades-didacticas-en-castellano/UD1_Terrorismo_en_Espana_ALUMNOS.pdf
- "Estatutos-Fundación | FCMVT", n.d. Último acceso 20 de junio de 2025, https://www.memorialvt.com/wp-content/uploads/ESTATUTOS-FUNDACION.pdf
- "Eusko Gudariak, el himno de los gudaris | Sabino Arana fundazioa", 2025, Último acceso 20 de junio de 2025, https://www.sabinoarana.eus/es/historias-vascas/efemerides/euzko-gudariak-el-himno-de-los-gudaris-20200924
- Fernández Soldevilla, Gaizka. 2020. «El Franquismo Ante El Proceso De Burgos». *Araucaria 22 (44)*. Último acceso 16 de junio de 2025, https://revistascientificas.us.es/index.php/araucaria/article/view/11798
- "Fundación Fernando Buesa | fB", 2025, Último acceso 20 de junio de 2025, https://www.fundacionfernandobuesa.com/
- "Fundación Manuel Giménez Abad", n.d. Último acceso 19 de junio de 2025, https://www.fundacionmgimenezabad.es/
- "Fundación Profesor Manuel Broseta", último acceso 19 de junio de 2025, https://www.fundacionbroseta.org/
- "Fundación Victimas del Terrorismo", n.d. Último acceso 19 de junio de 2025, https://fundacionvt.org/
- "Instituto de Historia Social Valentín de Foronda | UPV" n.d. Último acceso 20 de junio de 2025, https://www.ehu.eus/es/web/institutovalentindeforonda/aurkezpena
- "Ley 29/2011, de 22 de septiembre, de Reconocimiento y Protección Integral a las Víctimas del Terrorismo | BOE", n.d. Último acceso 19 de junio de 2025, https://www.boe.es/buscar/pdf/2011/BOE-A-2011-15039-consolidado.pdf.
- "Ley 4/2014, de 27 de noviembre, de creación del Instituto de la Memoria, la Convivencia y los Derechos Humanos | BOE", n.d. Último acceso 20 de junio de 2025, https://www.boe.es/buscar/pdf/2014/BOE-A-2014-13185-consolidado.pdf
- "Unidades Didácticas en castellano; Descargas |Ministerio del Interior" n.d. Último acceso 19 de junio de 2025. https://www.interior.gob.es/opencms/es/servicios-al-ciudadano/tramites-y-gestiones/ayudas-y-sub-

venciones/ayudas-a-victimas-de-actos-terroristas/unidades-didacticas-del-proyecto-educativo-memoria-y-prevencion-del-terrorismo/unidades-didacticas-en-castellano/

- "PARES. Portal de Archivos Españoles | Ministerio de Cultura" n.d. Último acceso 20 de junio de 2025, https://pares.mcu.es/ParesBusquedas20/catalogo/autoridad/50890
- "Publicaciones | Centro Memorial de las Víctimas del Terrorismo", n.d. Último acceso 20 de junio de 2025, https://www.memorialvt.com/publicaciones/
- "Santiago Brouard Pérez | Covite), n.d. Último acceso 20 de junio de 2025, https://mapadelterror.com/victims/santiago-brouard-perez/
- "Su vida | Fundación Miguel Ángel Blanco", 2023, Último acceso 20 de junio de 2025, https://www.fmiguelangelblanco.es/miguel-angel-blanco/su-vida/
- "Walk on the basque side | Vanessa Sánchez", n.d. Último acceso 20 de junio de 2025, https://walkonthebasqueside.com/que-es-la-txalaparta/?cn-reloaded=1

PARTE II
VÍCTIMAS DEL DERECHO Y DERECHO CONSTITUCIONAL

Capítulo 2

Ilegalización partidos políticos y nuevos métodos de aprendizaje

ALEXANDRE H. CATALÀ I BAS
Profesor titular de Derecho Constitucional
Universitat de Valencia

I. INTRODUCCIÓN

El presente capítulo tiene como finalidad ofrecer una aproximación sistemática a la utilización de métodos de innovación docente en el ámbito universitario, con especial atención a la transición que se está produciendo desde el modelo tradicional de manual hacia la incorporación de herramientas basadas en inteligencia artificial. La propuesta se enmarca en un contexto de transformación educativa en el que el derecho —y particularmente el Derecho Constitucional— no puede quedar al margen de los cambios metodológicos que afectan al conjunto de las ciencias sociales.

A lo largo del capítulo se expondrá, en primer lugar, el objeto de estudio y el marco teórico que sustenta esta reflexión, lo que permitirá situar al lector en las bases conceptuales y pedagógicas de la innovación docente. Posteriormente, se precisará el perfil de los alumnos a los que va destinado el planteamiento, así como los objetivos concretos que persigue. Estos elementos resultan esenciales para comprender la pertinencia de las estrategias metodológicas propuestas.

El núcleo central se dedicará a examinar la evolución desde la enseñanza apoyada en manuales hacia la integración de recursos digitales e inteligencia artificial, destacando tanto sus potencialidades como los retos que plantea. Con ello se pretende mostrar que la innovación docente no debe entenderse como una ruptura con lo anterior, sino como una adaptación crítica y progresiva a las nuevas condiciones de aprendizaje y a las competencias profesionales que demanda la sociedad contemporánea.

Asimismo, se describirá la estructura de la sesión diseñada a modo de ejemplo, lo que permitirá observar de manera práctica cómo se articula la propuesta metodológica en el aula. Finalmente, se ofrecerá una bibliografía recomendada que servirá de guía para profundizar en los temas tratados y ampliar la reflexión sobre los horizontes de la innovación docente en el estudio del Derecho.

II. OBJETO DE ESTUDIO Y MARCO TEÓRICO

Asegurar el pluralismo político en un régimen democrático es esencial para su supervivencia, pero rápidamente surge la cuestión de si en una democracia caben todos los partidos políticos o si, por el contrario, estos han de cumplir con unos mínimos democráticos para poderse desenvolver en la vida política. Partamos del hecho de que ningún derecho fundamental tiene carácter absoluto y el derecho de asociación política no es una excepción. No todos los partidos políticos pueden ser admitidos en democracia. Llegados a esta conclusión la cuestión radica en establecer los criterios de exclusión. No hay un consenso europeo al respecto. Si parece haber acuerdo en que determinados partidos políticos pueden ser ilegalizados por sus actividades antidemocrática. Sin embargo, se difiere en relación a los fines. ¿Puede existir un partido político cuyo objetivo sea acabar con la propia democracia? En esta cuestión hay una clara divergencia entre aquellas democracias que permiten que el partido persiga cualquier fin quedando exceptuados solamente los ilícitos penales (caso español) y las que consideran causa de ilegalización tener como objetivo derrocar la democracia (caso alemán).

Ello nos lleva a la paradoja de la tolerancia de Popper: ¿Tolerancia frente a la intolerancia? Este autor será tajante al respecto: "hay una insensatez, la intolerancia, difícil de tolerar: en realidad, es aquí donde encuentra su límite la tolerancia. Si concedemos a la intolerancia el derecho a ser tolerada, destruimos la tolerancia, y el Estado constitucional"[1]. Y, sin embargo, voces acreditadas defienden que se pueda acabar con la democracia por métodos pacíficos. Mantiene Aragón Reyes que también el principio democrático es disponible pues sólo existe una autolimitación procedimental pero no material del poder soberano por lo que «el pueblo tiene que conservar la libertad de decidir jurídicamente su propio destino»[2]. «Ahí radica, precisamente, la grandeza de nuestra Constitución: en que ella misma facilita los medios jurídicos para su radical mutación: Y allí radica también la grandeza de nuestra democracia: en que permite a sus enemigos destruirla, pero eso sí, por procedimientos democráticos»[3].

Sin embargo, como ha reconocido hasta el propio Tribunal de Estrasburgo, caso Ahmed, de 2 de septiembre de 1988, la ciudadanía tiene el derecho de vivir en democracia y todo poder político la obligación de hacerlo posible y, añado yo, toda generación tiene la obligación de transmitir el legado de vivir en libertad a la siguiente, de tal suerte que si una de ellas la pretendiera hurtar a las futuras merecería ser tachada de desleal y traidora para con ellas. Elías Díaz, recurriendo al argumento del pueblo y de las futuras generaciones, afirma que éste no puede destruir libremente la libertad porque «un pueblo es algo efectivamente en cambio, en constante cambio, donde nuevos miembros, nuevos hombres y mujeres, se suman continuamente incorporándose al colectivo anterior. Consecuentemente, la soberanía popular no es, por tanto, algo que se exprese sólo en un acto úni-

---

1 Popper, K. (1994): *En busca de un mundo mejor*, Barcelona, Paidós, p. 244. Y en el mismo sentido se manifiesta por ejemplo Sartori al afirmar en su libro, no exento de polémica pues algunas de sus afirmaciones son muy discutibles, que "el tolerar no es, ni puede ser, algo ilimitado". Sartori G. (2001): *La sociedad multiétnica. Pluralismo, multiculturalismo y extranjeros*, Madrid, Taurus, p. 42.

2 Aragón Reyes, M. (1989): Constitución y Democracia, Madrid, Tecnos, p. 35.

3 *Idem*, p. 49.

co sino que es algo que, en rigor, habría y hay que estar ejerciendo continuamente» (...) y es que no corresponde ni puede atribuirse a ningún cuerpo electoral concreto enajenar en un momento dado y para siempre no ya la propia libertad sino también la de aquellos que (menores de edad o, incluso, no nacidos) no han podido, por tanto, participar en tal decisión y que, sin embargo, se encontrarían un día privados por sus mayores —y además bajo alega-tos democráticos— de su libertad y de los derechos fundamentales que de ella derivan. Exigencia de la soberanía popular, de la legitimación democrática y de la propia regla de la mayoría sería pues, en esa circunstancia, la de consultar continuamente a los nuevos ciudadanos sobre el refrendo o no de tal anterior enajenación[4]. En definitiva, si se enajena el derecho a vivir en democracia, las generaciones futuras no serán dueñas de su propio destino. Y es que una generación disfruta del derecho a vivir en democracia, pero no a título de propiedad ya que tiene la obligación de transmitir-lo a las generaciones sucesivas.

Para Loewestein, un gobierno constitucional es aquel en el que rige la ley, se garantiza la racionalidad y previsibilidad de una administración y garantiza los derechos fundamentales. Constata que la democracia y la tolerancia democrática han sido utilizadas para su propia destrucción. Amparada por los derechos fundamentales y la ley, la maquinaria antidemocrática puede ser construida y puesta en marcha de forma legal. La democracia tiende a permitir la existencia de partidos antidemócratas bajo la condición aparente de respetar el principio de legalidad y el libre uso de la libertad de expresión.

Frente al *emotionalism* fascista, el gobierno constitucional solo puede apelar a la razón. El autor aboga con acabar con el fundamentalismo democrático (*democratic fundamentalism*)[5].

---

4 Díaz, E. (1984): *De la maldad estatal y la soberanía popular*, Madrid, Debate, pp. 66 y ss.

5 Loewenstein, K. (1937): "Militant Democracy and Fundamental Rights", *The American Political Science Review*, 1937, vol. XXXI, nº 3 pp. 417 y ss. y vol. XXXI, nº 4, pp. 638 y ss.
En el sentido de democracia ingenua que todo lo permite pues el pluralismo ha de ser aplicado de forma absoluta permitiendo incluso la defensa de proyectos que quieran acabar con la propia democracia.

La democracia aboga por los derechos fundamentales, por el juego limpio de todas las opiniones, por el derecho de manifestación libre, el derecho de reunión y el de prensa ¿cómo puede atacarse a sí misma restringiendo esto sin destruir la base fundamental de su existencia y su justificación? Este es un argumento artero que utilizan justamente los fascistas al afirmar que al restringir estos y otros derechos para evitar su propagación la democracia está traicionando su propia esencia. Al final sin embargo, la autocomplacencia legal y el letargo suicida (*suicidal lethargy*) permitieron extender mejor las técnicas de las que se vale el fascismo[6]. Pero la democracia ha de superar ese *fundamentalismo* democrático y convertirse en militante. El fuego se combate con el fuego. La democracia militante, pues, puede luchar contra el extremismo subversivo cuando a la voluntad de sobrevivir se unen medidas apropiadas para combatir las técnicas fascistas.

Tras la experiencia de la Segunda Guerra Mundial, la República Federal alemana se convirtió en una democracia militante. El artículo 21 de la Ley fundamental de Bonn permitía ilegalizar a aquellos partidos que "Los partidos que por sus fines o por el comportamiento de sus adherentes tiendan a desvirtuar o eliminar el régimen fundamental de libertad y democracia". En aplicación de este precepto, El Tribunal Constitucional Alemán en su sentencia de 23 de octubre de 1952, declaró inconstitucional al Partido Socialista del Reich, *Sozialistische Reichspartei* (SRP), y en la de 17 de agosto de 1956, que hizo lo propio con el Partido Comunista de Alemania, *(Kommunistische Partei Deutschland).* El caso alemán ha cobrado nueva actualidad. A principios de mayo de 2025 los servicios de inteligencia de Alemania calificaron como "extremista" al partido político alternativa por Alemania (AfD) y aseguraron que es incompatible con el orden democrático[7].

La nuestra no es una democracia militante al estilo alemán. Se encargó de remarcarlo nuestro legislador orgánico en la Exposición de motivos de la Ley Orgánica de Partidos Políticos:

---

6 *Idem* p. 431.

7 https://elpais.com/internacional/2025-05-02/los-servicios-de-inteligencia-de-alemania-designan-oficialmente-al-partido-afd-como-una-organizacion-de-extrema-derecha.html-. 02 MAY 2025 - 11:51 CEST. Consultado: 10 de mayo de 2025.

> "La Ley opta, en primer lugar, por contrastar el carácter democrático de un partido y su respeto a los valores constitucionales, atendiendo no a las ideas o fines proclamados por el mismo, sino al conjunto de su actividad.
> De este modo, los únicos fines explícitamente vetados son aquellos que incurren directamente en el ilícito penal. (...) La presente Ley, sin embargo, a diferencia de otros ordenamientos, parte de considerar que cualquier proyecto u objetivo se entiende compatible con la Constitución, siempre y cuando no se defienda mediante una actividad que vulnere los principios democráticos o los derechos fundamentales de los ciudadanos.
> Tal y como ya se indicaba en la exposición de motivos de la Ley Orgánica 7/2000, de 22 de diciembre, no se trata, con toda evidencia, de prohibir la defensa de ideas o doctrinas, por más que éstas se alejen o incluso pongan en cuestión el marco constitucional."

El Tribunal Constitucional en su sentencia 48/2003, de 12 de marzo y el Tribunal Supremo en la suya de 27 de marzo del 2003 se encargaron de recordarlo. Este último, por ejemplo, señaló que, nuestro sistema político responde a un régimen de libertad política prácticamente ilimitada (absolutamente ilimitada en las ideas, no así en los actos a través de los que se pretenda su consecución), adquiriendo pleno sentido que nuestra Constitución no haya optado por un sistema de democracia militante, sino por un sistema extremadamente tolerante, si se quiere «combativamente tolerante, a favor de todos los postulados políticos».

De acuerdo con ello, la LOPP enumera una serie de actividades que realizadas de forma grave y reiterada pueden dar lugar a la ilegalización de un partido político. Todas las actividades están relacionadas con el terrorismo por lo que difícilmente se podría ilegalizar con esta Ley un partido político que desplegara otro tipo de discurso del odio (antisemitismo, discriminación racial, etc.).

En aplicación de la LOPP, Tribunal Supremo y Tribunal Constitucional desplegaron una ingente labor para evitar que ETA, por diversos mecanismos intentará presentarse a las elecciones. Dicha labor se vio avalada en todos los casos por el TEDH.

Caso	TS	TC	TEDH
Herri Batasuna y Batasuna	27/03/2003	16/01/2004	30/06/2009
Etxeberria Barrena Arza, Nafarroako...	03/05/2003	08/05/2003	30/06/2009
Aukera Guztiak	26/03/2005	31/03/2005	09/02/2010
Herritarrem Zerreda	21/05/2004	27/05/2004	30/06/2009
Eusko Abertatzle Ekintza-ANV	05/05/2007	10/05/2007	07/12/2010
Eusko Abertatzle Ekintza-ANV (2)	22/09/2008	29/01/2009	15/01/2013

En todos estos casos las resoluciones tanto del Tribunal Supremo como las del Tribunal Constitucional fueron adoptadas por unanimidad. No todos los casos llegaron a Estrasburgo. Unos porque los demandantes no recurrieron ante el TEDH, otros porque el Tribunal Constitucional español les amparó en sus demandas. Esto último sucedió en dos casos no exentos de polémica que rompieron la unanimidad *intra* y *entre* tribunales. *Intra* pues el Tribunal Supremo resolvió en ambos casos a favor de la ilegalización por un estrecho margen de votos favorables y el Tribunal Constitucional amparó a los demandantes también por un estrecho margen. Y *entre* en la medida en que el Tribunal Supremo se mostró favorable a la ilegalización y el Tribunal Constitucional no.

Caso	TS	TC
Bildu	01/05/2011	05/05/2011
Sortu	30/03/2011	20/06/2012

III. ALUMNADO AL QUE VA DESTINADO

La sesión va destinada a alumnado de segundo de Derecho en el seno de la asignatura Derecho Constitucional II del Grado de Derecho y de los dobles grados Derecho y Ciencia Política, Derecho y ADE, y Derecho y Criminología. De acuerdo con la guía docente, es una asignatura obligatoria que se imparte en el segundo curso del Grado con una carga lectiva es de 7,5 créditos ECTS.

Esta sesión puede impartirse en una clase presencial ordinaria o como actividad complementaria.

Los contenidos que se abordan en esta asignatura son:

- El sistema de los derechos fundamentales y libertades públicas en el ordenamiento constitucional español.
- La cláusula de igualdad de los derechos fundamentales y las libertades públicas, los principios rectores de la política social y económica.
- Sistema de garantías: garantías jurisdiccionales y extra-jurisdiccionales. Niveles de protección: nacional, supranacional, internacional.

Se busca que el alumno adquiera una serie de capacidades:

- Capacidad para reconocer la importancia del derecho como sistema regulador de las relaciones sociales.
- Capacidad para utilizar los principios y los valores constitucionales, el respeto de los derechos humanos, poniendo una atención especial en la igualdad entre hombres y mujeres, la sostenibilidad y la cultura de la paz, como herramientas de trabajo en la interpretación del ordenamiento jurídico.
- Capacidad para el manejo de fuentes jurídicas (legales, jurisprudenciales y doctrinales).
- Capacidad para leer e interpretar textos jurídicos.
- Capacidad para comunicarse correctamente de forma oral y escrita en el ámbito jurídico.
- Capacidad para adquirir los conocimientos básicos de argumentación jurídica.

Debe tenerse en cuenta que los estudiantes a los que se dirige la asignatura se encuentran en segundo curso del grado. Con frecuencia, los docentes olvidamos considerar el nivel de madurez jurídica propio de esta etapa y no adaptamos en consecuencia la complejidad de los contenidos ni el grado de dificultad de la materia. Evidentemente, no resulta posible —ni pedagógicamente recomendable— impartir con la misma profundidad una asignatura de primer o segundo curso que aquellas que se abordan en los últimos años de la titulación. A esta circunstancia se añade que los alumnos suelen iniciar los estudios universitarios con escasos, cuando no nulos, conocimientos jurídicos previos. Ello obliga a plantear una reflexión crítica: ¿por qué, a diferencia de lo que ocurre con disciplinas como la economía, la historia, la ciencia política o la filosofía, los planes de estudio de bachillerato no incluyen una formación básica en Derecho, pese a que una parte significativa del alumnado optará posteriormente por grados pertenecientes al ámbito de las ciencias jurídicas?

En el segundo curso de grado, los alumnos están todavía en un periodo inicial en el que están consolidando todavía una serie de conocimientos jurídicos básicos y destrezas y habilidades en relación a las fuentes de estudio (doctrina, normativa y jurisprudencia). Es decir, son juristas *in statu nascendi.* Hay que conjugar muchos factores a fin de que el alumnado mantenga su interés durante toda la sesión y adquiera nuevos conocimientos. Si abusamos de conceptos y explicaciones teóricas con una clase magistral, a buen seguro que gran parte del alumnado perderá interés y *desconectará* con lo que no se alcanzarán ninguno de los objetivos previstos.

IV. OBJETIVOS

Se trata, pues, de alcanzar los objetivos descritos en el apartado anterior adaptando los contenidos al grado de dificultad de un segundo curso en el que el alumno como se ha señalado está en una fase todavía inicial.

Pero también se busca que el alumnado, que forma parte de nuestra sociedad y es un valor de presente y futuro, comprenda la trascendencia de vivir en democracia y la importancia que para ello tiene el respeto a los derechos humanos.

Junto a estos objetivos generales, se busca transmitir al alumno en un ejercicio de memoria histórica/democrática el drama que para la democracia española y para la sociedad española supuso la lacra del terrorismo. ETA se disolvió en 2018 pero las consecuencias de sus acciones asesinas siguen presentes. Más de 300 asesinatos de ETA no se han resresuelto (Domínguez y Jiménez, 2023)[8]. Los asesinos de ETA siguen gozando de apoyo social. Se siguen produciendo de manera más o menos encubierta actos de homenaje a los terroristas, muchos de estos logran beneficios penitenciarios sin cumplir con los requisitos para obtenerlos tales como pedir perdón a las víctimas y, especialmente, colaborar en la resolución de los casos pendientes.

Se desea concienciar al alumnado de que la derrota de ETA se alcanzó utilizando todos los medios que permitía el Estado de Derecho, pero sólo los que permitía el Estado de Derecho. No hay atajos en esa lucha. Como señalaba Bobbio, el objetivo de los terroristas es la democracia y sin democracia la libertad de convierte en servidumbre, la justicia en opresión y la felicidad de infelicidad general. Pero el Estado de Derecho ha de enfrentarse al terrorismo sólo con la ley. Siguiendo al maestro italiano: El Estado de Derecho no puede estar en guerra contra los terroristas. si los terroristas desean que sus acciones se consideren como acciones de guerra, si el derecho de guerra está basado en una regla fundamental: la de la reciprocidad, según la cual lo que está permitido a uno de los contendientes también le está permitido al otro, por qué los actos de violencia que cometen los terroristas contra el Estado y sus "siervos" no deberían ser lícitos para el Estado contra el terrorismo. No podemos partir de una separación radical, entre política y ética, "una acción moralmente buena es la que ha sido realizada dentro del respeto a ciertos principios universales...; una acción políticamente buena es una acción que ha tenido éxito". Desde este planteamiento una acción se considerará políticamente correcta si alcanza el fin propuesto y en este sentido "el buen fin salva aun el medio más malo". "la solución llamada de la "amoralidad de la política", no es en absoluto una solución"[9]. Es imprescindible afirmar con Kant que "el derecho de un Estado frente a un enemigo injusto es ilimitado (ciertamente en cuanto a la cua-

---

8 Domínguez, F. y Jiménez. M. (2023): *Sin Justicia. Más de 300 asesinatos de ETA sin resolver*, Madrid, Espasa.

9 Bobbio, N. (1988): *Las ideologías y el poder en crisis*, Barcelona, Ariel, pp. 100-114.

lidad, pero no en cuanto a la cantidad, o sea al grado): es decir, el Estado perjudicado no puede servirse de todos los medios, pero sí que puede utilizar para mantener lo suyo los medios en sí lícitos" [10].

En esta clase se pretende analizar la decisiva labor en la derrota de ETA llevada a cabo por el legislador con la aprobación de la LOPP y por los tribunales en su aplicación.

En definitiva, se busca alcanzar dos objetivos:

Uno, que el alumnado del Grado de Derecho adquiera unos conocimientos teóricos sobre unos epígrafes del programa

Dos, por otra parte, ésta es una cuestión especialmente sensible en la sociedad española. Que la banda asesina ETA se haya disuelto no puede ser excusa para que en un ejercicio de memoria histórica/democrática se muestre las actividades terroristas de ETA y la respuesta desde el Estado de Derecho hasta derrotarla. Puede haber perdón, pero no olvido. Es importante que el alumnado, como ciudadanos de un estado de derecho consolidado como es el nuestro tengan conocimiento de lo que supuso ETA y cómo fue derrotada

V. LA UTILIZACIÓN DE MÉTODOS DE INNOVACIÓN DOCENTE. DEL MANUAL A LA IA

Durante siglos, la enseñanza del Derecho ha estado anclada en el método tradicional: el manual, el comentario doctrinal y la lección magistral del catedrático. Este modelo, si bien ha producido generaciones de juristas sólidos, presenta limitaciones en un entorno cada vez más dinámico y digital. Hoy, la irrupción de la inteligencia artificial (IA) marca un cambio de paradigma. No se trata solo de una herramienta complementaria, sino de una transformación que afecta a los métodos de estudio, a la forma de entender el razonamiento jurídico y, en última instancia, a la formación misma de futuros profesionales del Derecho. Estamos ante una transición desde la

---

[10] Kant, I (1989): *La metafísica de las costumbres*, Madrid, Tecnos, p. 189.

autoridad unidireccional del aula hacia un aprendizaje interactivo, personalizado y algorítmicamente asistido.

Sin embargo, creo que hay puntos débiles en los nuevos métodos docentes. Considero que de lo que se trata no es de sustituir los tradicionales por los nuevos sino combinar ambos. Por otra parte, se está haciendo una transición rápida hacia el uso de la IA cuando a pesar de la amplia disponibilidad de bases de datos jurídicas como Westlaw, Aranzadi, VLex o el CENDOJ, muchos estudiantes de Derecho siguen sin utilizarlas de forma habitual o eficiente. Este desconocimiento genera una dependencia excesiva de la IA y dificulta el aprendizaje de habilidades clave como la búsqueda jurisprudencial, el análisis de doctrina o la construcción autónoma de argumentaciones jurídicas. Las ventajas de utilizar métodos de innovación docente

Sin duda, los métodos de innovación docente en el Grado de Derecho ofrecen varias ventajas importantes: fomentan un aprendizaje más activo y participativo, lo que ayuda a los estudiantes a comprender mejor los conceptos complejos; además, promueven el desarrollo de habilidades críticas y analíticas, esenciales en el ámbito jurídico. La incorporación de tecnologías y metodologías innovadoras también hace las clases más dinámicas y atractivas, motivando a los alumnos a involucrarse más. Otro beneficio es que preparan a los estudiantes para el mundo laboral, donde la innovación y la adaptabilidad son clave. También facilitan la personalización del aprendizaje, atendiendo a diferentes estilos y ritmos. Asimismo, fomentan la colaboración y el trabajo en equipo, habilidades fundamentales en la profesión jurídica. En resumen, la innovación docente en Derecho mejora la calidad de la enseñanza y prepara mejor a los futuros profesionales.

Pero estos métodos también encierran ciertos peligros. Uno de ellos es que la implementación excesiva de nuevas tecnologías o metodologías puede distraer a los estudiantes, restando atención a los conocimientos fundamentales. Además, existe el riesgo de que algunas técnicas innovadoras no sean adecuadas para todos los perfiles de alumnos, generando desigualdades en el aprendizaje. La dependencia de métodos innovadores también puede disminuir la rigurosidad académica si no se equilibran con una sólida formación teórica. Otro peligro es que la innovación constante puede generar inseguridad o resistencia entre docentes y estudiantes, dificultando la adaptación. Asimismo, si no se evalúan correctamente, estas metodologías pueden no mejorar realmente el aprendizaje. Por último, un uso inadecuado puede desvalorizar las habilidades tradicionales, esenciales en la práctica jurídica.

La IA puede ser un aliado pedagógico valioso. Modelos de lenguaje como ChatGPT pueden ayudar a clarificar conceptos complejos, generar esquemas, ofrecer explicaciones adaptadas al nivel del estudiante y proporcionar ejemplos de aplicación práctica del Derecho. También permite un aprendizaje más autónomo, interactivo y personalizado. Esto refuerza la comprensión de las bases teóricas del ordenamiento jurídico y del razonamiento normativo.

Ahora bien, en el ámbito práctico —donde los estudiantes deben aprender a resolver casos, redactar escritos jurídicos y aplicar la normativa a situaciones reales— la inteligencia artificial puede convertirse en una amenaza más que en una herramienta, si no se utiliza con criterio.

Uno de los principales peligros es la suplantación del esfuerzo intelectual del alumno. Hoy existen sistemas capaces de redactar escritos jurídicos completos en segundos. Si el estudiante se limita a introducir el enunciado del caso en una herramienta de IA y copia la respuesta sin comprenderla ni evaluarla críticamente, deja de desarrollar habilidades fundamentales: análisis, argumentación, redacción jurídica y juicio profesional.

Además, la IA puede generar contenido que parece verosímil, pero es incorrecto o incluso ficticio. Un caso especialmente ilustrativo ocurrió en Estados Unidos, donde un abogado presentó un escrito judicial que incluía múltiples referencias jurisprudenciales generadas con ChatGPT. Las sentencias citadas no existían: eran invenciones del modelo. El tribunal no solo rechazó el escrito, sino que sancionó al abogado por actuar con negligencia al no verificar la información, comprometiendo así su deber de diligencia profesional.

Este episodio demuestra que la IA no sustituye el juicio jurídico ni la responsabilidad del profesional. Si no se educa al alumnado en un uso ético y crítico de estas herramientas, corremos el riesgo de formar juristas que confíen ciegamente en tecnologías que aún cometen errores, lo que puede tener consecuencias graves tanto académicas como legales. Formar a los juristas del futuro requiere no solo enseñarles a usar la IA, sino también a pensar críticamente sobre sus implicaciones éticas, jurídicas y sociales.

VI. ESTRUCTURA DE LA SESIÓN

La propuesta docente contempla la realización de dos sesiones diferenciadas: una de 60 minutos y otra de 120 minutos, en coherencia con la estructura temporal prevista en el Grado en Derecho, que organiza tres clases semanales —dos de ellas de 120 minutos y una de 60 minutos—. Estas sesiones deben desarrollarse una vez se han impartido los contenidos relativos a la libertad ideológica, la libertad de expresión y el derecho de asociación política, epígrafes que forman parte de la guía docente de la asignatura. La secuenciación responde a un criterio pedagógico esencial: resulta imprescindible que el alumnado disponga de tales conocimientos previos para poder abordar con rigor el análisis de la ilegalización de partidos políticos por su vinculación o apoyo al terrorismo. Sin esta base conceptual, el tratamiento de una materia de tal complejidad resultaría excesivamente limitado y carecería de la profundidad requerida en un contexto universitario.

1. Primera sesión (60 minutos)

1. **Activación del Conocimiento Previo (10 minutos)**

   Técnica: Kahoot! o Mentimeter Quiz

   Contenido: Preguntas rápidas sobre terrorismo de ETA, Estado de Derecho y pluralismo político, libertad de expresión y asociación política. Ilegalización de partidos políticos (LOPP y jurisprudencia del TS, TC y TEDH) y ejemplos de discursos políticos y otras actividades políticas controvertidos.

   Objetivo: Activar conocimientos previos y motivar.

2. **Exposición Teórica (20 minutos) y localización y análisis de la LOPP y de la jurisprudencia más relevante (30 minutos).**

En cuanto a la exposición teórica y habida cuenta que al alumnado ya se le ha explicado en la asignatura Constitucional I el valor superior pluralismo político y en Constitucional II, la libertad ideológica, la libertad de expresión y el derecho de asociación política se centra en una breve exposición sobre las causas de ilegalización de partidos políticos contenidos en la LOPP y los principales casos a los que ha dado lugar la aplicación de dicha ley.

Técnicas: Microlearning y Visual Thinking. Uso de base de datos jurídicas.

La exposición teórica se apoyará en Microlearning que supone dividir el contenido en pequeñas dosis o fragmentos cortos, fáciles de digerir y recordar. Es ideal para aprender de manera rápida y eficiente, ya que se centra en temas específicos en sesiones breves). Y en Visual Thinking que supone el uso de elementos visuales, como gráficos, esquemas, mapas mentales y dibujos, para facilitar la comprensión y retención de la información. Al aprovechar el poder de las imágenes, esta técnica ayuda a que las ideas complejas sean más claras y fáciles de recordar. En este caso se utilizarían imágenes de acciones terroristas, manifestaciones pro terroristas extractos de declaraciones de personajes políticos apoyando a ETA. Cuadro con la jurisprudencia de TS, TC y TEDH. Extractos de la jurisprudencia de estos tribunales)

Búsqueda de sentencias más relevantes del TS, TC y TEDH. El análisis se centraría en el caso Herri Batasuna y Batasuna y en el caso Bildu. Se utilizarían las bases de datos (Aranzadi, Cendoj, Tribunal Constitucional, Hudoc) para localizar las sentencias correspondientes y guiados por el profesor se analizarían los fragmentos más importantes de las mismas.

A continuación se elaborará una tabla comparativa de las sentencias de los diferentes tribunales para detectar coincidencias y divergencias

Formato: Presentación visual tipo Prezi o Canva con mapas conceptuales.

Objetivo: Transmitir conceptos sin sobrecargar; promover conexión visual entre normas y jurisprudencia.

2. *Segunda Sesión (120 minutos)*

1. **Consolidación conocimientos previos (10 minutos)**

   Técnica: Kahoot! o Mentimeter Quiz

   Con similar contenido que en la primera sesión para comprobar que el alumnado ha adquirido nuevos conocimientos tras la primera sesión.

2. **Aprendizaje Basado en Problemas (PBL). Caso práctico (40 minutos)**

   Técnica: Trabajo en grupos pequeños con roles asignados.

   Caso Sugerido (en síntesis):

   Un partido político ha convocado una manifestación con símbolos que podrían vincularse a mensajes de odio o apología del terrorismo. Además, ha realizado homenajes a terroristas que han salido de la prisión. En las últimas elecciones, presentó cono candidatos a terroristas condenados que no han mostrado su arrepentimiento en un número significativo de candidaturas. Sus dirigentes no condenan de forma expresa el terrorismo de ETA.

   Roles:

   - Partido político
   - Fiscalía
   - Abogacía del Estado
   - Víctimas de terrorismo

   Tarea: Analizar si el partido puede ser ilegalizado. Se escogen dos alumnos de los grupos que hayan argumentado a favor de la ilegalización y dos de los grupos que hayan argumentado en contra de ella para realizar breve exposición. El profesor se pone a disposición de los grupos para resolver dudas sin asumir ningún rol determinante ni influir en el contenido de la argumentación.

Objetivo: Desarrollar pensamiento crítico y argumentación jurídica.

3. **Simulación/Role Play (45 minutos)**

   Técnica: Simulación de audiencia ante el Tribunal Supremo

   Representantes de los grupos presentan su postura ante una simulación de audiencia del Tribunal durante 5 minutos. Se elige a cinco estudiantes que no han participado en la actividad previa a fin de evitar que estén contaminados para actuar como magistrados y dictar una resolución final motivada. Dispondrán de 30 minutos para deliberar y redactar una breve resolución motivada. El profesor guiará en esta labor a los alumnos, pero sin influir en el sentido del fallo.

4. **Debate Dialéctico guiado (15 minutos)**

   Este debate duraría aproximadamente 15 minutos. Tiene como objetivo que los alumnos puedan expresar sus opiniones, argumentar sus puntos de vista y escuchar las diferentes perspectivas de sus compañeros en un ambiente estructurado y respetuoso.

   Durante este debate, el profesor actúa como moderador, facilitando la participación de todos y asegurándose de que las discusiones sean constructivas. La participación es libre.

   La participación del profesor debe ser activa en el sentido de que es muy posible que el alumnado le interpele planteando dudas, aclaraciones o cuestiones que consideran que no han sido tratadas convenientemente. Finalmente, el profesor realiza una breve reflexión final, donde sintetiza los puntos más relevantes, destaca las ideas más interesantes y conecta la discusión con los objetivos de aprendizaje. Esto ayuda a consolidar el conocimiento y a cerrar la sesión de manera enriquecedora para todos.

   En esta reflexión final el profesor ha de hacer especial hincapié en la idea de que el terrorismo es una lacra para una sociedad y que ha de ser combatido solo con los instrumentos propios de un Estado de Derecho, sin atajos. Es importante que destaque que en esta cuestión no hay equidistancia: o se está con las víctimas o con los terroristas.

5. **Cierre y Evaluación (10 minutos)**

   Técnica: Kahoot! o Mentimeter Quiz

   Esta última fase pretende analizar si el alumnado ha consolidado unos conocimientos superiores a los que tenía en la fase inicial de las sesiones. En estas dos sesiones se han realizado tres valoraciones sobre los conocimientos del alumnado: en la fase inicial, en la intermedia y en la final. El profesor podrá comprobar de forma grupal e individual si ha existido o no una evolución en la adquisición de conocimientos. Lo esperado es que en esta fase final está técnica muestre una consolidación de mayores conocimientos. El resultado puede ser valorado por el profesor como evaluación continua de la signatura. Permite detectar a los alumnos que, por las razones que sean, no han mostrado una evolución en la adquisición de nuevos conocimientos. Con estos alumnos el profesor debería hacer un seguimiento individualizado, especialmente en tutorías, para averiguar las razones de ello y adoptar las medidas oportunas para que estos alumnos puedan superar satisfactoriamente la asignatura.

VII. EVALUACIÓN

La propuesta didáctica presentada muestra un diseño pedagógico sólido, bien estructurado y adaptado al alumnado de segundo curso de Derecho. Su planificación refleja un enfoque coherente con los objetivos de aprendizaje, combinando teoría, práctica y desarrollo de competencias jurídicas y cívicas.

Entre las fortalezas de la propuesta didáctica propuestas destacan las siguientes:

- Adecuación al nivel del alumnado: La propuesta reconoce la etapa inicial de formación jurídica de los estudiantes y adapta la complejidad de los contenidos, evitando la sobrecarga cognitiva y promoviendo la comprensión progresiva de conceptos complejos.

- Secuenciación lógica de las sesiones: La distribución en dos sesiones (60 y 120 minutos) permite primero activar conocimientos previos y exponer la teoría, para luego aplicar y consolidar los contenidos mediante casos prácticos, simulaciones y debates.
- Uso de metodologías activas: La integración de Microlearning, Visual Thinking, aprendizaje basado en problemas (PBL), role play y debates dialécticos fomenta la participación activa, la reflexión crítica y la argumentación jurídica.
- Evaluación continua: La utilización de herramientas interactivas como Kahoot! y Mentimeter en distintas fases de la sesión permite medir la adquisición de conocimientos, detectar dificultades individuales y ofrecer retroalimentación inmediata.
- Desarrollo de competencias transversales: La propuesta fomenta habilidades clave como la comunicación jurídica, el análisis crítico, la interpretación de textos legales y la colaboración en grupo.

Entre los aspectos a mejorar destacaríamos los siguientes:

- Preparación previa en herramientas jurídicas: Sería recomendable reforzar la capacitación de los estudiantes en bases de datos jurídicas y búsqueda de jurisprudencia antes de las sesiones prácticas, para garantizar un uso autónomo y eficiente de estas fuentes.
- Gestión de la carga de información: Aunque las metodologías activas facilitan la comprensión, la cantidad de jurisprudencia y casos podría resultar elevada; se podrían incluir esquemas resumidos o guías breves para ayudar a la retención de información.
- Profundización en la dimensión ética: En las actividades prácticas y debates, podría dedicarse un espacio explícito a la reflexión ética sobre las decisiones judiciales y las implicacio-

nes para la democracia, fortaleciendo la conciencia cívica del alumnado.

La propuesta didáctica es coherente, interactiva y adaptada al nivel del alumnado de segundo curso de Derecho. Combina de manera equilibrada teoría y práctica, promueve la participación activa, el pensamiento crítico y el manejo de fuentes jurídicas, y permite una evaluación continua de los aprendizajes. Con pequeñas mejoras en la preparación previa y la gestión de la información, la sesión puede considerarse muy adecuada para cumplir los objetivos de aprendizaje planteados y fomentar la comprensión de la importancia del pluralismo democrático y el respeto a los derechos fundamentales.

VIII. BIBLIOGRAFÍA

Dado que la actividad se desarrollará en dos sesiones, se propone, con carácter complementario y opcional, la lectura de uno de los artículos incluidos en la bibliografía recomendada entre ambas clases. Con el fin de favorecer la autonomía en el aprendizaje y el desarrollo de competencias en el manejo de recursos académicos, se orientará al alumnado en la localización de dicha bibliografía, para lo cual se introducirá el uso de plataformas de referencia como Dialnet.

Blanco Valdés, R.L. (2002): "La nueva ley de partidos políticos: a propósito de la ilegalización de Batasuna", *Claves de Razón Práctica*, núm. 124, pp. 23-31

Álvarez Conde, E. y Catala i Bas, A.H. (2013): *Derecho de Partidos*, Madrid, Colex.

Fernández de Casadevante, P. (2024): "España, una democracia militante", *Revista de Derecho Político*, núm. 119, pp. 135-160

Catala i Bas, A.H. (2013) "El respaldo del TEDH a la Ley Orgánica de Partidos Políticos" en Català i Bas, A.H. y Fernando García Mengual, F. (coords) *El reconocimiento de las víctimas del terrorismo a través de la legislación y la jurisprudencia*, Valencia, Fundación Profesor Manuel Broseta, pp. 351-371.

Català i Bas, A.H. y Fernando García Mengual, F. (coords)(2013): *El reconocimiento de las víctimas del terrorismo a través de la legislación y la jurisprudencia*, Valencia, Fundación Profesor Manuel Broseta.

Garrido Mayol, V. (2013): "La reparación a las víctimas del terrorismo: de la responsabilidad a la solidaridad" en Català i Bas, A.H. y Fernando García Mengual, F. (coords) *El reconocimiento de las víctimas del terrorismo a través de la legislación y la jurisprudencia,* Valencia, Fundación Profesor Manuel Broseta, pp. 119-139.

Iglesias Bárez, M.M. (2011): " El caso Bildu ": continuidad y ruptura en la doctrina del tribunal constitucional sobre la ilegalización de formaciones políticas, *Teoría y realidad constitucional,* núm. 28, 2011, pp. 555-578.

Magdaleno Alegría. A. (2007): "Libertad de expresión, terrorismo y límites de los Derechos fundamentales", *Revista de Derecho Político,* núm. 697, pp. 181-222.

Montilla Martos, J.A. (ed.) (2004): *La prohibición de partidos políticos,* Almería, Universidad de Almería.

Tajadura Tejada, J. (2008) "La doctrina del Tribunal Europeo de Derechos Humanos sobre la prohibición de partidos políticos", *Boletín Mexicano de Derecho Comparado* núm. 123, pp. 1431-1475.

Torres del Moral, A. (2010). «Terrorismo y principio democrático». *Revista de Derecho político,* nº 78, pp. pp. 95-160.

Vírgala Foruria, E. (2017): "La exclusión política como instrumento de la lucha antiterrorista en España", en Gutiérrez Gutiérrez, I. y Fernández Sarasola, I. (dir), Mecanismos de exclusión en la democracia de partidos, Barcelona, Marcial Pons.

Vivancos Comes, M. (2024): "Ciudadanía activa por la memoria y justicia de las víctimas del terrorismo: Una experiencia de innovación docente en el ámbito de la educación superior", *Docencia y Derecho,* núm. 23, pp. 75-91.

Vivancos Comes, M. (2023): "Derechos humanos y terrorismo. Asuntos relevantes en la doctrina del Tribunal Europeo de Derechos Humanos", *Revista Internacional de Estudios sobre Terrorismo,* núm. 7, pp. 60-75.

Capítulo 3

Terrorismo y la memoria de las víctimas: un ámbito donde la inteligencia artificial no debe entrar

BORJA SÁNCHEZ BARROSO
Profesor Ayudante Doctor
Universidad de Valencia

I. INTRODUCCIÓN: PREMISAS BÁSICAS DE LA INNOVACIÓN (PARA LA MEJORA) DOCENTE

Aunque en ocasiones puede resultar controvertida en el ámbito universitario, al priorizar la innovación sobre los métodos de enseñanza-aprendizaje tradicionales y desplazar en cierta medida el foco de los contenidos a los procesos de aprendizaje, la innovación docente parece hoy una exigencia ineludible para la mejora de los sistemas educativos. Si tenemos en cuenta que la innovación docente implica, en el fondo, repensar tanto el "qué" se enseña como el "cómo", el "dónde" y el "para qué"[1], su necesidad se impone como parte de una enseñanza crítica, metarreflexiva y madura, que busque potenciar ante todo el aprendizaje. El contexto de creciente complejidad e in-

---

1 Fullan, M., *The new meaning of educational change (4ª ed.)*, Teachers College Press, Nueva York, 2007, p. 36

certidumbre en el que nos movemos[2], los profundos cambios sociales, culturales y tecnológicos a los que nos enfrentamos y a los que se enfrenta la propia Universidad[3], y la insuperable interrelación entre las distintas disciplinas universitarias para dar respuesta a los retos de hoy en día, hacen todavía más perentoria la reflexión sobre los procesos de enseñanza-aprendizaje. Lo único que no ha cambiado es el objetivo: la educación superior no debe buscar formar a los mejores, en abstracto, sino a los "mejores para el mundo"[4], según el secular lema ignaciano de "entrar para aprender, salir para servir".

Todo ello no es una tarea fácil, ni se da automáticamente. Al contrario, una característica clave de la innovación educativa debe ser su carácter intencional y transformador: no toda novedad mejora la docencia, ni toda innovación docente debe conllevar abandonar lo aprendido hasta ahora. De otra forma, nos encontraríamos ante una "ocurrencia docente", más que ante una innovación docente propiamente dicha. Innovar significa mejorar y, por tanto, supone una mirada crítica sobre la propia práctica docente, una voluntad de cambio informada y una actitud abierta al aprendizaje permanente. En otras palabras, hace falta una nueva mirada pedagógica y centrada en la docencia[5]. En por ello que la innovación está íntimamente ligada a la reflexión pedagógica, a la investigación y a la creación de comunidades de aprendizaje[6].

---

2 Tahull Fort, J., "Orientación educativa en la sociedad posmoderna: estrategias para navegar en la complejidad y la incertidumbre", *Revista Internacional de Desarrollo Humano y Sostenibilidad,* Vol. 2, Nº 1, 2025, p. 117

3 Sancho Gil, J. M., Ornellas, A. y Arrazola Carballo, J., "La situación cambiante de la universidad en la era digital", *Revista Iberoamericana de Educación a Distancia,* Vol. 21, Nº 2, 2018, pp. 31-49.

4 Pineda Trujillo, M., "'Los mejores para el mundo', del liderazgo académico a un liderazgo ignaciano para la vida", *Prepa Ibero Tlaxcala - Décimo Tercer Coloquio Interinstitucional de Profesores de Preparatorias,* 23 de junio de 2022, disponible en https://repositorio.iberopuebla.mx/handle/20.500.11777/5359

5 Zabalza, M. A., "El espacio europeo de educación superior: innovación en la enseñanza universitaria", *Innovación educativa,* nº 18, 2008, p. 79.

6 Stenhouse, L., *Investigación y desarrollo del currículum* (3ª ed.), Morata, Madrid, 1991, p. 291.

En el caso particular de la tecnología, además, las verdaderas innovaciones para la mejora "*dependen tanto del diseño tecno-pedagógico de las actividades de enseñanza y aprendizaje en las que se involucran, como de la recreación y redefinición que llevan a cabo de los procedimientos y normas de uso de las herramientas incluidas en dicho diseño*"[7]. En el fondo, los enfoques pedagógicos más innovadores tienden a desplazar el foco desde la enseñanza hacia el aprendizaje, centrando la atención en el alumnado como sujeto activo, constructor de sentido (o, al menos, que lo interioriza activamente) y productor de conocimiento, para sí y para los demás. Metodologías como el aprendizaje basado en proyectos, el aprendizaje-servicio, la clase invertida (*flipped classroom*) o el uso de entornos colaborativos digitales no pueden adoptarse a la ligera. Deben buscar su fundamento en los principios de autonomía, la motivación intrínseca y el desarrollo competencial[8], sin abandonar por ello la importancia de los contenidos, la profundización en materias cada vez más complejas, y la importancia del ejemplo. No olvidemos que la clase magistral exige, como condición ineludible y antes de centrarse en el proceso, la figura del *maestro*, entendido como aquel "*que da ejemplo* [y] *buen ejemplo*"[9]. Este ejemplo supone reconocer la importancia de la emoción, la empatía y la relación educativa como componentes esenciales del proceso de enseñanza-aprendizaje[10]. Y no debe llevar a la mera imitación, pasiva y estéril en cuanto reproduce modelos ya existentes, sino a la maduración y el desarrollo personal, la intuición y la vocación por nuevos caminos, es decir, la puesta en juego de las propias energías por parte del alumnado[11].

Sin olvidar que toda implementación de innovaciones pedagógicas enfrenta algunos obstáculos, la innovación por medio de la tec-

---

7 Coll, C., "Aprender y enseñar con las TIC: expectativas, realidad y potencialidades", *Boletín de la Institución Libre de Enseñanza* Nº 72, Madrid, 2008, p. 11

8 Bruner, J., *La educación, puerta de la cultura,* trad. F. Díaz, Antonio Machado Libros, Madrid, 1997

9 Gusdorf, G., *¿Para qué los profesores?,* Edicusa, Madrid, 1969, p. 240

10 Bisquerra Alzina, R., "La educación emocional en la formación del profesorado", *Revista Interuniversitaria de Formación del Profesorado,* Vol. 19, nº 3, 2005, pp. 95-114

11 Sierra y Arizmendiarrieta, B., "El papel del ejemplo en la formación de profesores", *Aula Abierta,* nº 73, 1993, p. 84

nología no puede prescindir de estas características básicas. La falta de tiempo para la planificación y evaluación de nuevas propuestas, una cultura institucional a veces reacia a apoyar la experimentación docente, o la tensión entre las exigencias del sistema (currículo cerrado, evaluaciones estandarizadas) y las aspiraciones pedagógicas, no puede llevar a refugiarse en nuevas tecnologías por defecto. El riesgo de una innovación superficial o impulsada por modas tecnocráticas que no responden a las verdaderas necesidades educativas del alumnado es, sencillamente, demasiado grande: no basta aplicar una tecnología externa en el aula para innovar[12].

Partimos por tanto de la base de que la innovación docente no puede ser un fin en sí mismo, sino un medio para alcanzar una educación superior más profunda, crítica, reflexiva y significativa. Esta perspectiva requiere una ética de la responsabilidad docente y un firme compromiso con el derecho a una educación de calidad para todas las personas[13], abiertos a continuas mejoras posibles, al hilo de los avances tanto de la investigación pedagógica como de las técnicas disponibles. Una de ellas, la que seguramente más atención ha recibido en los últimos tiempos, es la inteligencia artificial (IA). Mucho se ha escrito ya, como veremos, sobre las oportunidades que la IA abre en la educación superior. También sobre sus riesgos. Pero poco se ha dicho sobre aquellos ámbitos, contenidos curriculares y extracurriculares, competencias o materias en los que la IA no debería entrar (o, si acaso, solo de forma muy marginal).

En este breve capítulo, nos preguntaremos sobre las posibilidades la IA como técnica al servicio de la innovación (para la mejora) docente en un ámbito muy concreto: la enseñanza-aprendizaje al nivel de la educación superior de la historia del terrorismo en España y la memoria de las víctimas. Tras recapitular algunas de las posibilidades de la IA para la mejora docente en general (apartado II), analizaremos y argumentaremos por qué la IA no debería entrar en dicho ám-

---

12 Imbernón, F., *La formación y el desarrollo profesional del profesorado: hacia una nueva cultura profesional*, Graó, Barcelona, 1994, p. 46

13 Bolívar Botía, A., "La lógica del compromiso del profesorado y la responsabilidad del centro escolar: una nueva mirada", *REICE: Revista Iberoamericana sobre Calidad, Eficacia y Cambio en Educación*, Vol. 11, nº 2, 2013, pp. 60-86.

bito (apartado III), abriendo así la puerta a unas breves conclusiones generales.

II. POSIBILIDADES DE LA IA PARA LA MEJORA DE LA DOCENCIA EN GENERAL

A estas alturas, parece evidente que la irrupción de la IA en la educación superior ha abierto un amplio abanico de oportunidades a muchos niveles. Ya es posible un uso significativo de la IA en tareas de investigación, gestión y docencia[14]. También es posible su uso por el alumnado, por el profesorado, o incluso de forma conjunta, para facilitar el aprendizaje guiado, por el alumnado acompañado del profesorado. En ese sentido, aunque la IA generativa basada en grandes modelos de lenguaje (LLM) sea seguramente la más conocida, a raíz de la irrupción fulminante de ChatGPT en el gran público[15], este tipo de IA es solo una de las muchas que se han abierto paso en los últimos tiempos. Existen buscadores potenciados con IA, generadores de imagen y vídeo, herramientas de análisis inteligente de documentos, herramientas de transcripción automática, etc.

Si nos centramos en los procesos de docencia-aprendizaje, plantearse el posible uso de IA como herramienta de innovación docente parece inevitable. Pese a su reciente popularización, existen ya numerosos estudios que propugnan los beneficios del uso de la IA para la mejora de los procesos de docencia-aprendizaje. Algunas de estas mejoras incluyen el acceso equitativo a los recursos de aprendizaje si se diseñan y planifican bien las políticas educativas relacionadas con la IA[16] o la personalización del aprendizaje[17]. También se menciona

---

14 Chen, L., Chen, P. y Lin, Z., "Artificial Intelligence in Education: a Review", IEEE Access, Vol. 8, 2020, p. 75272

15 Makridakis, S., Petropoulos, F. y Kang, Y., "Large Language Models: Their Success and Impact", Forecasting, Vol. 5, nº 3, 2023, pp. 526-549

16 Miao, F., *Guía para el uso de IA generativa en educación e investigación, UNESCO*, París, 2024, p. 24

17 Sekli, G., Godo, A., y Véliz, J., "Generative AI Solutions for Faculty and Students: A Review of Literature and Roadmap for Future Research", *Journal of Information Technology Education: Research*, 23, 2024, pp. 2-3

la optimización de la tutorización y mejora de la retroalimentación[18], o la mejora de los materiales docentes[19].

Para algunos, la IA no representa solo una innovación tecnológica que puede transformar la enseñanza[20]. En otras palabras, no es una herramienta de innovación docente más, sino que implica incluso un cambio de paradigma en la manera en que el conocimiento es adquirido, compartido y gestionado por toda la sociedad[21].

Sin circunscribirlo a un ámbito específico, las posibilidades parecen inagotables, y las iniciativas para el uso de IA en docencia se han multiplicado en los últimos tiempos. Cabe elaborar así cuestionarios de evaluación autocorregidos que indiquen al estudiante si su respuesta es correcta o errónea y, en su caso, ofrezcan explicaciones adicionales. También se han explorado posibles preguntas de desarrollo sobre el material docente y la bibliografía adaptadas por niveles para un seguimiento personalizado de la materia, desde un perfil introductorio hasta el grado de profundización que se desee, o para identificar estudiantes en riesgo[22]. Pueden prepararse sets de documentos o *chatbots* a los que el alumnado pueda formular preguntas para fomentar el estudio autónomo[23]. Se ha propuesta el uso de la IA para adaptar el estilo o el nivel de los materiales a cursos de otras

---

18 Guerschberg, L. y Gutiérrez, Y. E., "Tutoría con Inteligencia Artificial Generativa en la Educación Superior: Oportunidades y Desafíos en el Aprendizaje", *Ciencia Latina Revista Científica Multidisciplinar*, 8, 5, 2024, pp. 9960–9975

19 Cinta Gallent Torres, Zapata González, A., y Ortego, L., "El impacto de la inteligencia artificial generativa en educación superior: una mirada desde la ética y la integridad académica", *RELIEVE: Revista Electrónica de Investigación y Evaluación Educativa*, Vol. 29, nº 2, 2023, p. 9

20 Zhang, K., y Aslan, A. B., "AI technologies for education: Recent research & future directions", *Computers and Education: Artificial Intelligence*, Vol. 2, 2021, p. 9

21 Jacques, P. H., Moss, H. K., y Garger, J., "A synthesis of AI in higher education: Shaping the future", *Journal of Behavioral and Applied Management*, Vol. 24, nº 2, 2024, p. 103

22 Deri, M. N., Singh, A., Zaazie, P., y Anandene, D., "Leveraging artificial intelligence in higher educational institutions: A comprehensive overview", *Revista de Educación y Derecho*, Vol. 30, 2024, p. 6

23 Danaher, J., y Nyholm, S., "The ethics of personalised digital duplicates: a minimally viable permissibility principle", *AI and Ethics*, 2024

titulaciones y otros perfiles de alumnado, alumnado con necesidades especiales, etc[24]. Siempre se pueden explorar, además, ideas para hacer sesiones docentes más dinámicas, motivadoras y eficaces, y ayudar a diseñar dichas sesiones, generar vídeos y documentos cortos con píldoras de conocimiento, o incluso simular actos profesionales (entrevistas, negociaciones, juicios, operaciones, etc.). Diseñar casos prácticos adaptados que integren diversas ramas o diversos conceptos dentro de la misma rama y ofrezcan pautas guiadas para irlos resolviendo paso a paso según el diseño del docente también es una posibilidad, así como emplear sistemas inteligentes de tutorización, que faciliten la detección de lagunas de conocimiento o el seguimiento del aprendizaje tanto por el alumno como por el docente. De forma más amplia todavía, se ha apuntado la posibilidad de diseñar plataformas virtuales con *feedback* continuado para un aprendizaje más personalizado[25].

Sin embargo, junto a los posibles beneficios para la docencia y el aprendizaje, han surgido también desafíos y preocupaciones muy importantes[26]. Por ejemplo, el avance de la IA generativa ha despertado inquietudes en torno a cuestiones éticas, la presencia de sesgos en la información proporcionada o la accesibilidad a los sistemas y

---

24 Banerjee, P. y Bhattacharya, D., "Transforming the world of education through AI-enabled learning: a new normal", *The Business and Management Review*, Vol. 15, nº 2, 2024, p. 231

25 Nurhasanah, F., Nugraheni, A. Sri Ciptorukmi, K., Bambang, A., ROY, W. y Saddhono, K., "A Design of Virtual Classrooms Through AI, ML and DL to Improve the Level of Learning", *4th International Conference on Advance Computing and Innovative Technologies in Engineering (ICACITE)*, Greater Noida, India, 2024, pp. 940–945

26 Walczak, K., y Cellary, W., "Challenges for higher education in the era of widespread access to Generative AI", *Economics and Business Review*, Vol. 9, nº 2, 2023, p. 91; Chan, C., "A comprehensive AI policy education framework for university teaching and learning", *International Journal of Educational Technology in Higher Education*, Vol. 20, nº 38, 2023, p. 12; Yan, L., Sha, L., Zhao, L., Li, Y., Martínez-Maldonado, R., Chen, G., Li, X., Jin, Y. y Gašević, D., "Practical and Ethical Challenges of Large Language Models in Education: A Systematic Scoping Review", *British Journal of Educational Technology*, Vol. 55, nº 1, 2023, p. 90

modelos implicados[27]. Además, muchos de estos desarrollos están en manos de grandes corporaciones cuyo principal objetivo es la rentabilidad y el retorno a los accionistas, o de empresas ubicadas en países con regímenes autocráticos que promueven la censura, como ocurre con Deepseek. La desigualdad en la distribución de recursos relacionados con la IA es otro factor a tener en cuenta[28]. Y se han apuntado también las consecuencias devastadoras en materia de energía e infraestructuras, con el consiguiente impacto para el medio ambiente, que la adopción generalizada e intensiva de la IA implicaría[29]. Es conocido, finalmente, el desafío que la inteligencia artificial supone para la propiedad intelectual y las obras protegidas, utilizadas para entrenar los modelos de lenguaje[30].

Frente a estos retos de escala global, existen también problemas específicos de la IA como herramienta para la docencia aprendizaje. Principalmente, porque la evidencia sobre sus resultados, en términos de aprendizaje, es todavía incipiente[31]. En cambio, su impacto negativo, especialmente a largo plazo, empieza a acreditarse: los primeros estudios realizados, a nivel laboral, no universitario, ya han mostrado por ejemplo una disminución apreciable de la capacidad de pensamiento crítico asociada al uso generalizado de IA generativa[32]. De confirmarse estos resultados, en el ámbito universitario,

---

27 Barnes, E. y Hutson, J., "Navigating the ethical terrain of AI in higher education: Strategies for mitigating bias and promoting fairness", *Forum for Education Studies*, Vol. 2, nº 2, 2024, p. 1232

28 Bosen, L., Morales, D., Roser Chinchilla, J., Sabzalieva, E., Valentini, A., Vieira do Nascimento, D. y Yerov, C., *Harnessing the Era of Artificial Intelligence in Higher Education*, UNESCO IESALC, París, 2023, p. 53

29 Araiz Huarte, D. E., "La Inteligencia Artificial como agente contaminante: concepto jurídico, impacto ambiental y futura regulación", *Actualidad Jurídica Ambiental*, 2023, pp. 1–55

30 Muñoz, M., "Inteligencia artificial generativa. Desafíos para la propiedad intelectual", Revista de Derecho de La UNED (RDUNED), 33, 2024, p. 29

31 Giannini, S., La IA generativa y el futuro de la educación, UNESCO, París, 2023, p. 6

32 LEE, H. P. H., Sarkar, A., Tankelevitch, L., Drosos, I., Rintel, S., Banks, R. y Wilson, N., "The Impact of Generative AI on Critical Thinking: Self-Reported Reductions in Cognitive Effort and Confidence Effects From a Survey of Knowledge Workers", *CHI '25*, Yokohama, Japón, 2025

debemos tenerlos muy en cuenta a la hora de diseñar la aproximación de la educación superior a las nuevas herramientas de IA. Es alto el riesgo de reforzar la dependencia y la confianza excesiva del estudiantado en el contenido generado por IA y en las propias herramientas, sin desarrollar su razonamiento crítico y el pensamiento independiente[33]. Como también lo son los sesgos que penalicen a determinados grupos dentro del alumnado, ya inicialmente desfavorecidos: una brecha que podría aumentar en vez de disminuir con el uso de IA[34].

Todos estos retos y problemas deben informar nuestras elecciones. Por ejemplo, priorizando modelos de IA que garanticen su democratización (a través de políticas *open source*), su accesibilidad y su eficiencia (como el modelo francés Mistral AI) frente a otros modelos más opacos y potencialmente depredadores. O evitando un uso intensivo de IA por parte del alumnado, no guiado, a través de actividades que impliquen un menor uso de herramientas (ej. por grupos) con supervisión, ayuda y reflexión crítica favorecida por el profesorado.

Ello no implica, como se ha hecho mayoritariamente hasta ahora, prohibir completamente el uso de IA por parte del alumnado. Una prohibición que ha llevado al efecto perverso indeseado de hacer del uso de IA un tabú, una trampa (como tristemente habremos podido comprobar casi todos con los trabajos entregados en los últimos tiempos), con la falsa sensación por parte del alumnado de que la IA puede realizar sus trabajos de la misma forma, o al menos de una forma equivalente. Es decir, no solo se han mitificado las capacidades de la IA, en parte a través de su prohibición absoluta, sino que se le

---

33 Stuchlikova, L. y Weis, M., "From Information to Insight: Reimagining Critical Thinking Pedagogy in the Age of Artificial Intelligence", *International Conference on Emerging eLearning Technologies and Applications (ICETA)*, Stary Smokovec, Eslovaquia, 2024, p. 592; Mulaudzi, L. y Hamilton, J., "Student perspectives on optimising AI tools to enhance personalised learning in higher education", *Interdisciplinary Journal of Education Research*, 6, S1, 2024, p. 8.

34 Roshanaei, M., "Towards best practices for mitigating artificial intelligence implicit bias in shaping diversity, inclusion and equity in higher education", *Education and Information Technologies*, 2024

ha dado el significado de “sustituta”, reemplazo de la persona, capaz de realizar los mismos trabajos que el alumnado.

En este contexto, es imprescindible desmitificar y resignificar la IA en la docencia y el aprendizaje como lo que realmente es: una herramienta muy potente, pero herramienta al fin y al cabo, que requiere un uso informado y crítico por parte de docentes y estudiantes. Es decir, debemos reflexionar sobre cómo la IA puede contribuir a mejorar los procesos de enseñanza-aprendizaje en una era en la que su presencia se ha vuelto ineludible no solo en el ámbito académico, sino en todos los campos de la sociedad. Esta mejora no debe entenderse únicamente como una cuestión de adopción de herramientas basadas en IA en los procesos de docencia-aprendizaje, sino como un ejercicio de análisis y reflexión profunda sobre dichos procesos y los objetivos formativos que persiguen. Solo a partir de esta reflexión será posible evaluar si la IA puede aportar valor en este campo. En última instancia, lo más importante no es decidir a priori si se debe aceptar o rechazar la IA, sino comprender cuándo y por qué podría ser útil. Tanto el entusiasmo acrítico como el rechazo absoluto constituyen, creemos, una aproximación incompleta frente a un fenómeno que amenaza con cambiar exponencialmente amplios aspectos de la sociedad en general, y de la educación superior en particular. En otras palabras, como señaló recientemente un juez estadounidense tras recomendar la imposición de una cuantiosa multa a un letrado que había citado jurisprudencia inexistente tras utilizar acríticamente una herramienta de IA, “*el uso de inteligencia artificial debe ir acompañado de auténtica inteligencia* [humana] *en su aplicación*”[35].

---

[35] Caso MID CENTRAL OPERATING ENGINEERS HEALTH AND WELFARE FUND vs. HOOSIERVAC LLC, No. 2:24-cv-00326-JPH-MJD (Distrito Sur de Indiana, 2025)

III. LÍMITES ÉTICOS Y PEDAGÓGICOS DE LA INNOVACIÓN: TERRORISMO EN ESPAÑA, LA MEMORIA DE LAS VÍCTIMAS Y EL PAPEL DE LA IA

Como se ha visto en el apartado anterior, en el contexto actual de creciente digitalización e incorporación de tecnologías avanzadas en el ámbito educativo, la IA se presenta como una herramienta poderosa con el potencial de transformar radicalmente los procesos de enseñanza y aprendizaje. Desde la personalización del aprendizaje hasta la automatización de evaluaciones, la IA ha mostrado un impacto significativo en la eficiencia educativa y en la expansión del acceso al conocimiento[36]. No obstante, este avance, no exento de riesgos como también hemos visto, parece muy poco adaptado cuando se abordan contenidos que requieren una aproximación fuertemente ética, humanista y contextualizada.

En ese sentido, uno de los espacios donde la IA no debería irrumpir sin restricciones es el de la memoria de las víctimas del terrorismo y su historia en España. Tratar temas como el terrorismo de ETA en el aula no implica simplemente transmitir datos históricos, sino invitar al alumnado a un proceso de comprensión profunda, reflexión ética y empatía hacia las víctimas. Implica aprender, en la acción, la compasión en su sentido más puro: no como lástima mal entendida, a la que el empobrecimiento del lenguaje actual suele asociarla, sino a un "sufrir con el que sufre", hacer nuestro su dolor, que tan bellamente expresa la palabra: padecer-con; com-padecer. Si algo debemos llevar al aula, de forma contracultural pues, desgraciadamente, no está de moda, es aquella ética de la compasión que propone "*hacerse uno con el otro,* [...] *traspasar el estrecho horizonte del individualismo y reconocer que todo otro es otro-como-yo, no una abstracción*"[37]. El caso del terrorismo en España y la memoria de las víctimas es una ocasión única para hacerlo. Y en ello, creemos, la IA poco puede ayudar pues, como bien ha señalado A. Cortina, las IAs (incluso una supuesta IA

---

36 Luckin, R., Holmes, W., Griffiths, M., y Forcier, L. B., Intelligence Unleashed: An Argument for AI in Education, Pearson, Londres, 2016

37 Buxarrais Estrada, M. R., "Por una ética de la compasión en la educación", *Teoría de la Educación*, nº 18, 2006, p. 205

general), como mucho, "*simularían intencionalidad, emociones, valores y sentido común, pero no dejaría de ser una simulación*"[38].

No caben recetas para la compasión y la ética humanista, para la memoria y la historia que dignifica a las víctimas, ni listas de "bullet points" a las que la IA nos ha acostumbrado. Hace falta otra cosa, porque estos aprendizajes (vitales, a la par que universitarios) no se limitan a la adquisición de contenidos, sino que requieren la construcción de experiencias compartidas, el cultivo de emociones morales y la generación de espacios de diálogo y escucha activa. "*Establecer y mantener relaciones de confianza y cuidado*"[39], con el alumnado, pero también con las víctimas, se torna así una tarea vital en este tipo de aprendizajes.

El tratamiento pedagógico de la memoria del terrorismo exige pues una aproximación sensible y crítica, en la que el profesorado desempeña un rol insustituible como mediador ético y facilitador de procesos de elaboración simbólica. La utilización de IA para generar materiales sobre estos temas podría dar lugar a representaciones descontextualizadas, sesgadas o incluso deshumanizadas, dada la incapacidad de los algoritmos para comprender el dolor, el sufrimiento o la dimensión ética de las experiencias humanas[40]. En ese sentido, el uso de la IA en este ámbito:

1) deshumanizaría a las víctimas, privándoles de una presencia, un cuerpo, una voz;

2) deshumanizaría al claustro docente, incapaz de hacerse uno con las víctimas y aprender a transmitir su historia, su dolor y su fortaleza; y

---

38 Cortina Orts, A., "Ética de la inteligencia artificial", *Anales de la Real Academia de Ciencias Morales y Políticas (2019) - Fascículo 1*, BOE, Madrid, 2019, p. 385

39 Vázquez, V. y Escámez, J., "La profesión docente y la ética del cuidado", *Revista Electrónica de Investigación Educativa [Número Especial*, 2010, p. 4, disponible en: http://redie.uabc.mx/contenido/NumEsp2/contenidoverdera.html

40 Floridi, L., *Ética de la inteligencia artificial*, trad. J. Anta, Herder, Barcelona, 2025

3) deshumanizaría al alumnado, pues no lo trataría como otro-yo capaz de empatizar, sino como mero receptor de contenidos, información e historias ajenas.

Tomando como base la célebre distinción de Ortega, la historia del terrorismo en España y la memoria de las víctimas no implica transmitir una "biología", lógica de los datos donde la violencia probablemente tuviera la última palabra, sino una "biografía", la de las víctimas, capaces de escribir su historia después de que ETA tratara de arrebatársela, capaces de resistir, dignificarse y hacer atisbar ese único fin de la historia redentor donde las víctimas estarán por encima de los verdugos. Más allá incluso del Ángel de la historia de W. Benjamin, cuyo rostro desencajado no dejaba de mirar a las víctimas aunque lo impulsara el viento hacia adelante, y lo contrario desde luego a esa historia de Schiller que, como el Zeus homérico, "*observa con una mirada igualmente regocijada los trabajos sangrientos de las guerras y la actividad de los pueblos pacíficos que se alimentan inocentemente con la leche de sus rebaños*"[41]. La historia del terrorismo en España, a través de los ojos, las palabras, el testimonio de las víctimas, debe ser una historia redentora, donde las víctimas triunfen sobre los verdugos: el aula ofrece un espacio privilegiado para ello, en relación directa e inmediata con el alumnado, frente al discurso político que parece imperar en la actualidad, amorfo, invertebrado, igualador.

En concreto, la memoria de las víctimas impone "*la figura del testigo y la del oyente del testigo*", porque "*hacer justicia a la víctima tiene como condición necesaria el reconocimiento de la vigencia de la injusticia pasada*"[42]. Reconocimiento que ha de darse entre iguales, humano-humano, alumno-docente-víctima, y en el que la IA no tiene cabida, ni siquiera como parte de la ecuación. De ahí la importancia y la visión de proyectos como el de "Testimonios de víctimas del terro-

---

41 Benjamin, W., *Sobre el concepto de historia (seguido de anexos) (reed. especial)*, trad. Louk, 2cuadrados, Madrid, 2024, p. 35

42 Mate Rupérez, R., *La causa de las víctimas. Por un planteamiento anamnético de la justicia. (o sobre la justicia de las víctimas) (2ª Conferencia del III Seminario de Filosofía de la Fundación Juan March, martes 8 de abril de 2003)*, disponible en https://constautorit.es/March2.pdf (último acceso: 21/05/2025).

rismo en las aulas", a través de unidades didácticas especializadas[43], o las recientes iniciativas de innovación docente lideradas por M. Vivancos[44]. Las víctimas no son datos o estadísticas; son personas con historias, emociones y experiencias que merecen ser reconocidas y respetadas. Como bien mostró el filósofo E. Lévinas, el rostro del otro nos interpela y nos llama a la responsabilidad, algo que solo puede surgir en una interacción humana genuina.

De hecho, también lo subraya el preámbulo de la Ley de Reconocimiento y Reparación de las Víctimas, cuando apunta al "*valor de la memoria como la garantía última de que la sociedad española y sus instituciones representativas no van a olvidar nunca a los que perdieron la vida, sufrieron heridas físicas o psicológicas o vieron sacrificada su libertad como consecuencia del fanatismo terrorista*". Es más, "*la significación política de las víctimas exige su reconocimiento social y constituye una herramienta esencial para la deslegitimación ética, social y política del terrorismo*", por lo que el recuerdo debe constituirse en "*acto de justicia y a la vez un instrumento civilizador, de educación en valores y de erradicación definitiva, a través de su deslegitimación social, del uso de la violencia para imponer ideas políticas*"[45].

Por otro lado, más allá de la memoria, utilizar la IA en este ámbito implicaría un riesgo creciente de automatización del discurso histórico: la neutralización del conflicto, la relativización de las responsabilidades, la trivialización del daño. En lugar de promover una memoria crítica, la IA corre el riesgo de ofrecer versiones homogéneas, apolíticas o "asépticas" de hechos tan dramáticos como la lacra terrorista en España. Peor aún, entrenadas con datos no discriminados y relatos equiparados de fuentes sin determinar, donde

---

43 MINISTERIO DEL INTERIOR, *Testimonios de víctimas del terrorismo en las aulas*, 2017, disponible en: https://www.interior.gob.es/opencms/pdf/archivos-y-documentacion/documentacion-y-publicaciones/publicaciones-descargables/victimas-del-terrorismo/Testimonios_victimas_terrorismo_en_las_aulas_126211181.pdf

44 Vivancos Comes, M. (dir.), *Memoria de las víctimas del terrorismo y universidad. Actas I Congreso de Innovación Docente*, Tirant Lo Blanch, Valencia, 2024

45 Ley 29/2011, de 22 de septiembre, de Reconocimiento y Protección Integral a las Víctimas del Terrorismo, BOE nº 229, de 23 de septiembre de 2011.

las voces de víctimas y verdugos (o sus partidarios, apoyos políticos, sociedad cómplice, etc.) se confunden, la IA puede hacer de cámara de resonancia y propagar el eco de los verdugos, en vez de dar voz a las víctimas. Lo contrario de una pedagogía comprometida con la justicia y la verdad como la que se debe buscar. Es por ello que el aula debe preservar su función como espacio de dignidad de las víctimas y recuperación colectiva de la memoria. Un espacio de encuentro con testimonios, documentos, debates y experiencias personales que no puede ser reemplazado por simulaciones artificiales.

La Historia debe ser entendida como una labor común, crítica y compartida, no como una actividad aislada mediada por una máquina. La enseñanza de eventos tan sensibles como el terrorismo y sus consecuencias debe fomentar el diálogo, la reflexión y el análisis crítico, aspectos que se ven limitados cuando se delega en sistemas automatizados. Y la memoria de las víctimas debe ser un fin en sí mismo, no un medio para otros fines educativos o tecnológicos. Por ello, si bien las tecnologías pueden ser herramientas útiles para complementar la enseñanza (como en el caso de los documentales de Iñaki Arteta, y su archivo audiovisual con testimonios de víctimas de ETA[46]), es crucial que estas herramientas estén siempre acompañadas por la guía y el contexto proporcionados por el docente.

Por tanto, en contextos como el de la memoria de las víctimas del terrorismo, el uso de la IA debe ser excluido (al menos en muy gran medida), para preservar la integridad pedagógica y el respeto debido al tema abordado y a la dignidad de las víctimas. La educación debe centrarse en impactar y educar la mirada y la atención del alumnado, aspectos que solo la realidad y la interacción humana pueden lograr plenamente. El valor de lo humano, de lo no mediado por la técnica, de lo auténtico frente a lo artificial, no puede ni debe subestimarse.

---

46 Palmero, F., *Un archivo con 500 víctimas de ETA contra el olvido: "La memoria corre peligro de ser manipulada"*, El Mundo, 26 de enero de 2025, disponible en https://www.elmundo.es/espana/2025/01/26/67951ecbfdddff41778b4596.html (último acceso: 21/05/2025).

IV. CONCLUSIÓN

A lo largo de este trabajo hemos analizado, desde una perspectiva pedagógica y ética, la posible aplicación de la IA en el ámbito universitario, atendiendo tanto a su potencial como a sus límites y sus riesgos. Así, si bien la IA representa una herramienta poderosa para la innovación docente en algunos contextos, su uso no puede desligarse de una reflexión crítica sobre los fines de la educación, los valores que se desean transmitir y las competencias que se pretenden cultivar en el alumnado.

En particular, existen ámbitos donde el empleo de la IA resulta no solo profundamente inadecuado, sino quizás incluso contraproducente. Uno de ellos es la enseñanza de la historia del terrorismo en España y la memoria de sus víctimas. Este campo requiere una aproximación humanista, ética y emocional que la tecnología, por su propia naturaleza, no puede replicar. La memoria, como ejercicio de justicia, compasión y reconocimiento del otro, exige presencia humana, escucha activa y mediación crítica, todos ellos elementos ajenos a la lógica algorítmica de la IA.

Además, se ha advertido del riesgo de deshumanización que conllevaría la delegación de estos contenidos en sistemas automatizados, tanto para las víctimas como para el profesorado y el alumnado. La pedagogía en este contexto debe sostenerse en la experiencia compartida, en el testimonio directo y en el encuentro entre personas, que permita una elaboración simbólica profunda y responsable de la violencia infligida por los verdugos de ETA y sufrida por las víctimas, tanto en el pasado como en el presente. Como se ha señalado tantas veces, en una sociedad tecnológica existe siempre el riesgo de desfase entre el progreso técnico, vertiginoso, y el progreso moral, a veces renqueante detrás, otras olvidado. En este campo, el de la dignidad, la justicia y la memoria de las víctimas, no nos lo podemos permitir.

V. BIBLIOGRAFÍA

Araiz Huarte, D. E., "La Inteligencia Artificial como agente contaminante: concepto jurídico, impacto ambiental y futura regulación", *Actualidad Jurídica Ambiental*, 2023, pp. 1-55.

Banerjee, P. y Bhattacharya, D., "Transforming the world of education through AI-enabled learning: a new normal", *The Business and Management Review,* Vol. 15, nº 2, 2024.

Barnes, E. y Hutson, J., "Navigating the ethical terrain of AI in higher education: Strategies for mitigating bias and promoting fairness", *Forum for Education Studies,* Vol. 2, nº 2, 2024, p. 1229.

Benjamin, W., *Sobre el concepto de historia (seguido de anexos) (reed. especial),* trad. Louk, 2cuadrados, Madrid, 2024.

Bisquerra Alzina, R., "La educación emocional en la formación del profesorado", *Revista Interuniversitaria de Formación del Profesorado,* Vol. 19, nº 3, 2005, pp. 95-114.

Bolívar Botía, A., "La lógica del compromiso del profesorado y la responsabilidad del centro escolar: una nueva mirada", *REICE: Revista Iberoamericana sobre Calidad, Eficacia y Cambio en Educación,* Vol. 11, nº 2, 2013, pp. 60-86.

Bosen, L., Morales, D., Roser Chinchilla, J., Sabzalieva, E., Valentini, A., Vieira do Nascimento, D. y Yerov, C., *Harnessing the Era of Artificial Intelligence in Higher Education,* UNESCO IESALC, París, 2023.

Bruner, J., *La educación, puerta de la cultura,* trad. F. Díaz, Antonio Machado Libros, Madrid, 1997.

Buxarrais Estrada, M. R., "Por una ética de la compasión en la educación", *Teoría de la Educación,* nº 18, 2006, pp. 201-227.

Chan, C., "A comprehensive AI policy education framework for university teaching and learning", *International Journal of Educational Technology in Higher Education,* Vol. 20, nº 38, 2023, pp. 1-25.

Chen, L., Chen, P. y Lin, Z., "Artificial Intelligence in Education: a Review", IEEE Access, Vol. 8, 2020, pp. 75264-75278.

Cinta Gallent Torres, Zapata González, A., y Ortego, L., "El impacto de la inteligencia artificial generativa en educación superior: una mirada desde la ética y la integridad académica", *RELIEVE: Revista Electrónica de Investigación y Evaluación Educativa,* Vol. 29, nº 2, 2023.

Coll, C., "Aprender y enseñar con las TIC: expectativas, realidad y potencialidades", *Boletín de la Institución Libre de Enseñanza* Nº 72, Madrid, 2008CRAWFORD, K., Atlas of AI: Power, Politics, and the Planetary Costs of Artificial Intelligence, Yale University Press, New Haven, 2021.

Cortina Orts, A., "Ética de la inteligencia artificial", *Anales de la Real Academia de Ciencias Morales y Políticas (2019) - Fascículo 1,* BOE, Madrid, 2019, pp. 379-394.

Danaher, J., y Nyholm, S., "The ethics of personalised digital duplicates: a minimally viable permissibility principle", *AI and Ethics,* 2024.

Deri, M. N., Singh, A., Zaazie, P., y Anandene, D., "Leveraging artificial intelligence in higher educational institutions: A comprehensive overview", *Revista de Educación y Derecho,* Vol. 30, 2024, pp. 1-23.

Floridi, L., *Ética de la inteligencia artificial,* trad. J. Anta, Herder, Barcelona, 2025.

Fullan, M., The new meaning of educational change, Teachers College Press, Nueva York, 2002.

Giannini, S., La IA generativa y el futuro de la educación, UNESCO, París, 2023.

Guerschberg, L. y Gutiérrez, Y. E., "Tutoría con Inteligencia Artificial Generativa en la Educación Superior: Oportunidades y Desafíos en el Aprendizaje", Ciencia Latina Revista Científica Multidisciplinar, 8, 5, 2024, pp. 9960-9975.

Gusdorf, G., *¿Para qué los profesores?,* Edicusa, Madrid.

Imbernón, F., *La formación y el desarrollo profesional del profesorado: hacia una nueva cultura profesional,* Graó, Barcelona, 1994.

Jacques, P. H., Moss, H. K. y Garger, J., "A synthesis of AI in higher education: Shaping the future", *Journal of Behavioral and Applied Management,* Vol. 24, nº 2, 2024, pp. 103-111.

Lee, H. P. H., Sarkar, A., Tankelevitch, L., Drosos, I., Rintel, S., Banks, R. y Wilson, N., "The Impact of Generative AI on Critical Thinking: Self-Reported Reductions in Cognitive Effort and Confidence Effects From a Survey of Knowledge Workers", *CHI '25,* Yokohama, Japón, 2025.

Luckin, R., Holmes, W., Griffiths, M., y Forcier, L. B., Intelligence Unleashed: An Argument for AI in Education, Pearson, Londres, 2016.

Makridakis, S., Petropoulos, F. y Kang, Y., "Large Language Models: Their Success and Impact", Forecasting, Vol. 5, nº 3, 2023, pp. 526-549, https://doi.org/10.3390/forecast5030030

Mate Rupérez, R., *La causa de las víctimas. Por un planteamiento anamnético de la justicia. (o sobre la justicia de las víctimas) (2ª Conferencia del III Seminario de Filosofía de la Fundación Juan March, martes 8 de abril de 2003),* disponible en https://constautorit.es/March2.pdf (último acceso: 21/05/2025).

Miao, F., Guía para el uso de IA generativa en educación e investigación, UNESCO, París, 2024.

Mid Central Operating Engineers Health And Welfare Fund vs. Hoosiervac LLC, No. 2:24-cv-00326-JPH-MJD (Distrito Sur de Indiana, 2025).

Ministerio del Interior, *Testimonios de víctimas del terrorismo en las aulas,* 2017, disponible en: https://www.interior.gob.es/opencms/pdf/archivos-y-documentacion/documentacion-y-publicaciones/publicaciones-descargables/victimas-del-terrorismo/Testimonios_victimas_terrorismo_en_las_aulas_126211181.pdf

Mulaudzi, L. y Hamilton, J., "Student perspectives on optimising AI tools to enhance personalised learning in higher education", Interdisciplinary Journal of Education Research, 6, S1, 2024, pp. 1-15.

Muñoz, M., "Inteligencia artificial generativa. Desafíos para la propiedad intelectual", Revista de Derecho de La UNED (RDUNED), 33, 2024, pp. 17-75.

Nurhasanah, F., Nugraheni, A. Sri Ciptorukmi, K., Bambang, A., Roy, W. y Saddhono, K., "A Design of Virtual Classrooms Through AI, ML and DL to Improve the Level of Learning", *4th International Conference on Advance Computing and Innovative Technologies in Engineering (ICACITE)*, Greater Noida, India, 2024, pp. 940-945.

Palmero, F., *Un archivo con 500 víctimas de ETA contra el olvido: "La memoria corre peligro de ser manipulada"*, El Mundo, 26 de enero de 2025, disponible en https://www.elmundo.es/espana/2025/01/26/67951ecbfdddff41778b4596.html (último acceso: 21/05/2025).

Pineda Trujillo, M., "'Los mejores para el mundo', del liderazgo académico a un liderazgo ignaciano para la vida", *Prepa Ibero Tlaxcala - Décimo Tercer Coloquio Interinstitucional de Profesores de Preparatorias*, 23 de junio de 2022, disponible en https://repositorio.iberopuebla.mx/handle/20.500.11777/5359

Roshanaei, M., "Towards best practices for mitigating artificial intelligence implicit bias in shaping diversity, inclusion and equity in higher education", Education and Information Technologies, 2024. https://doi.org/10.1007/s10639-024-12605-2

Sancho GIL, J. M., Ornellas, A. y Arrazola Carballo, J., "La situación cambiante de la universidad en la era digital", *Revista Iberoamericana de Educación a Distancia*, Vol. 21, Nº 2, 2018, pp. 31-49.

Sekli, G., Godo, A., y Véliz, J., "Generative AI Solutions for Faculty and Students: A Review of Literature and Roadmap for Future Research", Journal of Information Technology Education: Research, 23, 2024.

Sierra y Arizmendiarrieta, B., "El papel del ejemplo en la formación de profesores", *Aula Abierta*, nº 73, 1993, pp. 77-92.

Stenhouse, L., *Investigación y desarrollo del currículum* (3ª ed.), Morata, Madrid, 1991.

Stuchlikova, L. y Weis, M., "From Information to Insight: Reimagining Critical Thinking Pedagogy in the Age of Artificial Intelligence", International Conference on Emerging eLearning Technologies and Applications

(ICETA), Stary Smokovec, Eslovaquia, 2024, pp. 591-598. https://doi.org/10.1109/ICETA63795.2024.10850787

Tahull Fort, J., "Orientación educativa en la sociedad posmoderna: estrategias para navegar en la complejidad y la incertidumbre", *Revista Internacional de Desarrollo Humano y Sostenibilidad,* Vol. 2, Nº 1, 2025, pp. 117-133.

Vázquez, V. y Escámez, J., "La profesión docente y la ética del cuidado", *Revista Electrónica de Investigación Educativa [Número Especial,* 2010, p. 4, disponible en: http://redie.uabc.mx/contenido/NumEsp2/contenido-verdera.html

Vivancos Comes, M. (dir.), *Memoria de las víctimas del terrorismo y universidad. Actas I Congreso de Innovación Docente,* Tirant Lo Blanch, Valencia, 2024.

Walczak, K., y Cellary, W., "Challenges for higher education in the era of widespread access to Generative AI", *Economics and Business Review,* Vol. 9, nº 2, 2023, pp. 71-100. https://doi.org/10.18559/ebr.2023.2.743

Yan, L., Sha, L., Zhao, L., Li, Y., Martinez-Maldonado, R., Chen, G., Li, X., Jin, Y. y Gašević, D., "Practical and Ethical Challenges of Large Language Models in Education: A Systematic Scoping Review", *British Journal of Educational Technology,* Vol. 55, nº 1, 2023. https://doi.org/10.1111/bjet.13370

Zabalza, M. A., "El espacio europeo de educación superior: innovación en la enseñanza universitaria", *Innovación educativa,* nº 18, 2008, pp. 69-95.

Zhang, K., y Aslan, A. B., "AI technologies for education: Recent research & future directions", *Computers and Education: Artificial Intelligence,* Vol. 2, 2021, p. 100025. https://doi.org/10.1016/j.caeai.2021.100025

Capítulo 4

La memoria "democrática" y las víctimas del terrorismo: exigencia de una integración normativa plena[1]

MARIANO VIVANCOS COMES
Profesor de Derecho Constitucional
Universitat de València

I. INTRODUCCIÓN

El debate en torno al contenido, alcance y aplicación del concepto de "memoria democrática"[2] en España ha adquirido renova-

---

[1] Este trabajo es resultado del proyecto de investigación «Identidad constitucional y memoria democrática», Ministerio de Ciencia e Innovación. Agencia Estatal de Investigación. Proyectos de Generación de Conocimiento 2025. Referencia: PID2024-159790NB-100

[2] Sobre el particular, pueden consultarse los siguientes recientes trabajos: Flores Juberías, C. (2022). La Ley de "Memoria Democrática". *Razón Española: Revista bimestral de pensamiento* (229), 61-77; Carrillo López, M. (2022). La memoria y la calidad democrática del Estado (comentario a la Ley 20/2022, de 19 de octubre, de memoria democrática). *Revista de las Cortes Generales*, (114), 183-229; Rallo Lombarte, A. (2023). Memoria democrática y Constitución. *UNED. Teoría y Realidad Constitucional*, (51), 109-146; Rollnert Liern, G. (2023). "memoria democrática" versus libertad ideológica: la democracia militante retrospectiva. *Revista de Derecho Político* (118), 121-143;

da relevancia a raíz de la aprobación de la Ley 20/2022, de 19 de octubre[3], así como de la más reciente Ley Orgánica 3/2025, de 27 de junio, que modifica la Ley Orgánica 1/2002, de 22 de marzo, reguladora del derecho de asociación[4]. Mientras que la primera norma ha tenido, históricamente, como eje fundamental la reparación moral y el reconocimiento institucional de las víctimas de la Guerra Civil y de la dictadura militar franquista, el contexto democrático consolidado tras la Transición exige una revisión crítica de los límites conceptuales del mismo concepto que intitula dicho marco legal. En este, la inclusión de las víctimas del terrorismo, especialmente de la organización criminal ETA, debería plantearse como un imperativo jurídico, político y ético.

Pese a que las víctimas del terrorismo cuentan con legislación específica —como la Ley 29/2011, de 22 de septiembre, de Reconocimiento y Protección Integral a las Víctimas del Terrorismo[5]—, diversas organizaciones del ámbito asociativo han denunciado su exclusión simbólica del relato oficial del Estado en relación con la defensa de los derechos humanos y la legitimidad democrática. Así lo ha manifestado, la primera asociación del ramo, la Asociación Víctimas del Terrorismo (AVT). En la misma línea, entidades como la Fundación Buesa han abogado por una memoria pública compartida, ética e inclusiva, que no reproduzca exclusiones motivadas por la adscripción ideológica o la naturaleza del victimario.

En consecuencia, resulta legítima la reivindicación de una revisión legislativa del marco normativo vigente, orientada a incorporar expresamente a las víctimas del terrorismo dentro del espíritu de la denominada memoria democrática, ya sea mediante la inclusión de una disposición específica en la Ley 20/2022, o bien mediante la

---

y Domingo Pérez, Tomas de (Dir.) (2024). *La "memoria democrática": ¿justicia o discordancia?* Navarra: Aranzadi.

3 BOE núm. 252, de 20 de octubre de 2022, 142367-142421.

4 BOE núm. 155, de 28 de junio de 2025, 85200 a 85202.

5 BOE núm. 229, de 23 de septiembre de 2011,100566-100592. Sobre su eventual reforma, puede consultarse el siguiente trabajo: Heredero Ortiz de la Tabla, L. (2020). Propuestas para una reforma legal del sistema de reconocimiento y protección integral a las víctimas del terrorismo. *Revista Derechos Humanos y Educación*, (3), 157-180.

elaboración de un marco legal más amplio, que permita unificar los actuales regímenes jurídicos y promover una memoria democrática verdaderamente integradora.

La extensión de los efectos de la memoria democrática mediante lo que De Miguel califica como una "norma singular y preventiva"[6], no sólo nos aproxima *de iure* a una democracia militante[7], en sentido pleno —en contraposición a la doctrina tradicionalmente sostenida por el Tribunal Constitucional—, sino que podría representar un refuerzo efectivo de la protección de la memoria de todas las víctimas, incluidas también las del terrorismo. En particular, al prohibir asociaciones o actividades que glorifiquen o justifiquen la violencia política, esta evolución legislativa trascenderia los límites impuestos hasta ahora por la Ley Orgánica 6/2002, de 27 de junio, de Partidos Políticos[8], sobre los que se ha pronunciado ampliamente la doctrina constitucionalista[9].

---

6 De Miguel Bárcena, J. (2025). ¡Ya somos una democracia militante¡. Diario *El Mundo*, de 30 de junio. Disponible en la siguiente dirección web: https://www.elmundo.es/opinion/columnistas/2025/06/30/686120c7e4d4d8d95e8b4577.html. El mismo autor, ya ha defendió tempranamente esta tesis con ocasión de la aprobación de la Ley de Memoria Democrática: véase, De Miguel Bárcena, J. (2021). Memoria y democracia militante. *El Correo (vasco)*, de 4 de agosto. Disponible en la siguiente dirección web: https://www.elcorreo.com/opinion/tribunas/memoria-democracia-militante-20210804223516-nt.html.

7 Sobre ese particular hay una discusión "nominal" desde hace tiempo dentro del constitucionalismo español como plantea Torres del Moral, A. (2006) "Democracia Militante" en carrasco Durán, M; Pérez Royo, F.J.; Urías Martínez, J.; y Terol Becerra, M. J. (Coords.). *Derecho constitucional para el siglo XXI: actas del VIII Congreso Iberoamericano de Derecho Constitucional.* Navarra: Editorial Aranzadi, 209-224. Otro trabajo reciente de interés es el de Fernández Casadevante, P. J. (2024). España, una democracia militante. *Revista de Derecho Político,* (119), 135–160.

8 BOE núm. 154, de 28 de junio de 2002, 23600-23607.

9 Entre otros, cabe citar los estudios dc Vírgala Foruria, E. (2003). Los partidos políticos ilícitos ante tras la LO 6/2002", *UNED. Teoría y Realidad Constitucional,* (10-11), 203-261; Fernández Segado, F. (2004). Algunas reflexiones sobre la Ley Orgánica 6/2002, de Partidos Políticos al hilo de su interpretación por el Tribunal Constitucional, Revista de Estudios Políticos, (125), 109-155; Álvarez Conde, E. y Català i Bas, A.H. (2005). El derecho de

La presente contribución sostiene que la memoria de las víctimas del terrorismo de ETA debió haber sido integrada, expresamente, en el marco de la Ley de Memoria Democrática. Tal incorporación no resulta incompatible con el espíritu ni con los fines de la legislación existente, sino que, por el contrario, se alinea con los valores y principios constitucionales sobre los que se sustenta el orden constitucional democrático: la dignidad humana, la justicia, la libertad y el pluralismo político. Ignorar esta dimensión no solo priva a estas víctimas de su reconocimiento en el relato democrático, sino que debilita el ideal mismo de una memoria pública basada en la verdad, la justicia y la inclusión de toda la comunidad política.

II. ETA Y EL RÉGIMEN DEMOCRÁTICO: UNA RELACIÓN DIALÉCTICA

La actividad de ETA no puede entenderse de manera aislada ni como una mera sucesión de actos violentos. Desde su origen, la organización armada se presentó como un actor político con una misión supuestamente liberadora: resistir al franquismo y luchar por la independencia de una inexistente Euskal Herria. Sin embargo, esta narrativa, sostenida durante décadas en determinados sectores, choca con un dato incontestable: la mayor parte de los atentados y asesinatos de ETA no se produjeron bajo la dictadura,

---

partidos. Madrid: Colex; Corcuera Atienza, J; Tajadura Tejada, J.; y Vírgala Foruria, E. (2008). *La ilegalización de los partidos en las democracias occidentales*. Madrid: Dykinson; Iglesias Bárez, M. (2008). *La ilegalización de partidos políticos en el ordenamiento jurídico español*. Granada: Comares; Fernández Casadevante Mayordomo, P. J. (2015). La prohibición de formaciones políticas como mecanismo del defensa del Estado y el debilitamiento de dicha protección tras las polémicas decisiones sobre Bildu y Sortu", *Revista Europea de los Derechos Fundamentales*, (26), 111-137; Fernández de Casadevante Mayordomo, P.J. (2019). *¿Son admisibles todos los proyectos en democracia? La izquierda nacionalista radical vasca: de su ilegalización a un discutible regreso a las instituciones públicas*. Valencia: Tirant lo Blanch; y Rosado Villaverde, C. y Arriola Echàniz, N. (Dirs.) y Delgado Ramos, D. y Gordillo Pérez, L. (Coords) (2023). *La era de la fragmentación política. Una mirada retrospectiva de la Ley de Partidos*. Sevilla: Athenaica.

sino en plena democracia. Fue en el contexto de un Estado de Derecho, con libertades y derechos garantizados, cuando la organización desplegó su campaña más sangrienta. Especialmente en los años donde se luchaba por asentar el nuevo régimen democrático y constitucional[10].

Este hecho resulta especialmente significativo porque evidencia el carácter esencialmente antidemocrático de ETA. La organización no dejó las armas al desaparecer el franquismo, sino que intensificó su violencia contra un régimen basado en la pluralidad, la participación y las vías pacíficas de resolución de conflictos. El paso de la dictadura a la democracia no fue percibido por ETA como una conquista colectiva sino como un obstáculo a sus fines, porque implicaba aceptar un marco político en el que la imposición mediante la violencia carecía de justificación y legitimidad.

Cada atentado y cada asesinato fueron mucho más que agresiones individuales: se trató de ataques dirigidos contra el entramado institucional y social de la democracia. Las víctimas de ETA —cargos públicos, jueces, periodistas, empresarios, agentes de las Fuerzas y Cuerpos de Seguridad del Estado y ciudadanos anónimos— no fueron elegidas al azar. Muchas de ellas simbolizaban, de manera consciente o involuntaria, los pilares de un sistema que la organización consideraba ilegítimo. En este sentido, las víctimas encarnaron "representaciones vivas de la resistencia cívica" frente a la barbarie, y su eliminación buscaba no solo silenciar o acallar esas voces, sino también infundir el terror en toda la sociedad para socavar la convivencia democrática.

La ecuación resultaba clara: atacar a las víctimas equivalía a atacar al sistema democrático que ellas defendían, muchas veces de forma

---

10 De especial interés es resulta el libro Aparicio Rodríguez, V. (Coord.) (2024). *Violencias políticas en la Transición española.* Madrid: Catarata, que profundiza en cómo la violencia desempeñó un papel central durante el proceso de transición a la democracia en España. Tras analizar las diversas formas de violencia política ejercida durante esos años, donde se incluye la acción de la banda terrorista ETA y otros grupos, los autores analizan su influencia en el proceso democratizador, obstaculizándolo o incluso haciéndolo imposible por momentos.

activa y comprometida. Pero el efecto de la violencia fue doble. Por un lado, extendió un clima de miedo que dificultó la expresión libre de ideas en el País Vasco y más allá. Por otro, provocó una respuesta ciudadana que, con el tiempo, se consolidó como uno de los grandes activos democráticos: asociaciones de víctimas, movimientos cívicos y plataformas sociales que, desde diferentes posiciones ideológicas, defendieron el rechazo a la violencia y la afirmación de la legalidad democrática.

Por estas razones, el reconocimiento de las víctimas no puede quedar confinado a políticas sectoriales de apoyo o reparación. Su memoria debe integrarse plenamente en el marco de la memoria democrática, como parte de una pedagogía colectiva que subraye el valor de la libertad, la dignidad humana y la importancia de preservar estos bienes frente a quienes pretenden imponerse mediante la fuerza. No se trata solo de honrar el pasado, sino de reforzar el presente y blindar el futuro: construir una cultura política que inmunice a la sociedad frente a discursos que trivialicen la violencia o relativicen sus consecuencias en nombre de proyectos políticos.

En última instancia, el desafío es doble. Por un lado, implica consolidar un relato colectivo que reconozca el daño causado por el terrorismo y el coraje de quienes lo enfrentaron desde la legalidad y la ética democrática. Por otro, supone asumir que la democracia no es un estado dado, sino un proceso que debe defenderse continuamente frente a quienes, ayer y hoy, la consideran un obstáculo para sus fines. En este sentido, la memoria de las víctimas de ETA no es únicamente un ejercicio de justicia, sino también un acto de reafirmación democrática.

III. LA REPARACIÓN COMO DERECHO Y COMO POLÍTICA DE ESTADO

El derecho a la reparación de las víctimas del terrorismo, reconocido por instrumentos internacionales como los Principios Joinet/

Bassiouni (ONU, 2005)[11] y consagrado en la Ley 29/2011 española[12], exige ir más allá de las compensaciones económicas. La reparación debe contener un "reconocimiento simbólico y colectivo" que restaure la dignidad de las víctimas, consolide la confianza en el Estado de Derecho y fortalezca la cultura democrática.

---

11 Los principios de Joinet/Bassiouni se refieren a un conjunto de estándares internacionales sobre justicia transicional, enfocados en los derechos de las víctimas de graves violaciones de derechos humanos y del derecho internacional humanitario. Estos principios, desarrollados principalmente por Louis Joinet y Mahmoud Cherif Bassiouni, se organizan en torno a tres pilares fundamentales: el derecho a la verdad, el derecho a la justicia y el derecho a la reparación. Además de estos tres pilares, los principios de Joinet/Bassiouni también enfatizan la importancia de las garantías de no repetición, que buscan evitar que las violaciones se repitan en el futuro. Esto puede incluir reformas institucionales, cambios legislativos y otras medidas para fortalecer el estado de derecho y proteger los derechos humanos.

12 La Ley 29/2011, de Reconocimiento y Protección Integral a las Víctimas del Terrorismo, constituye el principal marco normativo en España para garantizar los derechos de las personas afectadas por la violencia terrorista. Desde su artículo 2.1, establece como valores rectores la memoria, la dignidad, la justicia y la verdad, subrayando que la protección a las víctimas no se limita a compensaciones económicas, sino que implica preservar su reconocimiento social y político. Esta perspectiva integral cristaliza también en el artículo 61, que impone al Estado la obligación de defender la dignidad de las víctimas mediante la retirada de símbolos que ensalcen a terroristas, la prohibición de actos de enaltecimiento o humillación, y la creación de dispositivos institucionales para la salvaguarda de su honor. Así, la reparación se configura como un derecho multidimensional que abarca aspectos materiales, psicológicos y, especialmente, simbólicos, con el objetivo de consolidar la confianza ciudadana en el Estado de Derecho.

Esta vocación de integralidad ha sido reforzada con desarrollos recientes como el que concreta la Ley autonómica 1/2023, de Reconocimiento, Homenaje, Memoria y Dignidad a las Víctimas del Terrorismo (BOCT núm. 72, de 14 de abril de 2023; y BOE núm. 98, de 25 de abril de 2023), que amplía las medidas de reparación simbólica: desde la creación de espacios de memoria hasta la prohibición expresa de homenajes públicos a los autores de atentados. Ambas normas reflejan la convicción de que la memoria de las víctimas constituye un pilar esencial de la democracia y de la pedagogía cívica. Como recuerda la Exposición de Motivos de la Ley 29/2011, la violencia terrorista "es un ataque directo a los valores constitucionales" y, por tanto, el reconocimiento de quienes la padecieron debe ser también una afirmación activa de esos valores en el presente.

Un elemento especialmente preocupante, como destacan Florencio Domínguez Iribarren y María Jiménez Ramos en *Sin justicia. Más de 300 asesinatos de ETA sin resolver* (Espasa, 2023), es la impunidad persistente: más de 300 crímenes permanecen sin esclarecer ni juzgar. Esta situación prolonga el sufrimiento de las familias y erosiona la legitimidad del sistema judicial, subrayando la urgencia de priorizar la investigación y el esclarecimiento como formas esenciales de reparación colectiva.

Según sus autores, aproximadamente el 43 % de estos casos permanecen sin autores materiales identificados, y en torno a un 58 % fueron objeto de resolución policial sin que se lograra una condena judicial, debido a factores como la falta de colaboración internacional en extradiciones, errores en el intercambio de información entre juzgados o la muerte de los autores antes de ser procesados. Tres cuartas partes de estos crímenes corresponden a los denominados "años de plomo" (entre la amnistía de 1977 y finales de los años 80), concentrados principalmente en el País Vasco y Navarra. Aun así, Domínguez ha subrayado que España es uno de los países con mayor tasa de esclarecimiento de atentados terroristas si se compara con contextos como el de Irlanda del Norte, donde la impunidad es aún mayor.

Rogelio Alonso[13], destaca que la ausencia de verdad y justicia en relación con los crímenes de ETA genera "vacíos peligrosos en la narración nacional", propiciando un caldo de cultivo para el olvido y la banalización de la violencia. En este sentido, el conocimiento y la visibilización de los crímenes sin resolver se constituyen como actos políticos esenciales para evitar que la memoria de las víctimas sea instrumentalizada o distorsionada. Alonso destaca que, en ausencia de una respuesta institucional adecuada, la memoria de las víctimas puede ser utilizada para legitimar el terrorismo o para construir relatos que omiten la responsabilidad de los perpetradores. Por tanto, la reparación de las víctimas no solo implica el reconocimiento de su

---

13 Alonso, R. (2025). *La legitimación democrática de ETA: Causas, responsables y consecuencias* [Ponencia]. Cursos de Verano CEU María Cristina. Universidad CEU San Pablo. https://cefas.ceu.es/wp-content/uploads/La-legitimacion-democratica-de-ETA.-Causas-responsables-y-consecuencias.pdf

sufrimiento, sino también la construcción de una memoria colectiva que rechace la violencia y afirme los valores democráticos.

Pero la reparación simbólica también implica:

- Retirada de símbolos, inscripciones y toponimias que exaltan a etarras: La eliminación de cualquier manifestación pública que glorifique a miembros de ETA constituye un paso esencial para garantizar el respeto hacia las víctimas y evitar la perpetuación de discursos de violencia. Esta medida está alineada con la Ley 29/2011, de 22 de septiembre, de reconocimiento y protección integral a las víctimas del terrorismo, que establece la obligación de los poderes públicos de retirar símbolos que puedan ofender la dignidad de las víctimas. Pero resulta insuficiente, ante su reiterado incumplimiento.
- En el contexto de las celebraciones populares del País Vasco, se han venido observando en los últimos años actos que rinden homenaje a miembros de la organización terrorista ETA. Estos hechos, registrados en festividades muy señaladas (Aste Nagusia de Bilbao, la Virgen Blanca de Vitoria o la Semana Grande de San Sebastián), constituyen una manifestación problemática en términos constitucionales y democráticos, pues reflejan una persistente dificultad para asumir la ilegitimidad radical que supuso el recurso a la violencia contra un Estado de derecho plenamente democrático. En 2023, por ejemplo, una marcha organizada por asociaciones vinculadas al entorno de los presos de ETA reunió a varios miles de personas en Bilbao, reclamando la "vuelta a casa" de quienes cumplen condena o se encuentran fuera del país. Este planteamiento parte de la premisa de la existencia de un "conflicto político", cuando en realidad lo sucedido fue terrorismo, cuyas víctimas no participaron en una guerra sino que fueron asesinadas por ejercer o representar instituciones democráticas.

En el marco de las fiestas populares, se ha documentado la presencia de casetas y comparsas que exhiben simbología, nombres y referencias a personas condenadas por delitos de sangre, lo que puede interpretarse como una forma de enaltecimiento del terrorismo. A pesar de ello, resoluciones judiciales recientes han sostenido que tales actos se encuentran amparados por la libertad de expresión, descartando la existencia de ilícito penal. Un razonamiento cuestionado por las asociaciones de víctimas, que denuncian la reiteración de estas prácticas y el impacto que generan al constituir un menosprecio a la memoria de quienes sufrieron la violencia terrorista.

En los últimos años, diversas iniciativas parlamentarias han planteado endurecer el marco legal para impedir los homenajes públicos a terroristas, incluyendo propuestas para tipificar con mayor claridad y contundencia tales actos como delitos de apología o de humillación a las víctimas. Estas propuestas responden a la persistencia de actos de exaltación que afectan directamente a la dignidad de las víctimas y generan un impacto negativo en la convivencia democrática. En el plano legislativo reciente, las Cortes Generales han debatido proyectos para tipificar como delito específico la convocatoria de homenajes a etarras[14], como los recibimientos públi-

---

[14] Proposiciones de Ley de modificación de la Ley 29/2011, de 22 de septiembre, de Reconocimiento y Protección Integral a las Víctimas del Terrorismo (622/000026) y de Ley Orgánica complementaria de la Proposición de Ley de modificación de la Ley 29/2011, de 22 de septiembre, de Reconocimiento y Protección Integral a las Víctimas del Terrorismo (622/000027). *Boletín Oficial de las Cortes Generales*. Senado (XV Legislatura), núm. 63, de 15 de febrero de 2024, 6-22, respectivamente.
Presentada la primera iniciativa por el Grupo Parlamentario Popular, se introduce una reforma al Artículo 61 de la Ley 29/2011 ("Defensa del honor y la dignidad de las víctimas"), con los siguientes objetivos fundamentales:
- Prohibición expresa de exaltación terrorista: Se añade la prohibición de exhibir "monumentos, escudos, insignias, placas y otros objetos o menciones conmemorativas o de exaltación o enaltecimiento individual o colectivo del terrorismo, de los terroristas o de las organizaciones terroristas".
- Coordinación institucional: Establece la obligación del Gobierno de coordinarse con Comunidades Autónomas y Entidades Locales para identificar y retirar estos símbolos.

  Refuerzo de la obligación estatal: Refuerza el deber de las autoridades de velar porque no se produzcan actos públicos que humillen o denigren a las víctimas, incluyendo mecanismos de vigilancia y denuncia ante juzgados competentes.

cos (*ongi etorri*[15]) y otras exaltaciones. Tales iniciativas buscan cerrar los huecos legales que permiten el enaltecimiento del terrorismo, una reivindicación histórica del Colectivo de Víctimas del Terrorismo (COVITE). Según el *Observatorio de la Radicalización* de esta misma asociación, en el primer semestre de 2025 se documentaron 168 ac-

---

Complementaria a la anterior, y también impulsada por el mismo grupo parlamentario, la segunda propuesta busca fortalecer el régimen sancionador y formativo mediante modificaciones normativas específicas:

- Ley Orgánica de Reunión (Ley 9/1983): Prohíbe de forma preventiva actos, concentraciones, reuniones o manifestaciones cuando haya razones objetivas fundadas de que podrían producir humillación o victimización de las víctimas del terrorismo.
- Ley Orgánica de Seguridad Ciudadana (LOSC, Ley 4/2015): Agrava las sanciones —tanto administrativas como penales— para aquellos que convoquen o celebren actos susceptibles de humillar a víctimas del terrorismo.
- Fuerzas y Cuerpos de Seguridad y FAS/Guardia Civil: Regula sus competencias específicas en la prevención y disolución de eventos públicos que puedan constituir exaltación o humillación contra víctimas, reforzando el rol preventivo de los destinatarios de la norma.

Ambas proposiciones, en conjunto, persiguen: i) Eliminar cualquier tipo de símbolo o manifestación pública que dé visibilidad o encubra exaltación terrorista; ii) Avanzar en la limitación de la apología del terrorismo a través de prohibiciones preventivas en el derecho de reunión y sanciones administrativas reforzadas; y iii) Mejorar la coordinación interinstitucional (Estado, CCAA, Ayuntamientos y Fuerzas de Seguridad) para garantizar la protección de la dignidad de las víctimas, no solo de forma reactiva sino también preventiva.

Tales iniciativas representan un esfuerzo legislativo por endurecer el marco legal en defensa de la memoria y dignidad de las víctimas, que se sitúa en la continuidad de la Ley 29/2011 y la Ley Orgánica 1/2023 sobre memoria, homenaje y dignidad de las víctimas del terrorismo.

15 Este mismo año, la Audiencia Nacional mediante una sentencia fechada el 23 de junio, ha condenado a sseis personas —tres ex miembros de la organización terrorista ETA y tres integrantes de Sortu o Kalera Kalera— a dos años de prisión por crear las estructuras para organizar de forma "sistemática" más de un centenar de homenajes ("ongi etorri") a expresos de ETA entre los años 2016 y 2020, mediante un acuerdo de conformidad con Fiscalía y acusaciones populares. Cfr. *El País*, "Los organizadores de un centenar de 'ongi etorri' reconocen el sufrimiento causado a las víctimas de ETA", 23 de junio de 2025, disponible en: https://elpais.com/espana/2025-06-23/los-organizadores-de-un-centenar-de-ongi-etorri.html.

tos de apoyo a ETA —manifiestos, pintadas, homenajes—, un 11 % menos que en 2024, aunque preocupan especialmente las 12 exaltaciones de miembros fallecidos y 32 pintadas abiertas.

El debate jurídico se sitúa, por tanto, en la tensión entre la protección de la libertad de expresión —garantizada en el artículo 20 de la Constitución Española— y la necesidad de tutelar la dignidad y los derechos de las víctimas, evitando su revictimización. La jurisprudencia del Tribunal Constitucional y del Tribunal Europeo de Derechos Humanos ha establecido límites a la libertad de expresión cuando su ejercicio conlleva un riesgo para la convivencia democrática o supone un atentado contra la memoria y la dignidad de las víctimas.

La cuestión adquiere también una dimensión política. Algunos partidos han planteado reformas legales para restringir la participación en procesos electorales de quienes no condenen expresamente el terrorismo, así como para habilitar mecanismos judiciales que impidan actos que puedan considerarse humillantes para las víctimas. Sin embargo, la viabilidad de tales medidas se enfrenta a las exigencias constitucionales de proporcionalidad y de respeto al pluralismo político.

En conclusión, la persistencia de homenajes a condenados por terrorismo en espacios festivos constituye un desafío para la consolidación de una memoria democrática respetuosa con las víctimas. La verdadera normalización política no puede alcanzarse mientras se mantengan expresiones públicas de legitimación de la violencia, pues ello resulta incompatible con los valores constitucionales de libertad, igualdad, dignidad y convivencia en paz.

- Prohibición y persecución legal de actos de apología del terrorismo: Conforme al artículo 578 del Código Penal español, se sancionan aquellas conductas que promuevan, justifiquen o ensalcen actos terroristas o a sus autores. No obstante, la aplicación de esta norma se encuentra sujeta a los límites establecidos por la jurisprudencia del Tribunal Europeo de Derechos Humanos (TEDH), que ha enfatizado la necesidad de ponderar el derecho a la libertad de expresión frente a la protección de la seguridad pública y los derechos de las víctimas. En sentencias recientes[16], el TEDH ha validado la prohibición de la apología cuando se produce en un contexto que incita a la violencia o puede alterar el orden público, pero ha rechazado sanciones excesivas cuando el discurso no alcanza ese umbral.

- Creación y mantenimiento de espacios de memoria: La creación del Centro Memorial de las Víctimas del Terrorismo se establece en la Ley 29/2011, de 22 de septiembre, de Reconocimiento y Protección Integral a las Víctimas del Terrorismo, específicamente en su artículo 57. Esta ley obliga al gobierno a crear un centro nacional para la memoria de las víctimas, con el objetivo de preservar y difundir los valores éticos y democráticos, crear conciencia colectiva sobre las víctimas y promover la defensa de los derechos humanos, así como la deslegitimación del terrorismo. La sede de este centro, según la ley, se encuentra en el País Vasco.
- Inclusión en la educación formal: La integración en los currículos educativos de contenidos relacionados con el terrorismo, sus causas y consecuencias, así como la memoria de las víctimas, constituye un pilar fundamental de la pedagogía

---

16 El Tribunal Europeo de Derechos Humanos (TEDH) ha sentado importantes precedentes en materia de apología del terrorismo, equilibrando el derecho a la libertad de expresión con la necesidad de proteger la seguridad pública y la dignidad de las víctimas. Por ejemplo, en el caso *Alparslan Altan y otros vs. Turquía* (sentencia de 13 de junio de 2017, núm. 13237/17), el TEDH avaló la condena de personas por discursos considerados como apoyo a organizaciones terroristas, señalando que la libertad de expresión no ampara declaraciones que inciten a la violencia o puedan socavar el orden democrático.
Asimismo, en el caso *Gültekin vs. Turquía* (sentencia de 28 de junio de 2022, núm. 27176/14), el TEDH reafirmó que el discurso que puede ser interpretado como apología del terrorismo puede ser restringido cuando existe un riesgo real de que altere la paz social, siempre y cuando las sanciones impuestas sean proporcionales y estén debidamente justificadas. Tales sentencias reflejan la evolución del TEDH hacia una interpretación que reconoce la especial sensibilidad del discurso relacionado con el terrorismo, buscando evitar que la apología del terrorismo se convierta en un instrumento para legitimar la violencia y socavar los valores democráticos, sin renunciar a la protección de los derechos fundamentales.

democrática contemporánea. Siguiendo las recomendaciones del Consejo de Europa de 2012 sobre Educación para la Ciudadanía Democrática y la Educación en Derechos Humanos (EDC/HRE), tanto el Gobierno de España como diversas comunidades autónomas —con especial protagonismo del País Vasco— han impulsado materiales y programas educativos dirigidos a sensibilizar a las nuevas generaciones sobre el impacto devastador del terrorismo y la importancia de la defensa del Estado de Derecho.

Entre las iniciativas más destacadas se encuentran las unidades didácticas desarrolladas por el Ministerio de Educación y Formación Profesional en colaboración con el Centro Memorial[17]. Estas unida-

---

17 El Proyecto "Memoria y prevención del terrorismo", impulsado conjuntamente por los Ministerios de Educación y Formación Profesional y del Interior, junto con el Centro Memorial de las Víctimas del Terrorismo y la Fundación Víctimas del Terrorismo, ha dado lugar desde 2018 a una serie de unidades didácticas destinadas a los niveles de 4º de ESO y Bachillerato. Estas unidades abarcan temas como la historia del terrorismo en España, las víctimas, la radicalización y la argumentación como respuesta. Concretamente, entre los materiales destacan:
UD1 'Terrorismo en España' (Geografía e Historia, 4º ESO y 2º Bachillerato), que contextualiza los principales atentados desde los orígenes hasta la actualidad
UD4 'Víctimas del Terrorismo y Derechos Humanos' (Valores Éticos, 4º ESO), que focaliza el reconocimiento de las víctimas y promueve la empatía y el respeto
UD6 'La radicalización violenta' (Psicología, 2º Bachillerato) y UD7 'La argumentación como respuesta al terrorismo' (Filosofía, 1º Bachillerato), que fomentan el análisis crítico y el rechazo a la violencia
Estas guías incluyen cuadernillos diferenciados para alumnado y profesorado, orientaciones didácticas y sugerencias de actividades participativas en un marco curricular definido por el Real Decreto 1105/2014. Además, existe una versión en euskera y está prevista su traducción a catalán, valenciano y gallego.
El Centro Memorial de las Víctimas del Terrorismo colabora activamente en la difusión y aplicación de estas unidades, facilitando sesiones de "Testimonios de víctimas en las aulas", una experiencia piloto iniciada en 2017 (posteriormente extendida en regiones como Madrid) y destinada a estudiantes de 4º ESO y Bachillerato, vinculando el aprendizaje histórico con la vivencia personal de las víctimas.

des ofrecen contenidos que abordan de forma transversal la historia de la violencia terrorista en España (ETA, GRAPO, yihadismo), el papel de las víctimas y la necesidad de una memoria democrática inclusiva. A su vez, el Gobierno Vasco, a través del Instituto Gogora y con la colaboración académica de la Universidad de Deusto, ha desarrollado programas como "Herenegun", centrados en promover la empatía, la reflexión crítica y el rechazo a toda forma de violencia política[18]. Este material incluye testimonios de víctimas y está concebido como un instrumento pedagógico para fortalecer la resiliencia social frente a ideologías violentas.

Entre octubre de 2019 y junio de 2020, el Centro de Ética Aplicada de la Universidad de Deusto (CEA) junto con el Consejo de la Juventud de Euskadi (EGK) lideraron una comunidad de aprendizaje integrada por personas jóvenes, con el propósito de explorar las preguntas y reflexiones que estas mantienen sobre la violencia de motivación política experimentada en Euskadi durante el último medio siglo. Uno de los objetivos principales de esta comunidad fue identificar las mejores maneras de enseñar la historia de esta violencia a las nuevas generaciones, fomentando así la deslegitimación de la violencia y la construcción de una cultura de paz. Los resultados obtenidos se presentan en una serie de tres cuadernos[19]: el primero

---

18 Gobierno Vasco (2019). *Herenegun: Unidades didácticas sobre memoria y prevención de la violencia.* Instituto Gogora. Recuperado de https://www.gogora.euskadi.eus

19 Bermúdez Vélez, Á., Sáez de la Fuente, I., & Prieto Mendaza, J. (2020). Contribuciones de la educación histórica a la deslegitimación de la violencia de motivación política. *Cuadernos sobre Memoria, Educación Histórica y Construcción de Paz,* núm. 1. Bilbao: Universidad de Deusto, recuperado el 15 de julio de 2025, de https://www.deusto.es/document/socialesHumanas/es/aproximacion-conceptual-a-las-contribuciones-de-la-educacion-historica.pdf; Sáez de la Fuente, I., Bermúdez Vélez, Á., & Prieto Mendaza, J. (2020). La historización de la memoria: Balance de la experiencia de una comunidad de aprendizaje con personas jóvenes en Euskadi. *Cuadernos sobre Memoria, Educación Histórica y Construcción de Paz,* núm. 2. Bilbao: Universidad de Deusto, recuperado el 15 de julio de 2025, de https://www.deusto.es/document/socialesHumanas/es/sistematizacion-del-proceso-seguido-por-la-comunidad-de-aprendizaje-con-jovenes.pdf; y Pena Mardaras, C., Bermúdez Vélez, Á., Sáez de la Fuente, I., Bilbao Alberdi, G., & Prieto Mendaza,

aborda de forma conceptual las aportaciones de la educación histórica para deslegitimar la violencia; el segundo documenta el proceso seguido por la comunidad de aprendizaje; y el tercero, al que pertenece este cuaderno, ofrece un conjunto de recomendaciones y recursos pedagógicos específicos para la enseñanza de la historia de la violencia reciente en Euskadi.

Este enfoque educativo fue reafirmado en la II Conferencia Internacional de Naciones Unidas sobre Víctimas del Terrorismo, celebrada a finales del pasado año[20], bajo el lema "La educación como herramienta para la prevención, la consolidación de la paz y el empoderamiento de las víctimas". El evento reunió a más de 400 delegados de 66 países, junto con representantes institucionales y de la sociedad civil. En su discurso inaugural, Su Majestad el Rey Felipe VI subrayó el papel de las víctimas como "faro ético" y como elementos esenciales en la transmisión de valores democráticos. La conferencia puso de relieve cómo la educación puede actuar como un mecanismo de prevención frente a la radicalización y como vía para garantizar que las sociedades democráticas no caigan en la banalización del terrorismo ni en el olvido de quienes lo sufrieron.

Como subraya Maixabel Lasa, "la memoria de las víctimas debe ser una herramienta para educar en valores y para asegurar que el futuro no repita los errores del pasado"[21]. En la misma línea, Tomás y Valiente recordaba que "cada vez que matan a una persona, nos matan a todos un poco"[22], enfatizando que el recuerdo de las vícti-

---

J. (2020). Orientaciones y recursos para una enseñanza de la historia de Euskadi que contribuya a la deslegitimación de la violencia. *Cuadernos sobre Memoria, Educación Histórica y Construcción de Paz*, núm. 3. Bilbao: Universidad de Deusto. ISBN 978-84-1325-120-2, recuperado el 15 de julio de 2025, de https://www.deusto.es/document/socialesHumanas/es/conjunto-de-recomendaciones-y-recursos-pedagogicos-para-la-ensenanza-de-la-historia.pdf.

20 Naciones Unidas (2024). *II International Congress on Victims of Terrorism: Education as a tool for prevention and empowerment*. Vitoria-Gasteiz, 8-9 octubre 2024.

21 Lasa, M. (2016). *Hablar de paz en tiempos de ira*. Madrid: Catarata, 98.

22 Tomás y Valiente, F. (1996). *Discurso de ingreso en la Real Academia de Ciencias Morales y Políticas*, 45-46. Célebre máxima que puede ser encontrada en las

mas es, en última instancia, un acto de reafirmación colectiva de los valores del Estado de Derecho.

IV. PARALELISMOS CON LA MEMORIA DE LA GUERRA CIVIL Y LA DICTADURA

La Ley de Memoria Histórica, y su posible ampliación bajo el concepto de memoria "democrática", ha sido un instrumento fundamental para reconocer y dignificar a quienes sufrieron las consecuencias de la negación y vulneración de los valores democráticos durante el siglo XX en España. Este reconocimiento ha abarcado especialmente a las víctimas del franquismo, cuya experiencia de represión y exclusión política ha marcado profundamente la historia reciente de España. Sin embargo, este enfoque debe también extenderse con igual rigor y sensibilidad a las víctimas del terrorismo de ETA, cuya violencia —aunque con raíces y motivaciones distintas— representó igualmente una grave afrenta a la convivencia democrática y al pluralismo político.

Mientras que el franquismo encarnó una supresión absoluta del pluralismo político y social, imponiendo un régimen autoritario sin espacios para la disidencia, ETA intentó sustituir el orden democrático establecido mediante una lógica basada en la violencia, la coacción y la exclusión ideológica, generando un clima de miedo y polarización que afectó a la sociedad en su conjunto. En ambos casos, el común denominador fue la negación del derecho a la discrepancia y el uso sistemático de la violencia como herramienta política.

Por ello, tal como se ha considerado indispensable reparar y honrar la memoria de quienes fueron perseguidos y reprimidos por defender la democracia frente al autoritarismo franquista, también se impone recordar y dignificar a quienes perdieron la vida defendiendo las instituciones y el orden constitucional nacido en 1978. Esta

---

publicaciones póstumas que recopilan sus escritos sobre democracia y estado de Derecho: Tomás y Valiente, F. (1997). *Obras completas* (Vols. 1–2). Madrid: Boletín Oficial del Estado / Centro de Estudios Políticos y Constitucionales, 312.

reparación y reconocimiento no deben entenderse de forma aislada, sino dentro de una hermenéutica constitucional coherente que articula la unidad de valores entre la memoria democrática y los principios fundacionales del régimen del 78, basados en el respeto a los derechos humanos, la pluralidad y la convivencia pacífica.

La hermenéutica constitucional que inspira la memoria democrática permite sostener la existencia de una unidad de valores entre el rechazo a la violencia franquista y la resistencia frente al terrorismo etarra. Ambos fenómenos supusieron un desafío a la convivencia democrática: el primero desde un aparato estatal autoritario, el segundo desde la acción clandestina de una organización armada. Así, la reparación moral y simbólica de las víctimas del terrorismo debe ser entendida como una extensión lógica de las políticas de memoria desarrolladas para con las víctimas del franquismo, en tanto ambas se fundamentan en la misma tríada de principios: verdad, justicia y reparación, tal y como se ha visto anteriormente.

La citada Conferencia Internacional de Víctimas del Terrorismo, celebrada el pasado año en el marco de Naciones Unidas, puso de relieve la continuidad de un desafío central: la memoria como herramienta educativa y como barrera frente a la repetición de la violencia política. En ese foro, la principal organización española de víctimas, la AVT, fue relegada y privada de una intervención con carácter "oficial", una decisión que la entidad criticó por considerarla un gesto de exclusión injustificado hacia quienes han padecido de forma directa la violencia terrorista. A pesar de ello, la presidenta de la AVT aprovechó su presencia para hacer oír su voz y denunciar ante la comunidad internacional lo que calificó como el "pago" del apoyo parlamentario de EH Bildu mediante el acercamiento de presos de ETA, así como la persistencia de más de 300 casos sin resolver y la celebración de homenajes públicos a antiguos miembros de la banda. Con ello, la AVT evidenció las tensiones entre las políticas de pacificación y las exigencias de verdad, justicia y reparación. Este planteamiento se alinea con los principios defendidos en el ámbito de Naciones Unidas, que insisten en que cualquier proceso de consolidación democrática debe situar a las víctimas en el centro de la narrativa, evitando concesiones que puedan interpretarse como impunidad. En este sentido, el caso español ilustra la complejidad de construir una memoria democrática que, al tiempo que busca cerrar heridas, no renuncie a la condena de la violencia ni a la defensa de los valores constitucionales instaurados en 1978.

Finalmente, cabe señalar que la equiparación entre ambos marcos de memoria no implica una simetría acrítica: mientras que la violencia franquista fue ejercida desde el Estado, el terrorismo de ETA tuvo lugar en el seno de una democracia constitucional, lo que refuerza la necesidad de visibilizar el coste humano que supuso para preservar las instituciones y los derechos de todos los ciudadanos. En ambos casos, sin embargo, la memoria actúa como un dispositivo de reafirmación colectiva de los valores democráticos y como una exigencia ética hacia el futuro.

V. EDUCACIÓN Y MEMORIA: CLAVES DEL FUTURO DEMOCRÁTICO

La garantía de no repetición pasa, inevitablemente, por la formación de las futuras generaciones. El olvido es terreno fértil para la distorsión y la banalización del mal. Así como el sistema educativo ha asumido la tarea de enseñar los horrores del franquismo y la Guerra Civil, resulta igualmente imprescindible documentar y explicar el fenómeno terrorista como una agresión a la democracia y a los derechos humanos. Las políticas educativas en materia de memoria no pueden ser selectivas ni parciales: una pedagogía democrática exige un reconocimiento plural del pasado y la capacidad crítica para afrontarlo sin sesgos ideológicos ni exclusiones.

En este punto, la actuación del Consell del Botànic resulta especialmente llamativa. Mientras posibilitaba la presencia de testimonios de víctimas del terrorismo en programas voluntarios y actividades puntuales, optaba por excluir cualquier referencia explícita al terrorismo, y en particular al de ETA, en el currículo oficial de Historia de España de segundo de Bachillerato. Este vacío normativo trasladaba al arbitrio de cada docente la responsabilidad de tratar o no un fenómeno que constituye una de las mayores amenazas sufridas por el Estado democrático y que forma parte del núcleo de la memoria democrática recogida en los reales decretos estatales. La incoherencia es evidente: se reconoce la importancia pedagógica de escuchar a las víctimas, pero se niega el reconocimiento normativo que asegura su inclusión en la formación común de todo el alumnado.

Desde el prisma constitucional, la memoria democrática no puede concebirse pues como un instrumento fragmentario, sino como una política pública integral que garantice el reconocimiento de todas las víctimas de la violencia y que contribuya a la consolidación de una cultura de los derechos humanos. La omisión de referencias explícitas al terrorismo en el decreto autonómico valenciano situó a la Comunitat en una posición de excepción, alineada con otras autonomías (Baleares y Cataluña) que también optaron por silenciar esta cuestión en el plano curricular. Corregir este déficit es, por tanto, no solo un imperativo de justicia histórica, sino una obligación derivada de la función constitucional de la educación: transmitir los valores democráticos, preservar la memoria de las víctimas y prevenir la repetición de formas de violencia política.

En los últimos años, las universidades españolas han comenzado a asumir un papel activo en este ámbito, intentando suplir un vacío histórico y social respecto a la memoria de las víctimas del terrorismo. Un ejemplo paradigmático es el Plan de Innovación e Investigación Educativa (PIIE) "Ciudadanía activa por la Memoria y la Justicia: víctimas del terrorismo en el aula universitaria" (UV-SPFIE-3321827), desarrollado en la Universitat de València durante el curso 2024-2025. Este proyecto integral se orienta a actualizar los planes de estudio, incorporar metodologías participativas y fomentar competencias críticas en el estudiantado, con el objetivo de analizar la violencia política y sus impactos sobre la sociedad democrática. Entre sus actividades destacan seminarios con víctimas, análisis de discursos de odio en redes sociales y talleres sobre políticas de memoria en el contexto español y europeo.

Los resultados de la encuesta aplicada al alumnado participante reflejan tanto avances como desafíos. Un 97% del estudiantado percibe el terrorismo como un problema aún vigente, aunque admite un conocimiento limitado sobre su historia y causas (39,5% nivel bajo, 53,5% medio). Las fuentes principales de información son medios de comunicación (76,7%) y redes sociales como Instagram (93%) y

TikTok (81,4%), lo que alerta sobre el riesgo de que narrativas simplistas o sesgadas condicionen la percepción juvenil del fenómeno.

No obstante, la predisposición a profundizar en el tema es clara: un 68,8% del alumnado mostró interés en trabajar en el aula la realidad del terrorismo y su impacto en la Comunitat Valenciana, subrayando la importancia de conocer tanto el testimonio directo de las víctimas como la incidencia de nuevas formas de violencia, como el yihadismo. Sin embargo, se detecta un alto desconocimiento de iniciativas institucionales: un 76,7% desconoce las acciones de la Universitat en este ámbito y un 93% ignora las promovidas por la Generalitat Valenciana. Las organizaciones de la sociedad civil, salvo menciones puntuales a la Fundación Broseta y la AVT, son prácticamente invisibles para el estudiantado (90,7%).

Este déficit de memoria se refleja también en la identificación parcial de víctimas: sólo un 16,7% mencionó a Manuel Broseta y un 12,5% a Miguel Ángel Blanco, evidenciando una memoria selectiva que dificulta una visión global de la violencia política en España. Pese a ello, la mayoría del alumnado rechaza de manera rotunda la violencia con fines políticos (88,4%) y valora muy positivamente la continuidad de la iniciativa (79,1%), convencido de que el conocimiento crítico sobre el terrorismo puede contribuir a prevenir su justificación social y a reforzar la convivencia democrática (60,5%).

La experiencia del PIIE de la Universitat de València se alinea con las recomendaciones internacionales sobre memoria y educación formuladas por Naciones Unidas en foros como la II Conferencia Internacional de Víctimas del Terrorismo. En ese marco, la ONU ha subrayado la importancia de la educación como herramienta para consolidar sociedades pacíficas e inclusivas, situando a las víctimas en el centro de las narrativas democráticas y advirtiendo contra las políticas de olvido que alimentan la impunidad. Integrar estas perspectivas en los entornos educativos no solo es una cuestión de justicia histórica, sino una inversión en la cultura democrática del futuro. En este sentido, el caso español ofrece un laboratorio privilegiado para explorar cómo las universidades pueden contribuir a un relato plural y crítico sobre la violencia política, evitando tanto la instrumentalización como el silencio selectivo.

VI. CONCLUSIÓN: NECESIDAD DE ENSANCHAR EL CONCEPTO MISMO DE "MEMORIA DEMOCRÁTICA"

La integración de la problemática de las víctimas del terrorismo en el marco de la memoria democrática trasciende cualquier consideración meramente política o circunstancial. Se trata de una responsabilidad que involucra aspectos jurídicos, históricos y, también, morales[23], debiendo ser asumida por el Estado como un compromiso indeclinable. Reconocer y preservar la memoria colectiva de quienes sufrieron y sufren la violencia terrorista no es solo un acto de justicia, sino un pilar fundamental para la consolidación y fortalecimiento de nuestra democracia.

Las víctimas de ETA representan un testimonio vivo y tangible de los valores esenciales sobre los que se asienta nuestro sistema constitucional: la libertad, la dignidad humana y el respeto a los derechos fundamentales. Ignorar o minimizar su memoria equivaldría a una renuncia ética que traicionaría los principios mismos que defendemos y que cimentaron la convivencia pacífica tras años de violencia. Este reconocimiento público y jurídico debe servir no solo para honrar su sufrimiento y sacrificio, sino también para reforzar el compromiso social con la defensa irrestricta de la democracia y la convivencia plural.

El silencio o el olvido de estas heridas recientes no solo harían flaco favor a las víctimas, sino que representarían una amenaza para la salud democrática, pues una democracia sólida se construye sobre

---

23 La responsabilidad moral del Estado hacia las víctimas del terrorismo implica no solo el reconocimiento público de su sufrimiento, sino también la obligación de garantizar justicia, reparación y apoyo integral. Según Serranò, A. y Elósegui, E. (2015). *Aprendiendo con las víctimas del terrorismo. Propuesta didáctica para la ciudadanía activa por la memoria y la justicia.* Madrid: Fundación Miguel Ángel Blanco, 24; este compromiso ético resulta fundamental para la construcción de una sociedad democrática que valore la dignidad humana y promueva la convivencia pacífica. El Estado debe, pues, asumir un papel activo en la visibilización de las víctimas, facilitando espacios educativos y sociales donde se reconozca su experiencia, contribuyendo así a la sanación colectiva y a la prevención de futuras violencias.

la memoria colectiva, la verdad y la justicia. Legislar y promover políticas públicas que integren la memoria de las víctimas del terrorismo es, en última instancia, una forma de actualizar el pacto constitucional que nos une, reafirmando el compromiso con un proyecto común de sociedad basada en el respeto mutuo y el pluralismo.

Finalmente, la memoria democrática debe entenderse como una herramienta activa para la prevención y la educación[24]. No se trata de perpetuar el recuerdo del dolor por sí mismo, sino de aprender de los errores del pasado para no repetirlos. Incluir a las víctimas del terrorismo en esta memoria no es una simple cuestión de reconocimiento simbólico, sino una condición indispensable para avanzar hacia una democracia más justa, inclusiva y consciente de su propia historia. Solo así podremos garantizar que las generaciones futuras hereden no solo un sistema democrático, sino un legado de compromiso con la libertad, la justicia y la paz, como apunta nuestro Preámbulo constitucional.

La experiencia analizada pone de relieve que la memoria democrática, para ser coherente con los principios constitucionales, no puede articularse de manera fragmentaria ni selectiva. La exclusión de las víctimas del terrorismo en el currículo oficial de la Comunitat Valenciana evidenció una grave disonancia entre el reconocimiento formal de la dignidad de las víctimas y su efectiva incorporación al sistema educativo. Corregir este déficit constituye no solo una exigencia de justicia histórica, sino también una obligación derivada de la función constitucional de la educación como garante de la transmisión de valores democráticos y de la prevención de la violencia política.

El trabajo desarrollado desde las universidades, y en particular el PIIE de la Universitat de València, muestra que es posible avanzar hacia una pedagogía crítica e inclusiva que sitúe a las víctimas en el centro de los relatos democráticos, en línea con las recomendaciones internacionales de Naciones Unidas. La formación de las nuevas generaciones sobre el terrorismo, sus causas y consecuencias, se revela

---

[24] Esta perspectiva se fundamenta en el análisis presentado en el libro colectivo dirigido por Domingo Pérez, Tomas de (2024), *op. cit.*

así como una condición indispensable para fortalecer la convivencia democrática, evitar narrativas de impunidad y garantizar, en última instancia, el derecho de las víctimas a la verdad, la justicia, la reparación y la no repetición.

VII. BIBLIOGRAFÍA

Alonso, R. (2024). Vacíos peligrosos en la narración nacional: la memoria de las víctimas del terrorismo. *Política y Sociedad*, 61(1), 77-95.

Alonso, R. (2025). La legitimación democrática de ETA: Causas, responsables y consecuencias [Ponencia]. Cursos de Verano CEU María Cristina. Universidad CEU San Pablo. Disponible en la siguiente dirección web: https://cefas.ceu.es/wp-content/uploads/La-legitimacion-democratica-de-ETA.-Causas-responsables-y-consecuencias.pdf

Álvarez Conde, E. y Català i Bas, A.H. (2005). *El derecho de partidos*. Madrid: Colex.

Carrillo López, M. (2022). La memoria y la calidad democrática del Estado (comentario a la Ley 20/2022, de 19 de octubre, de memoria democrática). *Revista de las Cortes Generales*, (114), 183-229.

Consejo de Europa. (2012). *Educación en derechos humanos y ciudadanía democrática: Recomendaciones*. Estrasburgo: Consejo de Europa.

Corcuera Atienza, J.; Tajadura Tejada, J.; y Vírgala Foruria, E. (2008). *La ilegalización de los partidos en las democracias occidentales*. Madrid: Dykinson.

De Miguel Bárcena, J. (2021). *Memoria y democracia militante*. El Correo (vasco), de 4 de agosto. Disponible en la siguiente dirección web: https://www.elcorreo.com/opinion/tribunas/memoria-democracia-militante-20210804223516-nt.html

De Miguel Bárcena, J. (2025). Norma singular y preventiva en la memoria democrática. *Revista Española de Derecho Constitucional*, 123(2), 45-68.

De Miguel Bárcena, J. (2025). ¡Ya somos una democracia militante¡. Diario *El Mundo*, de 30 de junio. Disponible en la siguiente dirección web: https://www.elmundo.es/opinion/columnistas/2025/06/30/686120c7e4d4d8d95e8b4577.html

Domingo Pérez, Tomas de (Dir.) (2024). *La "memoria democrática": ¿justicia o discordancia?* Navarra: Aranzadi.

Domínguez Iribarren, F., & Jiménez Ramos, M. (2023). *Sin justicia: más de 300 asesinatos de ETA sin resolver*. Madrid: Espasa.

Fernández Casadevante Mayordomo, P. J. (2015). La prohibición de formaciones políticas como mecanismo del defensa del Estado y el debilitamiento de dicha protección tras las polémicas decisiones sobre Bildu y Sortu", *Revista Europea de los Derechos Fundamentales*, (26), 111-137.

Fernández de Casadevante Mayordomo, P.J. (2019). *¿Son admisibles todos los proyectos en democracia? La izquierda nacionalista radical vasca: de su ilegalización a un discutible regreso a las instituciones públicas.* Valencia: Tirant lo Blanch.

Fernández Casadevante, P. J. (2024). España, una democracia militante. *Revista de Derecho Político*, (119), 135-160.

Fernández Segado, F. (2004). Algunas reflexiones sobre la Ley Orgánica 6/2002, de partidos Políticos. Al hilo de la interpretación por el Tribunal constitucional. *Revista de Estudios Políticos*, (125), 109-155.

Flores Juberías, C. (2002). La Ley de "Memoria Democrática". *Razón Española: Revista bimestral de pensamiento*, (229), 61-77.

Heredero Ortiz de la Tabla, L. (2020). Propuestas para una reforma legal del sistema de reconocimiento y protección integral a las víctimas del terrorismo. *Revista Derechos Humanos y Educación*, (3), 157-180.

Iglesias Bárez, M. (2008). *La ilegalización de partidos políticos en el ordenamiento jurídico español.* Granada: Comares.

Jiménez Ramos, M. (2018): *El valor del testimonio. Aportaciones de las víctimas de ETA al relato y a la sensibilización de la sociedad.* Pamplona: Universidad de Navarra (tesis doctoral).

Lasa, M. (2025). Memoria y educación: claves para la no repetición. *Revista de Memoria Histórica*, (19), 211-228.

López Romo, R. (2015). *Informe Foronda: Los efectos del terrorismo en la sociedad vasca (1968-2010).* Vitoria-Gasteiz: Instituto de Historia Social Valentín de Foronda; Madrid: Los Libros de la Catarata.

López Romo, R. (2022). Desmontando los mitos sobre el terrorismo. En García de Vicuña, P. (coord.). *Memoria democrática en las aulas.* Madrid: Fundación Primero de Mayo,183-190.

Martín Guardado, S. (2020). *Memoria democrática y víctimas de ETA: razones de peso para su extensión*, de 23 de noviembre de 2020. Zaragoza: Fundación Miguel Giménez Abad. Recuperado el 21 de julio de 2025, de https://www.fundacionmgimenezabad.es/memoria-democratica-y-victimas-de-eta-razones-de-peso-para-su-extension.

Bermúdez Vélez, Á., Sáez de la Fuente, I., & Prieto Mendaza, J. (2020). Contribuciones de la educación histórica a la deslegitimación de la violencia de motivación política. *Cuadernos sobre Memoria, Educación Histórica y*

Construcción de Paz, núm. 1. Bilbao: Universidad de Deusto. Recuperado el 15 de julio de 2025, de https://www.deusto.es/document/sociales-Humanas/es/sistematizacion-del-proceso-seguido-por-la-comunidad-de-aprendizaje-con-jovenes.pdf

Pena Mardaras, C., Bermúdez Vélez, Á., Sáez de la Fuente, I., Bilbao Alberdi, G., & Prieto Mendaza, J. (2020). Orientaciones y recursos para una enseñanza de la historia de Euskadi que contribuya a la deslegitimación de la violencia. *Cuadernos sobre Memoria, Educación Histórica y Construcción de Paz*, núm. 3. Bilbao: Universidad de Deusto. Recuperado el 15 de julio de 2025, de https://www.deusto.es/document/socialesHumanas/es/conjunto-de-recomendaciones-y-recursos-pedagogicos-para-la-ensenanza-de-la-historia.pdf (Consultado el 15/07/2025)

Rallo Lombarte, A. (2023). Memoria democrática y Constitución. *UNED. Teoría y Realidad Constitucional*, (51), 109-146.

Rollnert Liern, G. (2023). "Memoria democrática" versus libertad ideológica: la democracia militante retrospectiva. *Revista de Derecho Político*, (118), 121-143.

Rosado Villaverde, C. y Arriola Echàniz, N. (Dirs.) y Delgado Ramos, D. y Gordillo Pérez, L. (Coords) (2023). *La era de la fragmentación política. Una mirada retrospectiva de la Ley de Partidos*. Sevilla: Athenaica.

Sáez de la Fuente, I., Bermúdez Vélez, Á., & Prieto Mendaza, J. (2020). La historización de la memoria: Balance de la experiencia de una comunidad de aprendizaje con personas jóvenes en Euskadi. Cuadernos sobre Memoria, Educación Histórica y Construcción de Paz, núm. 2. Bilbao: Universidad de Deusto. Recuperado el 15 de julio de 2025, de https://www.deusto.es/document/socialesHumanas/es/sistematizacion-del-proceso-seguido-por-la-comunidad-de-aprendizaje-con-jovenes.pdf

Serranò A.; Elósegui, E. (2015). *Aprendiendo con las víctimas del terrorismo. Propuesta didáctica para la ciudadanía activa por la memoria y la justicia*. Madrid: Fundación Miguel Ángel Blanco. Recuperada el 15 de julio de 2025, de https://www.fmiguelangelblanco.es/media/secciones/actividades/guia/guia.pdf

Serranò, A. (2018). *Las víctimas del terrorismo: de la invisibilidad a los derechos*. Navarra: Editorial Aranzadi.

Torres del Moral, A. (2006). Democracia Militante. En Carrasco Durán, M; Pérez Royo, F.J.; Urías Martínez, J.; y Terol Bececerra, M. J. (Coords.). *Derecho constitucional para el siglo XXI: actas del VIII Congreso Iberoamericano de Derecho Constitucional*. Navarra: Editorial Aranzadi, 209-224.

Vírgala Foruria, E. (2003). Los partidos políticos ilícitos ante tras la LO 6/2002", UNED. *Teoría y Realidad Constitucional,* (10-11), 203-261.

Vivancos, M. (Dir). (2024). *Memoria de las víctimas del terrorismo y Universidad: Actas del I Congreso de Innovación Docente.* València: Tirant lo Blanch.

PARTE III
VÍCTIMAS DEL TERRORISMO Y DERECHO PENAL

Capítulo 5

Propuestas de utilización de los testimonios de las víctimas del terrorismo en diversas asignaturas del ámbito del derecho penal y la criminología

ALBERTO BAIXAULI FERNÁNDEZ
Profesor Asociado de Derecho Penal y Criminología
Universitat de València
Abogado

I. INTRODUCCIÓN

La propuesta de innovación docente que se plantea se ha realizado como resultado del Plan de Innovación Docente (PID) titulado "Ciudadanía activa por la Memoria y la Justicia: las víctimas del terrorismo en el aula universitaria" y desarrollado en la Facultad de Derecho de la Universitat de València. La necesidad de adaptación de las clases a las nuevas formas de enseñanza en los múltiples modelos que hemos vivido en los últimos años, así como la necesidad de adaptación de la misma a una forma de enseñanza más dinámica, divertida, sencilla y atractiva para nuestros estudiantes fundamenta que los docentes ampliemos nuestros conocimientos en innovación docente como forma de actualización de la docencia universitaria.

II. MARCO TEÓRICO

Las universidades como instituciones creadoras de contenidos que deben ser transferidos a la sociedad no es una idea nueva. De hecho, ya la Declaración de Estocolmo en 1972 subrayaba la importancia de centrar la educación y la investigación en aspectos socioambientales. En este mismo sentido han apuntado numerosas declaraciones internacionales como la de Talloires en 1990, la de Halifax en 1991, la Agenda 21 en 1992, la de Swansea y la de Kyoto ambas en 1993 o la de Tesalónica en 1997[1].

La incorporación de las universidades españolas al Espacio Europeo de Educación Superior (en adelante EEES) ha posibilitado la inclusión de algunos cambios en los procesos de enseñanza-aprendizaje en la Universidad. Este ambicioso proceso, en lo que aquí importa, se dirige a la promoción de las dimensiones europeas necesarias en la enseñanza superior, sobre todo en lo que respecta al desarrollo curricular, colaboración interinstitucional, planes de movilidad y programas integrados de estudio, formación e investigación. Esto se traduce en un modelo educativo estructurado en torno a los créditos ECTS (Sistema Europeo de Transferencia de Créditos)[2].

Así, el proceso de Convergencia Europea no sólo se ha dirigido hacia la armonización de las titulaciones, sus cursos y sus conteni-

---

1 Martín Aragón, M.M., "Innovación docente y ODS en Criminología", en Llorente Cejudo, MC., Raquel Barragán Sánchez, R., Pérez Rodríguez, N., Martin Párraga, L., (Coords.) *Enseñanza e innovación educativa en el ámbito universitario*, Dykinson, Madrid, 2024, p. 1147.

2 Véase, Declaración de Bolonia (1999), documento en línea: https://ehea.info/media.ehea.info/file/Ministerial_conferences/06/0/1999_Bologna_Declaration_Spanish_553060.pdf. Recuperado el 2 de mayo de 2025.

dos[3], sino también, hacia la mejora de los procesos y metodologías docentes. En ese sentido, el proceso de Bolonia ha producido una toma de conciencia de la importancia de la mejora docente y, concretamente, un cambio en el concepto de docencia; de la enseñanza a la enseñanza-aprendizaje. Pues tal y como indican los expertos en el proceso de aprendizaje, el estudiante debe tener un papel protagonista, adoptando un rol mucho más activo en este proceso[4]. Convertir al alumnado en el centro del proceso de aprendizaje y convertirlo en su pieza fundamental permite el desarrollo de competencias esenciales a través de elementos como la reflexión, colaboración, implicación, motivación y mejora de los resultados[5].

De lo que se trata es de que en el ámbito universitario exista una convergencia necesaria con respecto al crédito ECTS y por ello la Universidad española exige una serie de cambios[6] donde deben aparecer nuevos métodos de educación en este mundo en el que también se viven tiempos nuevos caracterizados por la crisis y por la esperanza de construir un moderno sistema didáctico[7]. A raíz de este contexto de renovación surgen diversas posibilidades u opciones de metodología docente con la intención de mejorar el intercambio de enseñanza y aprendizaje desde una visión completa, interdisciplinar, crítica y objetiva[8].

---

3 A este respecto puede leerse: Morillas Cueva, L., "La adaptación del sistema universitario español al EEES. El Grado en Derecho y el Derecho penal", en Morillas Fernández, D.L. (Dir.) y Rodríguez Ferrández, S. (Coord.) *Innovación docente y Derecho Penal,* EditUM, Murcia, 2013, pp. 11-44.

4 Rodríguez Fernández, S., Fernández Castejón, E.B., "El modelo de la enseñanza-aprendizaje del Derecho Penal", *Revista De Educación y Derecho,* nº 13, 2016, p. 6.

5 Usán Supervía, P., "Inclusión de metodologías activas en el alumnado de enseñanza superior universitaria", *Revista Iberoamericana de Psicología del Ejercicio y el Deporte,* vol. 15, nº 2, 2020, p. 119.

6 Vázquez Gómez, G., *Formación científica y métodos del profesorado universitario,* UIMP, Santander, 2003, p. 15.

7 Fernández Buján, A., "Clasicidad y utilidad del estudio del Derecho Romano", *Boletín del Ilustre Colegio de Abogados de Madrid,* nº 6, noviembre 1987, p. 49.

8 Casado Patricio, E., "El informe criminológico como metodología de innovación docente", en Canino Rodríguez, J.M., Alonso Hernández, J.B., Pérez

Así pues, la convergencia europea radica en desplazar el punto de apoyo de la docencia desde la enseñanza al aprendizaje, de lo que el profesor pueda dar a lo que el alumno realmente asimila, de la presentación de información, su explicación, propuesta de actividades y evaluación a la organización del proceso para que los alumnos puedan acceder al nuevo conocimiento que el profesor les propone, el desarrollo de guías y recursos de aprendizaje que faciliten el trabajo autónomo, tutorizar su proceso de aprendizaje, etc.[9] No obstante, la posición del estudiante en esta nueva fórmula de docencia deberá ampararse en una formación continua[10] que ayude a definir las competencias necesarias para llevar a cabo una ciudadanía activa y un adecuado desarrollo laboral[11].

La reciente regulación de los títulos universitarios que ofrece el Real Decreto 822/2021, de 28 de septiembre, por el que se establece la organización de las enseñanzas universitarias y del procedimiento de aseguramiento de su calidad[12], ha añadido este ideal de formación integral, a diferencia de la regulación anterior[13], que ponía el acento en la empleabilidad. Así, en 2007 se fijaba que los estudios de grado universitario "tienen como finalidad la obtención por parte del estudiante de una formación general, en una o varias disciplinas,

---

Suárez, S.T., Sánchez Rodríguez, D.C., Travieso González, C.M., Ravelo García, A.G. (Eds.), *Libro de Actas de las VII Jornadas Iberoamericanas de Innovación Educativa en el Ámbito de las TIC y las TAC, Las Palmas de Gran Canaria, 19 y 20 de noviembre de 2020,* Aplicaciones Tecnológicas para la Enseñanza de las TIC (ATETIC), Universidad de Las Palmas de Gran Canaria, 2020, p. 151.

9 Abel Souto, M., ""Metodologías docentes activas en derecho penal y puesta a disposición de recursos de aprendizaje que faciliten el trabajo autónomo", *R.E.D.S.*, nº 3, Septiembre-Diciembre 2013, p. 22.

10 Andrés Zambrana, L., Manzano Arrondo, V., "¿Hacia dónde camina la Universidad? Reflexiones acerca del EEES", *RIFOP: Revista interuniversitaria de formación del profesorado,* nº 51, 2004, pp. 273 y 274.

11 Ríos Corbacho, J.M., "Innovación docente del Derecho Penal de la empresa a través de técnicas colaborativas y entornos virtuales de aprendizaje en el EEES", *REJIE: Revista Jurídica de Investigación e Innovación Educativa,* nº 3, Enero 2011, p. 68.

12 «BOE» núm. 233, de 29/09/2021.

13 Real Decreto 1393/2007, de 29 de octubre, por el que se establece la ordenación de las enseñanzas universitarias oficiales («BOE» núm. 260, de 30/10/2007).

orientada a la preparación para el ejercicio de actividades de carácter profesional"[14]. Mientras que en 2021, se amplía el visor para prescribir que estos estudios "tienen como objetivo fundamental la formación básica y generalista del y la estudiante en las diversas disciplinas del saber científico, tecnológico, humanístico y artístico, a través de la transmisión ordenada de conocimientos, competencias y habilidades que son propias de la disciplina respectiva —o de las disciplinas implicadas—, y que los prepara para el desarrollo de actividades de carácter profesional y garantiza su formación integral como ciudadanos y ciudadanas"[15].

La enseñanza se estructura en torno a la adquisición de competencias que se definen como el conjunto de conocimientos, capacidades y habilidades académicamente relevantes, que le confiere el título universitario alcanzado. Estas competencias permiten al estudiantado su inserción en el mundo laboral y, lógicamente, formar parte activa de la sociedad[16].

El art. 4 del RD 822/2021 establece que los planes de estudios de los títulos universitarios oficiales deberán tener como referente los principios y valores democráticos y los Objetivos de Desarrollo Sostenible y, en particular —entre otros— el respeto a los derechos humanos y derechos fundamentales; los valores democráticos —la libertad de pensamiento y de cátedra, la tolerancia y el reconocimiento y respeto a la diversidad, la equidad de todas las ciudadanas y de todos los ciudadanos, la eliminación de todo contenido o práctica discriminatoria, la cultura de la paz y de la participación. Estos valores y objetivos deberán incorporarse como contenidos o competencias de carácter transversal, en el formato que el centro o la universidad decida, en las diferentes enseñanzas oficiales que se oferten, según proceda y siempre atendiendo a su naturaleza académica específica y a los objetivos formativos de cada título.

En cualquier caso, lo más relevante, como dice Teruel Lozano, es que para poder armonizar estos objetivos —formación integral y em-

---

14 Art. 9 del RD 1393/2007.

15 Art. 13.1 RD 822/2021.

16 Exposición de Motivos del RD 822/2021.

pleabilidad— hay que evitar caer en una perspectiva reduccionista y miope de la idea de formar profesionales, en la que se incurre en demasiadas ocasiones. En especial, cuando se recurre a una visión eminentemente técnica de las profesiones, donde el mejor profesional será aquel que dispone de unas competencias instrumentales, y la "empleabilidad" y la exigencia de "formación de profesionales" se usan, entonces, como pretexto para despreciar la formación teórica, creando una falaz contraposición entre conocimientos teóricos y prácticos[17].

En cuanto a la evaluación, ésta constituye el elemento modulador del proceso de aprendizaje por lo que se ha convertido en un elemento estratégico en la universidad. La evaluación no solo valora el resultado del aprendizaje del alumno, sino que indirectamente también refleja y valora el resultado del proceso de enseñanza, es decir, la actividad del profesor[18].

Tradicionalmente, el sistema universitario español ha realizado la evaluación del aprendizaje de los alumnos mediante un examen final sobre los contenidos de la asignatura[19]. Sin embargo, el EEES, al reformular la metodología docente para basarse en el aprendizaje del estudiante, establece que la evaluación sea continua o progresiva y que se realice una valoración integral que mida la asimilación de conocimientos y el desarrollo de competencias por parte de los estudiantes[20].

---

17 Teruel Lozano, G. M., "La enseñanza del derecho y el profesor universitario en la universidad bononiense: Una aproximación conservadora para la formación de juristas integrales", *Docencia y Derecho*, nº 23, 2024, p. 8.

18 Capó Parrilla, J., Oliver Rullán, X., Sard Bauzà, M., "Evaluando la evaluación continua", *@tic. revista d'innovació educativa*, nº 10, Enero-Junio 2013, p. 34.

19 Ibarra Sáiz, M.s., Rodríguez Gómez, G., "Aproximación al discurso dominante sobre la evaluación del aprendizaje en la universidad. *Revista de Educación*, nº 351, Enero-Abril 2010, p. 394.

20 Delgado, A.M. y Oliver Cuello, R., "La evaluación continua en un nuevo escenario docente", *Revista de Universidad y Sociedad del Conocimiento*, vol. 3, nº 1, Abril 2006, p. 2.

III. EL APRENDIZAJE EN LAS CIENCIAS SOCIALES

González García, Ibáñez y Casalí definen el aprendizaje como "los cambios relativamente estables en la conducta y conocimientos del alumno como resultado del programa de instrucción; mientras que la enseñanza es el conjunto de decisiones, actividades y medios organizados para facilitar el aprendizaje y promoverlo"[21].

A fin de que los/as estudiantes se interesen activamente y participen en el estudio de una asignatura, es necesario facilitarles el desarrollo de procesos de reflexión, potenciar el análisis y conocimiento del contexto social y político en el que desarrollarán su profesión, así como formarlos/as para analizar, debatir y cuestionar la propia práctica de aprendizaje[22]. Esto requiere de parte de los docentes una reflexión sobre qué metodologías de enseñanza y aprendizaje se deben y pueden utilizar en contextos prácticos del aula que lleven a que los estudiantes alcancen todas las competencias definidas en el currículo[23].

En este sentido, enseñar significa planificar un programa educativo atendiendo a aquellos elementos que facilitan el aprendizaje: objetivos, metodología y evaluación. En función de ello, el profesor puede adoptar una metodología u otra, dependiendo de la elección que haga, pudiendo oscilar entre las centradas en el profesor o en el estudiante. Como se podrá imaginar, la adopción de una u otra forma de enseñanza o las combinaciones de éstas dependerán de su adecuación a los objetivos, características de los estudiantes, exigencias de la asignatura y contexto, entre otras[24].

---

21 González García, F.m., Ibáñez, F. C., Casalí, J., *Una aportación a la mejora de la calidad de la docencia universitaria: los mapas conceptuales*, Universidad Pública de Navarra, Pamplona, 2000, p. 255.

22 Medina Moya, J., *Enseñanza y Aprendizaje en la Educación Superior*, Síntesis, Madrid, 2013, p. 124.

23 De Miguel Díaz, M., *Metodologías de Enseñanza y Aprendizaje para el Desarrollo de Competencias*, Alianza Editorial, Madrid, 2009, p. 85.

24 Rodríguez Fernández, S., Fernández Castejón, E. B., "El modelo de la enseñanza-aprendizaje del Derecho Penal", *Revista De Educación y Derecho*, nº 13, 2016, p. 8.

Todo ello conlleva, como advierte la comunidad educativa especializada, que los nuevos paradigmas educativos se centran en el aprendizaje y en el sujeto que aprende más que en el que enseña y, en la enseñanza, por ende, debe señalarse que, en esta semejante y revolucionaria situación, las tecnologías educativas están al "servicio de las habilidades implicadas en la construcción del conocimiento", es decir, de las habilidades del pensamiento y de la inteligencia humana[25].

En la actualidad, junto con la enseñanza teórica tenemos la enseñanza práctica se dirige a facilitar la adquisición de destrezas y procedimientos relevantes de la asignatura; aprender a utilizar el método científico en el área de conocimiento, entrenar en la resolución de problemas y/o desarrollar actitudes profesionales específicas. Según los expertos en este ámbito, la enseñanza práctica dentro de una asignatura debe cumplir ciertos requisitos: que la tarea práctica sea percibida por el estudiante como relevante y significativa para sus intereses; que realmente facilite el aprendizaje cumpliendo los requisitos de retroalimentación y valoración de los resultados durante su proceso de realización; y que esté bien planificada y teóricamente bien fundamentada, siguiendo la coherencia de los contenidos teóricos de la asignatura[26].

Ya en 2011 la Confederación de Sociedades Científicas de España criticaba el poco peso que se había dado a la exploración de fenómenos y la indagación en las aulas, perviviendo todavía un mero método "factual y reproductivo". Si trasladamos esta crítica al ámbito de las Ciencias Sociales, basado en las competencias ciudadanas, se debería cambiar el método para poder promover el pensamiento crítico con el desarrollo de habilidades cívicas. Esto pasaría por demostrar al alumnado la unión de las ciencias con la realidad en la que viven: estudiar su propia realidad, para poder elaborar su visión crítica del

---

25 Ríos Corbacho, J.M., "Innovación docente del Derecho Penal de la empresa a través de técnicas colaborativas y entornos virtuales de aprendizaje en el EEES", *REJIE: Revista Jurídica de Investigación e Innovación Educativa*, nº 3, Enero, 2011, p. 69.

26 Rodríguez Fernández, S., Fernández Castejón, E. B., "El modelo de la enseñanza-aprendizaje del Derecho Penal", op. cit., p. 11.

mundo y, por ende, su competencia ciudadana y científica. La enseñanza basada en los conflictos sociales candentes o temas controvertidos, será una de las aproximaciones más destacadas para lograr este objetivo[27].

En este sentido se ha manifestado la conveniencia de que los profesores universitarios de ciencias sociales lleven a cabo una enseñanza basada en el uso didáctico de las fuentes y el desarrollo de actividades variadas, dinámicas y participativas, que tan eficaz se ha demostrado en niveles preuniversitarios a la hora de vencer los problemas relacionados con la teorización y la abstracción, generando un mayor interés y comprensión del alumnado, un aprendizaje más significativo de la materia y el desarrollo de habilidades reflexivas y de investigación[28].

No podemos perder de vista que el proceso de aprendizaje debe ser visto como algo vivo y por tanto en constante cambio. Adaptarse a los nuevos tiempos y nuevas necesidades de nuestro alumnado debe ser un elemento fundamental a la hora de diseñar los programas de las asignaturas, sus contenidos y las actividades a realizar dentro de los mismos[29].

En efecto, se hace cada vez más necesario generar nuevas propuestas educativas, nuevos proyectos académicos y experiencias innovadoras reales en relación al proceso de enseñanza-aprendizaje y su combinación con el uso de las tecnologías[30], puesto que como nos dicen Martí, Heydrich, Rojas y Hernández, la habilidad más impor-

---

27 López Facal, R., Santidrián, V.M., "Los «conflictos sociales candentes» en el aula", *Iber: Didáctica de las ciencias sociales, geografía e historia,* nº 69, 2011, pp. 8-12.

28 Fuertes Muñoz, C., "Propuestas didácticas para la enseñanza de las Ciencias Sociales en la Educación Superior", *Ensayos: Revista de la Facultad de Educación de Albacete,* vol. 29, nº 2, 2014, p. 144.

29 Martín Aragón, M.M., "Innovación docente y ODS en Criminología", op. cit., p. 1147.

30 Boza Moreno, E., "Haciendo política criminal: debates y propuestas sobre cuestiones jurídico-penales", en Llorente Cejudo, MC., Raquel Barragán Sánchez, R., Pérez Rodríguez, N., Martin Párraga, L., (Coords.) *Enseñanza e innovación educativa en el ámbito universitario,* Dykinson, Madrid, 2024, p. 288.

tante de la era digital que deben adquirir los y las estudiantes es la de aprender a aprender. Por tal motivo el aprendizaje ha pasado de ser una construcción individual de conocimiento, a convertirse en un proceso social[31].

Así surgió el convencimiento de que la enseñanza de las Ciencias Sociales debe estar orientada a la comprensión de la realidad social y sus problemas, a formar el pensamiento social para gestionar la complejidad de esta realidad, y a favorecer la participación para la construcción de la democracia y la mejora de la convivencia[32].

Este tipo de enseñanza sería aquella que se refiere a temas estructurados alrededor de preguntas que tienen más de una respuesta, que obligan a trabajar desde una multiplicidad de perspectivas. Estas requieren por parte del alumnado el construir su propio discurso haciendo uso del espíritu crítico y de su capacidad para contrastar distintos puntos de vista (Goldberg y Savenije, 2018). Son varias las líneas teóricas que reivindican este tipo de enseñanza dentro del currículum de Ciencias Sociales. No solo por la posibilidad de acercar el aula a la realidad, sino porque se trabaja con algunas de las bases de la educación democrática, como son el debate y el contraste de opiniones, la argumentación y el consenso[33].

En este sentido, según varias investigaciones, que el modelo didáctico de aprendizaje basado en problemas, o de investigación en la escuela, ofrece una alternativa válida para promover la reflexión, el debate y la construcción de conocimiento —con significado y sentido

---

31 Martí, J.a., Heydrich, M., Rojas, M., Hernández, A., "Aprendizaje basado en proyectos: una experiencia de innovación docente", *Revista Universidad EAFIT*, vol. 46, nº 158, 2010, pp. 11-21.

32 Canal, M., Costa, D., Santisteban, A., "El alumnado ante problemas sociales relevantes: ¿Cómo los interpreta? ¿Cómo piensa la participación?", en De Alba Fernández, N., García-Pérez, F.F., Santisteban Fernández, A. (Eds.), *Educar para la participación ciudadana en la enseñanza de las Ciencias Sociales*, Díada, Sevilla, 2012, p. 527.

33 Aranguren-Juaristi, O., Apaolaza-Llorente, D., Echeberria Arquero, B., Vicent, N., "Testimonios de víctimas en el módulo educativo Adi-adian. Una mirada desde la didáctica de las ciencias sociales y la educación patrimonial", *Investigación en la Escuela*, nº 101, 2020, p. 16.

personal— sobre los fenómenos sociales[34]. Así, analizar las controversias que emergen en el campo de los derechos humanos permite al estudiantado desarrollar competencias cognitivas, afectivas y sociales necesarias para la formación de una ciudadanía crítica y defensora de los derechos humanos, capaz de participar activamente en una sociedad democrática. Por tanto, habilita al estudiantado para analizar críticamente el respeto, la aplicación y la violación de los derechos humanos en situaciones en las cuales está implicado por proximidad territorial, social o afectiva. Simultáneamente, permite el reconocimiento de puntos de vista diferentes a los propios, desarrollar argumentaciones y tomar posición ante las situaciones analizadas[35].

Por ello, no cabe duda de que, para el desarrollo de las competencias sociales y ciudadanas, para la formación del pensamiento crítico y para una enseñanza de la participación, trabajar con problemas sociales en las aulas, sea cual sea su denominación, es imprescindible. [36]

IV. LA EDUCACIÓN EN VALORES: CIUDADANÍA Y DERECHOS HUMANOS

Partimos del principio de que la educación es una praxis social para la misma sociedad, lo que inevitablemente se traduce en una permanente correlación entre ellas como sistemas abiertos. Para evitar su anacronismo, es necesario que quienes orientan la educación escruten la realidad, lo que no significa que la primera se desempeñe como lacaya de la segunda, sino que cualquier pretensión de mejorar la sociedad debe emerger de un conocimiento de ella que, a la vez

---

34 Pineda-Alfonso, J.A., "Educar para la ciudadanía trabajando con temas controvertidos en Educación Secundaria Obligatoria", *Revista de Investigación Educativa,* nº 33, 2015, p. 365.

35 Magendzo-Kolstrein, A., Toledo-Jofré, M.I., "Educación en derechos humanos: Estrategia pedagógica-didáctica centrada en la controversia", *Revista electrónica EDUCARE,* vol. 19, Septiembre-Diciembre 2015, p. 2.

36 Santisteban Fernández, A., "La enseñanza de las Ciencias Sociales a partir de problemas sociales o temas controvertidos: estado de la cuestión y resultados de una investigación", *El Futuro del Pasado: revista electrónica de historia,* nº 10, 2019, p. 73.

que le permita su concreción y ligazón, fomente la generación de escenarios contra fácticos que aniquilen o, al menos, atemperen sus contradicciones y que inciten la creación de condiciones tendentes a la expansión del ser humano a nivel individual y colectivo[37].

Esta iniciativa docente se basa en lo que desde la teoría se le ha llamado la educación en valores. La educación es entendida en este contexto como aquella actividad cultural que se lleva a cabo en un contexto intencionalmente organizado para la transmisión de los conocimientos, las habilidades y los valores que son demandados por el grupo social. Así, pues, todo proceso educativo está relacionado con los valores[38].

La formación en valores constituye un problema pedagógico complejo que solo es posible entenderlo a partir de un análisis psicológico de la naturaleza del valor en su función organizadora de la actividad humana, lo que se traduce en el valor como significado atribuido de manera subjetiva, toda vez que existe individualmente en los seres humanos capacidad de valorar, pero al mismo tiempo tiene una naturaleza objetiva en tanto constituye parte de la realidad social e histórica en la que se desarrolla la persona[39].

Por otra parte, es relevante evidenciar que si estamos hablando de competencias ciudadanas y derechos humanos hay un contexto que no puede ser soslayado: una persona solo puede ejercerlas y ejercitarlos en un ambiente democrático[40].

---

37 Uribe García, J.A., "El testimonio de las víctimas como recurso pedagógico. Aportaciones para el posconflicto colombiano", *Praxis & Saber*, vol. 9, nº 20, Mayo-Agosto 2018, pp. 107 y 108.

38 Parra Ortiz, J. M. "La educación en valores y su práctica en el aula", *Tendencias pedagógicas*, nº 8, 2003, p. 70.

39 González Maura, V., "La educación de valores en el curriculum universitario. Un enfoque psicopedagógico para su estudio", *Revista cubana de educación superior*, vol. 14, nº 1, 2000, pp. 74 y 75.

40 Becerra Valdivia, K., "Aprendizaje-Servicio: desarrollo de habilidades valóricas en competencias ciudadanas para los Derechos Humanos en estudiantes de Derecho", *Revista de Educación y Derecho*, Abril-Septiembre 2018, nº 17, p. 6.

La idea de ciudadanía parte de un hecho primario, el carácter social de los seres humanos, y de un principio de organización, la convivencia democrática, pero exige también un modo de entender la relación entre el individuo y la colectividad. Esta relación puede basarse en el reconocimiento de un conjunto de derechos individuales: la ciudadanía es un estatus que da libertad y seguridad, dos derechos de entre los muchos que disfrutan los individuos en una sociedad democrática. Pero la relación de los individuos con la comunidad también se ha entendido a partir de las ideas de pertenencia e identidad, de modo que la relación con la sociedad no se basa en un estatus que da derechos, sino en la posesión de algo que nos es común y nos une. Por último, también se ha afirmado que para ser reconocido como ciudadano se requiere un esfuerzo de participación en la vida de la colectividad. Sin embargo, no nacemos siendo buenos ciudadanos, ni tampoco basta con estar en una sociedad democrática para llegar a ser verdaderos demócratas; nos hacemos ciudadanos de una democracia en buena parte gracias a la educación. Dicho aprendizaje es un proceso que consiste en llegar a formar parte de una colectividad tras haber alcanzado un buen nivel de civismo, o respeto por las normas públicas, y en convertirse en un ciudadano activo: una persona que sabe exigir sus derechos, cumplir sus deberes para con la comunidad y contribuir al bien común[41].

Es para lograr esto que se establecen ciertas competencias ciudadanas que implican facilitar la comprensión de la propia realidad social, la cooperación, la convivencia y la participación activa y responsable en la construcción de una sociedad ética y democrática. Las competencias ciudadanas, por tanto, permiten que los ciudadanos respeten y defiendan los derechos humanos, contribuyan activamente a la convivencia pacífica, participen responsable y constructivamente en los procesos democráticos y respeten y valoren la pluralidad y las diferencias, tanto en su entorno cercano (familia,

---

41 Puij Rovira, J., Gijón Casares, M., Martín García, X., Rubio Serrano, L., "Aprendizaje-Servicio y educación para la ciudadanía", *Revista de Educación*, nº extraordinario 2011, p. 48.

amigos, aula, institución escolar), como en su comunidad, país o a nivel global[42].

Son definidas como conocimientos, habilidades, actitudes y valores indispensables para una gobernanza eficiente, considerando que el término gobernanza refleja las interpretaciones sobre los requerimientos de la democracia en nuestros tiempos: implica la participación de los actores sociales en la toma de decisiones y, en este sentido, siempre presupone la existencia de la democracia de los ciudadanos[43].

Desde este prisma, se puede obtener una mejora de los procesos de enseñanza-aprendizaje a través de la introducción de metodologías activas, pues enfatiza y analiza la aplicación de nuevas actividades y estrategias didácticas.

V. LOS TESTIMONIOS DE LAS VÍCTIMAS COMO RECURSO EDUCATIVO: ESPECIAL REFERENCIA AL TERRORISMO Y A LA PEDAGOGIA DE LA MEMORIA

La historia reciente, presenta encrucijadas respecto a los acontecimientos violentos, porque todavía son parte de un proceso de recuerdos y olvidos latentes, y porque dichas versiones circulan en un mismo momento histórico, de lo que se desprende que el imperativo de la historia reciente y la memoria, es ayudar a comprender las razones y consecuencias del horror para sanar una sociedad lastimada, con el deber de tramitar el pasado violento desde escenarios

---

42 Zuta, E., Velasco, A., Rodríguez, J., "Desarrollo de competencias ciudadanas mediante un curso socialmente responsable", *Educación*, vol. 23, nº 45, 2014, p. 54.

43 Ochman, M., Cantú Escalante, J., "Sistematización y evaluación de las competencias ciudadanas para sociedades democráticas", *Revista Mexicana de Investigación Educativa*, vol. 18, n° 56, 2013, p. 69.

públicos, en la esperanza de que estos acontecimientos no se vuelvan a repetir[44].

Dentro de los actos delictivos, el terrorismo constituye un fenómeno de gran trascendencia y relevancia en la época actual pues los actos terroristas suponen una de las violaciones más graves de los valores universales de la dignidad humana, la libertad, la igualdad y la solidaridad, y el disfrute de los derechos humanos y de las libertades fundamentales[45].

La vulnerabilidad de las víctimas del terrorismo reside en que este tipo de delito es particularmente grave por suponer un ataque totalitario contra el sistema democrático. Este significado político junto con las modalidades con que se lleva a cabo haría surgir necesidades cuya relevancia justificaría un tratamiento específico[46]. Además, en el plano académico victimológico, se señala el alto número de víctimas indirectas y el mayor riesgo de victimización secundaria que provoca la violencia terrorista[47].

Dentro de la Criminología, puede afirmarse que la Victimología tiene como misión aportar a los movimientos sociales pro-víctimas un conocimiento de base científica sobre los procesos de victimación, al objeto de permitir una adecuada gestión de la prevención por parte de los poderes públicos y de los agentes sociales, con especial atención a los colectivos más vulnerables. Sobre este particular, las actua-

---

44 Gómez Sepúlveda, D. M. "Voces que narran el pasado reciente: La enseñanza de la memoria y la historia desde una experiencia docente en básica primaria", *Historia y Memoria*, nº 17, Julio-Diciembre 2018, pp. 51-89, p. 63.

45 Una enumeración de los factores psicosociales explicativos del fenómeno terrorista puede consultarse en Morillas Fernández, D. L., Patró Hernández, R.M. y Aguilar Carceles, M.M., *Victimología: un estudio sobre la víctima y los procesos de victimización*, 2ª edición, Dykinson, Madrid, 2014, pp. 753 y 754.

46 En este sentido ver: Fernández Marrero, A., *Impacto psicológico del terrorismo y su atención en salud mental desde la perspectiva de los Derechos Humanos*, Diego Marín, Murcia, 2021.

47 Varona Martínez, G., "La fundamentación victimológica de una reparación reforzada en casos de victimización terrorista" en Varona Martínez, G. (Coord.) *Victimología: en busca de un enfoque integrador para repensar la intervención con víctimas*, Aranzadi, Navarra, 2018, p. 260.

ciones de los poderes públicos y los agentes sociales, relacionadas con las personas que han sufrido una situación victimizante, deben tener como norte la desvictimación, la ayuda a las mismas para superar los efectos negativos del hecho traumático y lograr una plena inserción en la vida social[48].

A este respecto, en las corrientes actuales de la Victimología cultural y narrativa[49], se destaca el papel de los testimonios narrativos de las víctimas directas e indirectas, y diversos autores subrayan su contribución para transmitir y entender las vivencias y experiencias, proyectadas en el tiempo, en relación con los procesos de victimización y reparación dentro de la sociedad[50].

La memoria puede convertirse en esencial para la recuperación de la víctima durante los procesos de victimización que atraviesa en su camino hacia su nueva vida pues el testimonio tiene la capacidad de vincular la experiencia con la razón crítica. Pues, por una parte, la narración consigue que la propia víctima revise su experiencia traumática, le permite pensar en otras visiones acerca de lo ocurrido, barajar otras posibles explicaciones, y consecuentemente, dar un paso hacia delante en su recuperación incorporándolo a sus vivencias personales en vez que suponga un lastre para toda su vida. Por otra parte, el punto de vista reflejado en el relato ayuda y favo-

---

48 Tamarit Sumalla, J.M., "La Victimología: cuestiones conceptuales y metodológicas", en Baca Baldomero, E., Echeburua Odriozola, E., Tamarit Sumalla, J.M. (Coords.) *Manual de Victimología*, Tirant lo Blanch, Valencia, 2006, p. 49.

49 Estas disciplinan han permitido estudiar cómo la construcción y recepción de las narrativas de las víctimas constituye en sí misma un proceso de resiliencia, entendida como transformación individual con implicaciones sociales, y tiene que ver con la aminoración de la injusticia epistémica y el carácter simultáneamente retrospectivo y prospectivo de dichas narrativas, con una ruptura del tiempo lineal y de la categorización de las personas en virtud de un suceso singular en el marco de sus vidas (Varona Martínez, G., "Alrededor de las narrativas victimales: algunos paralelismos entre las víctimas del terrorismo y otros delitos graves en términos de justicia epistémica y resiliencia", *Araucaria: Revista Iberoamericana de Filosofía, Política, Humanidades y Relaciones Internacionales*, vol. 24, nº 50, 2022, p. 17).

50 Varona Martínez, G., "Alrededor de las narrativas victimales: algunos paralelismos entre las víctimas del terrorismo y otros delitos graves en términos de justicia epistémica y resiliencia, *op. cit.*, p. 11.

rece la reflexión crítica del auditorio acerca suceso traumático, le invita a compartir postura y abrir nuevos enfoques de análisis de la experiencia y la trascendencia que pueden tener las victimizaciones en un futuro[51].

Por todo ello, en otro lugar ya defendimos la participación de las víctimas del terrorismo en el ámbito universitario teniendo en mente también los efectos positivos y terapéuticos que para la disminución de la victimización de éstas puede tener en base a la llamada Victimología conversacional o narrativa[52]. Así, frente al impacto victimal, el proceso de resiliencia debe pensarse y desplegarse tanto a nivel del individuo como a nivel de la sociedad, en términos de capacidades individuales y competencias sociales (incluyendo un contexto social e institucional atento a las necesidades de las víctimas). El hecho de la interrelación de la resiliencia personal y social involucra la educación en valores democráticos y de justicia social de los jóvenes. De esta forma, la vulnerabilidad, como desconexión, inseguridad y/o desigualdad ante la vulneración de los derechos humanos se funde con la resiliencia, la cual puede definirse como fortaleza a partir de la sensibilidad[53].

De este modo, la memoria, a través del relato victimal, contribuye sobre todo a la rehabilitación y satisfacción moral, puntos esenciales en el proceso de desvictimización de la víctima o lo que es lo mismo su reparación[54]. Siendo está la razón para interesar la introducción de sus testimonios mediante el desarrollo de programas o prácticas

---

51 Company Alcañiz, M., *Reparación integral y políticas de protección de las víctimas del terrorismo,* Tesis doctoral, Valencia, 2017, p. 395.

52 Vid. Baixauli Fernández, A, "La introducción en el grado de Criminología del relato de las víctimas de los delitos de terrorismo a través de la Victimología", en Vivancos Comes, M, (Dir.) *Memoria de las víctimas del terrorismo y universidad: Actas I Congreso de Innovación Docente,* Tirant lo Blanch, Valencia, 2024, pp. 115-146.

53 De La Cuesta Arzamendi, J.l., Varona Martínez, G. (Dir.) *Impacto victimal, resiliencia e interpelación: encuentros entre víctimas del terrorismo y entre víctimas y estudiantes universitarios,* UPV-EHU, Bilbao, 2016, pp. 25 y 26

54 Experiencias en esta dirección con gran desarrollo pueden consultarse en: Varona Martínez, G. (Dir.) *Caminando restaurativamente: pasos para diseñar proyectos transformadores alrededor de la justicia penal,* Dykinson, Madrid, 2020.

de justicia restaurativa en el seno de la asignatura de "Victimología" del grado universitario de Criminología[55].

Sin embargo, aquí vamos referirnos exclusivamente al interés en la participación de las víctimas del terrorismo en el ámbito universitario teniendo en mente los efectos positivos que los testimonios de éstas pueden tener para el desarrollo de los estudiantes y de los contenidos curriculares de la educación universitaria.

En este sentido, la educación resulta central para la construcción de la memoria social, por lo que la enseñanza de la historia y las ciencias sociales se vuelven cruciales, especialmente, cuando abordan la historia reciente. Puede tratarse de una historia difícil, incómoda y dolorosa, una historia sensible a debates y controversias, pero que tiene a su favor el interés que causa en los estudiantes el poder tener algún tipo de cercanía temporal o vivencial con el hecho histórico analizado[56].

Así, según Ortega, Merchán y Vélez, la relación dialógica entre la enseñanza de la historia reciente y una pedagogía de la memoria, en sentido crítico, otorga un lugar a los sujetos de enseñanza como agentes de su propia historia, en tanto reconoce individual y colectivamente sus capacidades para interpretar y resignificar el pasado y sus relaciones con su propio presente. Esta posibilidad pedagógica propicia la formación de sujetos políticos para que en sus posicionamientos y actuaciones intervengan éticamente en su pasado para la construcción de un presente y la proyección de un futuro. [57]

---

55 Sobre la configuración de dichos programas como prácticas de justicia restaurativa puede leerse: Baixauli Fernández, A, "La reparación de las víctimas del terrorismo en el ámbito universitario a través de prácticas de justicia restaurativa basadas en el testimonio y el diálogo en las víctimas", *ReCRIM: Revista de l'Institut Universitari d'Investigació en Criminologia i Ciències Penals de la UV*, nº 32, 2024, pp. 119 y ss.

56 Albás Ibeas, L., Vicent, N., Ibáñez Etxeberria, A., Gillate Aierdi, I., "Víctimas Educadoras y su Incidencia en Formación del Profesorado del País Vasco", *Revista internacional de educación para la justicia social (RIEJS)*, vol. 13, nº 2, 2024, p. 63.

57 Ortega Valencia P., Merchán Díaz J., Vélez Villafañe G., "Enseñanza de la historia reciente y pedagogía de la memoria: emergencias de un debate necesario", *Pedagogía y saberes*, nº 40, 2014, p. 60.

En una enseñanza que propone abordar los procesos históricos con sus complejidades y conflictos, de manera que faciliten en el alumnado un acercamiento reflexivo a ese pasado, los testimonios de los actores directos constituyen un potente recurso. Estos testimonios, contextualizados, ofrecen un tipo de información que difícilmente se halla en otras fuentes, porque los relatos en primera persona suelen ofrecer imágenes de escenas o situaciones relativas a la experiencia cotidiana que resultan significativas para el alumnado y, constituyen un material para la construcción de conceptos[58]. Por tanto, la importancia de la historia oral y la utilización del testimonio y las fuentes orales, basadas en memorias individuales, han permitido la reconstrucción de hechos del pasado y el acceso a subjetividades y experiencias que de otro modo serían inaccesibles[59].

Así pues, en estos tiempos transicionales, se advierte que las víctimas en sociedades post-violencia en las que están implicados perpetradores diversos, pueden realizar un papel muy productivo en la educación cívica si les ofrecemos la oportunidad de participar como educadoras[60].

El Punto 13 del Informe de la Relatora Especial de Naciones Unidas sobre los derechos culturales referido a los procesos de preservación de la memoria histórica de fecha 23 de enero de 2014, presentado en el seno de las Naciones Unidas, esboza la función polifacética de la memoria. El enfoque temporal de las múltiples medidas abarca el pasado —el relato de los hechos, su recuerdo y homenaje—, el presente —restañar las heridas— además de que se debe mirar hacia el futuro —evitar nuevas manifestaciones mediante la educación en valores y la concienciación de las repercusiones negativas de los

---

58 Carnovale, V., Larramendy, A., "Enseñar la historia reciente en la escuela: problemas y aportes para su abordaje", en Siede, I. A. (Coord.), *Ciencias sociales en la escuela. Criterios y propuestas para la enseñanza*, Aique Educación, 2010, p. 247.

59 Plaza-Díaz, F. A., "Historia reciente y enseñanza del conflicto armado reciente y actual de Colombia en colegios y universidades del país", *Revista Latinoamericana de Estudios Educativos*, vol. 13, nº 1, 2017, p. 194.

60 Etxeberria Mauleon, X., "La participación de las víctimas en la educación cívica en situaciones de transición socio-política de la violencia a la paz", *Quaestiones Disputatae - Temas en debate*, vol. 11, nº 23, 2018, p. 192.

hechos desencadenantes—. De acuerdo con las dimensiones que se pretenden alcanzar implicará a la esfera privada e individual de las personas, esto es, su reflexión privada, si bien, también la dimensión social pues mediante su divulgación se empezará a recorrer el camino hacia una cultura de participación donde se pueda adoptar una postura crítica sobre los hechos ocurridos y la conveniencia de desterrar la violencia[61].

La función poliédrica de la memoria lleva implícita dos dimensiones. Por un lado, la dimensión moral, desde la cual se trata de abordar aspectos relacionados con la justicia, ofrecer un reconocimiento y una reparación a las víctimas que han visto vulnerados sus derechos y a sus familiares. Esta primera dimensión entronca con las políticas públicas de víctimas. Por otro, la dimensión ética, política e identitaria, desde la cual se trata de resolver cuestiones de identidad y de construir un relato compartido acerca de nuestra historia. ella se postula la existencia de una memoria común, memoria que es una apropiación selectiva del pasado y que contribuye a fundar la identidad política compartida de toda la ciudadanía de un Estado. Esta segunda dimensión entronca con las políticas públicas de memoria[62].

Experiencias concretas de uso de testimonios, han constatado que estas permiten abordar más profundamente los contenidos a enseñar, así como obtener un mayor compromiso del alumnado para con su propio aprendizaje; la escucha de testimonios, permite establecer

61 Informe de la Relatora Especial sobre los derechos culturales, Farida Shaheed (https://www.refworld.org/es/ref/themreport/unhrc/2014/es/59470. Recuperado el 2 de mayo de 2025); Company Alcañiz, M., "Un enfoque criminológico del derecho a la memoria de las víctimas del terrorismo", en Silva Junior, D., Martínez-Zaporta Arechaga, E. y Moura de Aeaujo, D. (Dirs.), *Human rights and universal legal*, Autografía, Barcelona, 2017, p. 231.

62 Salazar Torre, R., "Vulneraciones y alteraciones de la convivencia en Euskadi y la contribución de las víctimas a la reconstrucción del tejido social" en Varona Martínez, G. (Coord.) *Victimología: en busca de un enfoque integrador para repensar la intervención con víctimas*, Aranzadi, Navarra, 2018, p. 279.

diferencias y similitudes entre los relatos escuchados de estas personas y las suyas propias[63].

Una de las técnicas que puede resultar de gran interés en la enseñanza de las ciencias sociales en la universidad es la de la entrevista cualitativa en profundidad o también llamada "fuente oral", entendida como modo de aproximación directa del alumnado a los problemas sociales estudiados[64]. La técnica de la entrevista cualitativa tiene el objetivo de conocer la perspectiva del sujeto estudiado, comprender sus categorías mentales, sus interpretaciones, sus percepciones[65].

La entrevista cualitativa se podría definir como una conversación verbal y dinámica entre dos personas que cordialmente establecen un encuentro de carácter privado. Durante el encuentro, el entrevistador dirige preguntas al entrevistado según un esquema flexible y no estandarizado (guion de la entrevista). El entrevistado responde a las preguntas narrando su historia, su versión de los hechos, su punto de vista relacionado con el problema específico a tratar[66]. Una tipología de entrevista cualitativa flexible es la entrevista semi-estructurada, puesto que esta modalidad favorece la expresión del entrevistado. Al mismo tiempo concede amplia libertad al entrevistador que para abordar los temas relevantes de la investigación no está obligado a seguir un orden específico en la formulación de las preguntas[67].

En realidad, lo que está en juego en el testimonio es la naturaleza particular del efecto de realidad que produce. En virtud de su carácter de narrativa contada en primera persona a un interlocutor real,

---

63 Gartner, A. V., López, G. E. "El uso de testimonios en la enseñanza de la historia reciente: análisis de una experiencia", *Cambios y Permanencias*, vol. 11, nº 2, 2020, p. 1187.

64 Fuertes Muñoz, C., "Propuestas didácticas para la enseñanza de las Ciencias Sociales en la Educación Superior", *Ensayos: Revista de la Facultad de Educación de Albacete*, vol. 29, nº 2, 2014, p. 152.

65 Corbetta P., *Metodología y técnicas de investigación social*, McGrawhill, Madrid, 2003, pp. 343 a 373.

66 Serrano, A., Wong Fajardo, E.M., "La pedagogía de la memoria: el role play y la entrevista cualitativa en la enseñanza del Derecho Internacional Público. Una experiencia de innovación docente en las aulas universitarias peruanas", *Revista de educación y derecho*, nº 26, 2022, p. 6.

67 Olaz, A., *La entrevista en profundidad*, Septem ediciones, Oviedo, 2008, p. 26.

el testimonio interpela al lector de una manera en la que la ficción literaria, el periodismo en tercera persona o la obra etnográfica no lo hacen… se nos pregunta algo a través del testimonio. En este sentido, el testimonio podría considerarse una clase de acto de habla que determina demandas éticas y epistemológicas especiales[68].

Pero la introducción de tales testimonios deberá hacerse en todo caso con cuidado para evitar la evitar la victimidad como patología, es decir, la manipulación de las víctimas (mediante la adulación, la selección de los aspectos del discurso de las víctimas de mayor trascendencia política y más útiles en el establecimiento de la agenda setting) o el victimismo, entendido como la actitud en que incurre quien trata de sacar ventaja de su posición de víctima[69].

VI. METODOLOGÍA EDUCATIVA: LOS TESTIMONIOS DE LAS VÍCTIMAS EN LA EDUCACIÓN

1. El testimonio de las víctimas en las aulas escolares

En España el régimen de protección específico de las víctimas del terrorismo a nivel estatal se encuentra recogido en la Ley 29/2011, de 22 de septiembre, de Reconocimiento y Protección Integral a las Víctimas del Terrorismo[70] y entre los derechos reconocidos a estas víctimas se contienen los derechos relativos a la verdad, a la dignidad y a la memoria. El derecho a la memoria, frente al carácter objetivo de la verdad respecto de los hechos acaecidos, se enfoca hacia el reconocimiento de los hechos ocurridos a nivel social y se trata de un presupuesto esencial para hacer posible la convivencia, la paz y

---

68 Beverley, J., "Testimonio, subalternidad y autoridad narrativa", en Denzin, N.K., Lincoln, Y.S. (Coords.) *Manual de investigación cualitativa III. Las estrategias de investigación cualitativa,* Gedisa, Barcelona, 2013, p. 348.

69 Tamarit Sumalla, J.M., "Paradojas y patologías en la construcción social, política y jurídica de la victimidad", *InDret,* nº 1, 2013, pp. 17 a 19.

70 (BOE núm. 229, de 23 de septiembre); y en el Real Decreto 671/2013, de 6 de septiembre, por el que se aprueba el Reglamento de la Ley 29/2011, de 22 de septiembre, de Reconocimiento y Protección Integral a las Víctimas del Terrorismo (BOE núm. 224, de 18 de septiembre).

la libertad. La memoria incluirá un aspecto objetivo consistente en la narración de las injusticias que han padecido las víctimas en las actuaciones terroristas. Junto a él, el componente subjetivo hará referencia a las personas que lo hayan padecido ya sean fallecidos, los heridos, secuestrados, extorsionados, amenazados y sus familiares. Además del conocimiento sobre los hechos incorporará, finalmente, la alusión al componente político, pues el objetivo de las acciones era eliminar las libertades básicas del Estado democrático de derecho y el derecho de la ciudadanía a la convivencia integradora. La memoria y su significación política contribuirán a la deslegitimación del terrorismo en sus facetas ética, social y política[71].

En la Ley 29/2011 se contempla el deber de los poderes público de impulsar medidas activas para asegurar el recuerdo y el reconocimiento de las víctimas del terrorismo. Si bien, la actuación de los poderes públicos se encontrará en todo momento con una limitación específica, y es que se impone a los mismos en estos casos el máximo respeto y dignificación de las víctimas. Asimismo, en su art. 59 se reconoce el deber de las Administraciones educativas de impulsar planes y proyectos de educación para la libertad, la democracia y la paz. El objetivo de estos planes no será otro que el de garantizar el respeto de los derechos humanos y la defensa de la libertad dentro de los principios democráticos de convivencia. Y resulta reseñable el papel que se le tratará de otorgar a las víctimas del terrorismo en los mismos, puesto que se le procurará la presencia del testimonio directo de aquellas, con el fin de procurar que la ciudadanía tome una mayor conciencia del respeto de aquellos derechos y valores, al contar aquellos instrumentos con personas que sufrieron el menoscabo de aquellos derechos y valores. [72]

---

71 Company Alcañiz, M., "Reparación integral y políticas de protección de las víctimas del terrorismo", op. cit., p. 389.

72 Gutiérrez Pérez, M., "Protección de las víctimas en los procesos judiciales, reconocimientos y condecoraciones", en Tony D., Carrillo K. (Coords.); Sempere Navarro A.V. (Dir.) *Reconocimiento y protección integral a las víctimas del terrorismo: estudio de la normativa básica estatal y autonómica*, Eolas Ediciones, 2014, pp. 161 y 163.

El derecho a la memoria de las víctimas del terrorismo fundamentalmente ha tenido un desarrollo educativo bajo el impulso de la Dirección General de Apoyo a Víctimas del Terrorismo[73], implementando programas educativos que cuentan con familiares de las víctimas que trasmiten en las aulas escolares su historia de resiliencia, haciendo pedagogía de la memoria y siendo un referente moral para las nuevas generaciones.

Estas actividades se desarrollaron primero a través de la acción institucional de los gobiernos autonómicos de los territorios que sufrieron con mayor dureza la acción devastadora del terrorismo mediante programas experimentales que se pusieron en marcha en 2011 y posteriormente, a nivel estatal a través del proyecto educativo "Memoria y prevención del terrorismo en España"[74] la cual constituye una iniciativa conjunta de los Ministerios del Interior y de Educación y Formación Profesional, junto al Centro para la Memoria de las Víctimas del Terrorismo y la Fundación Víctimas del Terrorismo.

A través de dicha actuación las instituciones implicadas elaboraron siete unidades didácticas[75], que desarrollan los contenidos incluidos en los currículos educativos de Educación Secundaria Obligatoria y Bachillerato, referentes a la historia del terrorismo, el fomento de la consideración hacia las víctimas del terrorismo y el rechazo a la violencia terrorista, complementando el estudio en el aula de estos materiales con la introducción de testimonios directos de las vícti-

---

73 Creada en el art. 8 de la Ley 29/2011, de 22 de septiembre, de Reconocimiento y Protección Integral a las Víctimas del Terrorismo («BOE» núm. 229, de 23/09/2011) y modificada por el art. 13 del Real Decreto 734/2020, de 4 de agosto, por el que se desarrolla la estructura orgánica básica del Ministerio del Interior («BOE» núm. 211, de 05/08/2020).

74 https://www.interior.gob.es/opencms/pdf/servicios-al-ciudadano/ayudas-y-subvenciones/ayudas-a-victimas-de-actos-terroristas/unidades-didacticas-del-proyecto-educativo-memoria-y-prevencion-del-terrorismo/Folleto_testimonio_victimas_aulas.pdf.

75 Estos materiales didácticos tratan el tema del terrorismo desde las asignaturas "Geografía e Historia", "Historia del Mundo Contemporáneo", "Filosofía", "Psicología" y "Valores Éticos".

mas en las aulas y facilitando el diálogo con los alumnos[76]. De este modo la Administración ha venido adoptando una política inclusiva de los familiares de las víctimas, considerándolos como actores relevantes en el proceso de construcción de una memoria colectiva, que les permita superar la invisibilidad inmerecida que padecieron por décadas[77].

La presencia directa y activa de las víctimas en el ámbito educativo se ha defendido con base en la pedagogía narrativa (dado que la narración es la estrategia a través de la cual la víctima construye su identidad en cuanto tal víctima y la narración es, además, la estrategia a través de la cual la víctima comunica a los demás su identidad), preferentemente por las consecuencias positivas que tiene para los alumnos[78] y también para la propia sociedad en su conjunto, pues sus narraciones, su testimonio hablado y también vital ha de contribuir a configurar, no —o al menos, no sólo— una comunidad constituida exclusivamente de víctimas, sino una comunidad plural que las asuma en cuanto tales, enriqueciendo su propia identidad colectiva, en la que precisamente la oposición radical a la violencia terrorista y a

---

76 Un estudio sobre sus resultados puede consultarse en VVAA, "El impacto de la pedagogía de las víctimas en las aulas. Informe ejecutivo", Grupo de investigación Narrativa, violencia y memoria, Universidad de Navarra, 2024 (disponible en la siguiente dirección: https://www.interior.gob.es/opencms/pdf/servicios-al-ciudadano/ayudas-y-subvenciones/ayudas-a-victimas-de-actos-terroristas/Testimonio-de-victimas-en-las-aulas/Informe_Ejecutivo_Impacto_Pedagogia_Victimas_Aulas.pdf. Recuperado el 2 de mayo de 2025). En total desde el curso 2017/2018, más de 30.000 alumnos de ESO y Bachillerato han estudiado el fenómeno terrorista y escuchado a una víctima en el aula y un total de 53 víctimas del terrorismo han llevado su testimonio a las aulas.

77 Serrano, A., Wong Fajardo, E.M., "La pedagogía de la memoria: el role play y la entrevista cualitativa en la enseñanza del Derecho Internacional Público. Una experiencia de innovación docente en las aulas universitarias peruanas", *Revista de educación y derecho,* nº 26, 2022, p. 6.

78 Las razones que se suelen aducir pueden verse recogidas en Bilbao Alberdi, G., "Las víctimas del terrorismo en el ámbito de la educación: una presencia incómoda pero indispensable" en Dupla, A., Villanueva, J. (Coords.) *Con las víctimas del Terrorismo,* Gakoa, Donostia, 2010, pp. 102 y 103.

su injusticia y la solidaridad con sus damnificados se convierten en señas distintivas[79].

Siguiendo la línea estratégica de promover el testimonio de las víctimas del terrorismo como vía para contrarrestar la narrativa terrorista, la Radicalization Awareness Network (RAN), Red de la Comisión Europea contra la Radicalización Violenta, considera que en las víctimas del terrorismo son agentes que favorecen la prevención de la radicalización violenta. Por lo tanto, dar a conocer su experiencia de resiliencia a las nuevas generaciones puede ayudar a prevenir el extremismo violento y reforzar en los jóvenes los valores éticos de la democracia y del Estado de Derecho[80].

2. *El testimonio de las víctimas en el ámbito universitario: experiencias de innovación docente*

Diversas universidades españolas vienen desarrollando iniciativas de innovación docente en el ámbito de las víctimas del terrorismo, pero no de un modo tan integral como el que ahora se propone, directamente vinculado a la educación cívica, conciencia social y espíritu crítico que debe despertar el paso por las aulas universitarias, en sintonía con las enseñanzas que se están materializando en los currículos de la educación obligatoria[81].

---

79 Bilbao Alberdi, G., *op. cit.*, p. 103. Sobre las estrategias que pueden utilizarse para enriquecer este planteamiento educativo puede consultarse Pena Mardaras, C., Bermúdez Vélez, A., Sáez De La Fuente, I., Bilbao Alberdi, G., Prieto Mendaza, J., "Orientaciones y recursos para una enseñanza de la historia de Euskadi que contribuya a la deslegitimación de la violencia", *Cuadernos sobre Memoria, Educación Histórica y Construcción de Paz,* nº 3, Universidad de Deusto, 2020.

80 Radicalization Awareness Network, "Handbook: Voices of victims of terrorism", Europe Union, 2015, disponible en la siguiente dirección: https://ec.europa.eu/home-affairs/system/files/2020-09/ran_vvt_handbook_may_2016_en.pdf. Recuperado el 2 de mayo de 2025.

81 Vivancos Comes, M., "Ciudadanía activa por la memoria y justicia de las víctimas del terrorismo: una experiencia de innovación docente en el ámbito de la educación superior", *Docencia y Derecho,* nº 23, 2024, p. 81.

La Universidad de Deusto durante el curso 2019-2020, mediante su Centro de Ética Aplicada (CEA), que introdujo la asignatura "Ética Cívica y Profesional". Esta asignatura, diseñada en colaboración con el Consejo de la Juventud de Euskadi, permite a los estudiantes acceder directamente al testimonio de las víctimas, trasladando a la educación superior experiencias pedagógicas desarrolladas previamente en la enseñanza secundaria.

También la Universidad de Navarra en los grados de Periodismo y Comunicación Audiovisual en el curso 2021/2022 empezó a impartir la asignatura optativa "Narrativa, violencia y memoria" que partiendo del interrogante "¿cómo hacer conscientes a los estudiantes del impacto de la violencia en nuestra sociedad?" diseña una materia que tiene como objetivo promover la reflexión sobre las formas de violencia, casi todas ellas de motivación política, y su representación en nuestro mundo. El contenido de dicha asignatura se estructura en tres vectores: la reflexión sobre la violencia, los perpetradores y las víctimas; la configuración del relato de las víctimas, comenzando por lo que se conoce como literatura de los campos y abarcando otros fenómenos de violencia; y el acercamiento a la realidad de los estudiantes, poniendo el foco en acontecimientos temporal y geográficamente cercanos, como el terrorismo en Europa, la violencia en América Latina y otras formas de violencia[82].

En la Universidad del País Vasco, en la asignatura de "Didáctica de las Ciencias Sociales" ofertada en los Grados de Educación Infantil y Educación Primaria, así como en el Máster de Secundaria, desde hace varios cursos se viene realizando el programa Adi-adian[83], cuyos

---

82 Martínez Illán, A., Jiménez Ramos, M., Labiano Juangarcía, R., "La memoria como herramienta: formando a periodistas y comunicadores para afrontar la violencia", Comunicación presentada en el II Congreso Internacional de Historia con Memoria en la Educación, Universidad de Navarra, 2024, p. 1. (https://congresohistoriaconmemoriaenlaeducacion.org/wp-content/uploads/2024/09/antonio-martinez-maria-jimenez-roncesvalles-labiano-la-memoria-como-formacion-para-afornta-la-violencia.pdf. Recuperado el 2 de mayo de 2025).

83 La información sobre la propuesta puede encontrarse en el siguiente enlace del Gobierno Vasco: https://www.euskadi.eus/gobierno-vasco/-/modulo-adi-adian/

objetivos, entre otros, se dirigen a dar a conocer a los futuros docentes de Educación Infantil, Primaria y Secundaria la historia reciente del País Vasco en relación a la vulneración de Derechos Humanos de carácter político ocurridos durante las últimas décadas del siglo XX; trabajar la empatía y la empatía histórica a través de la formación en valores; e impulsar la mirada crítica de nuestra juventud en relación al pasado reciente, así como la puesta en valor de los Derechos Humanos como eje básico para la convivencia futura, contribuyendo a la formación de ciudadanos comprometidos y activos ante los problemas de su sociedad.

En el caso del programa "Adi-adian", se entiende el testimonio de las víctimas como pilar necesario para todo proceso de reconciliación. Se plantea cómo las víctimas de violencia posibilitan o encauzan la construcción de la memoria colectiva. Los testimonios de las víctimas y su punto de vista son básicos para la construcción de un diálogo empático y su mirada puede estimular procesos de reconciliación y desarrollar una concepción de la política que no se base en la violencia[84].

En concreto, en un estudio del año 2020 sobre la implementación del módulo en el Departamento de Didáctica de las Ciencias Sociales, se establece el desarrollo de una sesión de sensibilización y dos sesiones de escucha a víctimas de diversa índole, a las que el profesorado del departamento ha incorporado una sesión de reflexión. Además, algunos/as docentes han complementado la propuesta con la realización de un proyecto de investigación. Asimismo, en dicho estudio se destaca la importancia de incorporar el relato de las víctimas al aula, no solo por su valor informativo, sino por su impronta emocional. El impacto generado por los testimonios ha traído un creciente interés por conocer y comprender las circunstancias que se produjeron en el contexto narrado, llevando al alumnado hacia una identificación e implicación socio afectiva para con lo sucedido. En este sentido, reconocemos la importancia que las emociones desempeñan en la patrimonialización de los testimonios, los cuales

---

84 Bilbao Alberdi, G., Etxeberria Mauleón, X., *La presencia de las víctimas del terrorismo en la educación para la paz en el País Vasco,* Bakeaz, Bilbao, 2005, pp. 34 y ss.

son entendidos como vestigios de la memoria colectiva, transmisores del pasado y elementos simbólicos de la comunidad presente. Que el alumnado, tras haber escuchado a las víctimas, haya conversado sobre lo sucedido con sus allegados, pone de manifiesto el valor patrimonial de los testimonios, permitiendo al alumnado trascender lo aprendido en el aula a su vida diaria[85].

En este sentido, el trabajo doctoral de María Jiménez Ramos[86], reconocido con el Premio Antonio Beristain de investigación victimológica, demostró cómo el testimonio directo de las víctimas puede modificar las percepciones sociales sobre el terrorismo. Su estudio, basado en una muestra de 225 estudiantes universitarios de Navarra, utilizó la metodología de encuesta deliberativa para analizar los cambios de actitud generados por estas intervenciones. Asimismo, el proyecto "Formación docente para la educación en Ciencias Sociales y una Ciudadanía Democrática en una Sociedad Post-conflicto" (UPV/EHU,2023) evaluó el impacto de los testimonios en 160 estudiantes de magisterio, observando transformaciones significativas en sus opiniones tras la experiencia. De este modo, estas iniciativas representan un avance en la incorporación de la memoria histórica en la educación universitaria, destacando el papel del testimonio de las víctimas como herramienta pedagógica. Su impacto trasciende el aula, fomentando valores democráticos, reconciliación y una ciudadanía crítica y comprometida con los derechos humanos[87].

En el ámbito de la Universidad del País Vasco, debemos citar la dinámica "Eraikiz" propuesta por el gobierno vasco en colaboración con el Instituto Vasco de Criminología y cuya idea central gira en torno a la necesidad de promover grupos de discusión con víctimas del terrorismo, de forma continuada y sostenida para promover el doble

---

85 Aranguren-Juaristi, O., Apaolaza-Llorente, D., Echeberria Arquero, B., Vicent, N., "Testimonios de víctimas en el módulo educativo Adi-adian. Una mirada desde la didáctica de las ciencias sociales y la educación patrimonial", *Investigación en la Escuela*, nº 101, 2020, pp. 18 y 23.

86 Jiménez Ramos, M., *El valor del testimonio. Aportaciones de las víctimas de ETA al relato y a la sensibilización de la sociedad*, Tesis doctoral, Pamplona, 2018.

87 Vivancos Comes, M., "Ciudadanía activa por la memoria y justicia de las víctimas del terrorismo: una experiencia de innovación docente en el ámbito de la educación superior", *op. cit.*, p. 80.

objetivo de acercar a las víctimas entre sí y a las víctimas y a la sociedad pero minimizando la victimización secundaria y garantizando el bienestar de las víctimas.

Fruto de dicha colaboración se llevó a cabo un proyecto denominado "Impacto victimal y resiliencia: desarrollo de grupos de discusión con víctimas del terrorismo de las décadas de los setenta y ochenta"[88]. Dicha iniciativa pretendía la creación de espacios de encuentro entre víctimas del terrorismo y estudiantes universitarios con el fin de explorar el concepto de interpelación victimológica[89] como clave de prevención victimal.

La metodología utilizada en la misma adoptó un enfoque narrativo-visual dentro del marco de la Victimología crítica y utilizó herramientas videográficas como forma de plasmar la dinámica y parte de los resultados de la investigación victimológica de acción participativa. Y en el curso de dicho proyecto se incluyó la participación de estudiantes de la asignatura de Victimología del grado de Criminología previamente formados, además de contar con el apoyo de una o varias personas facilitadoras, y fijándose las normas o reglas de la

---

88 De La Cuesta Arzamendi, J.l., Varona Martínez, G. (Dirs.) *Impacto victimal, resiliencia e interpelación: encuentros entre víctimas del terrorismo y entre víctimas y estudiantes universitarios,* UPV-EHU, Bilbao, 2016, pp. 25 y 26. El proyecto tenía tres objetivos: 1) A través de grupos de discusión, creación de espacios de encuentro entre víctimas de terrorismo, con un esfuerzo especial por contactar con víctimas de las décadas de los setenta y ochenta. 2) A través de grupos de discusión y de un proyecto audiovisual, creación de espacios de encuentro entre víctimas del terrorismo y estudiantes universitarios con el fin de explorar el concepto de interpelación como clave de prevención victimal. 3) Recogida y valoración cualitativa de dichos encuentros, analizando las experiencias de victimización primaria y secundaria, así los factores de resiliencia o recuperación y las demandas que, en relación con sus derechos y expectativas, contemplan respecto de la sociedad y las instituciones.

89 Es decir, de las víctimas interpelando a los victimarios, a la sociedad, a los estudiantes, a los investigadores y a sí mismas), entendiendo como tal compeler o solicitar explicaciones y ello implica ir más allá de la empatía y la autocrítica y preguntarse cómo fue posible, dónde estábamos cada uno de nosotros y de qué tenemos que hacernos cargo.

conversación que estaban basadas en el respeto, la confidencialidad y la honestidad.

Los resultados de este proyecto ponían en evidencia que cada víctima podía tener necesidades diversas a lo largo de su trayectoria vital. En todo caso, existía un énfasis general en la necesidad de reconocimiento de las víctimas, sea por parte de la sociedad en general, de algunos grupos, de las instituciones o de su plasmación legal y ese reconocimiento, también en la forma de reparación simbólica, era una forma de justicia. Asimismo, quedó patente la necesidad de la prevención a través de la educación mediante los testimonios de las víctimas.

Finalmente, en este contexto, la Universitat de València ha lanzado un ambicioso Plan de Innovación Docente (PID) titulado "Ciudadanía activa por la Memoria y la Justicia: las víctimas del terrorismo en el aula universitaria" y desarrollado en la Facultad de Derecho de la Universitat de València[90]. Este programa busca agrupar acciones pioneras en España por su enfoque integral y amplitud, dirigidas inicialmente a grados y másteres en Derecho, con la intención de expandirse a otras disciplinas en el futuro. El Plan de Innovación Docente Emergente constituye una iniciativa académica interdisciplinaria que en su propuesta inicial abarca siete titulaciones[91] e involucra diversas disciplinas jurídicas, teniendo como eje central abordar la problemática de las víctimas del terrorismo desde una perspectiva jurídica integral. Esta estrategia incluye la participación de entidades no lucrativas y la incorporación de Tecnologías de la Información y la Comunicación (TIC) como herramientas pedagógicas, con el objetivo de promover una comprensión amplia de esta problemática[92].

---

90 Que ha sido reconocido como proyecto "emergente" dentro de la reciente convocatoria aprobada mediante la Resolución de 28 de abril de 2023, del Vicerrectorat de Formació Permanent, Transformació Docent i Ocupació de la Universitat de València.

91 Grados jurídicos de Derecho y Criminología, así como los Dobles Grados de ADE-Derecho, Derecho-Criminología y Derecho-Económicas, respectivamente. Además de su aplicación parcial a grados como Ciencias Políticas o, incluso, la doble titulación Derecho-Ciencias Políticas.

92 Los aspectos básicos de dicho plan pueden leerse en Vivancos Comes, M., "Los universitarios y la memoria de las víctimas del terrorismo. Una expe-

VII. PROPUESTA EDUCATIVA: LA INTRODUCCIÓN DE LOS TESTIMONIOS EN EL AMBITO DEL DERECHO PENAL Y LA CRIMINOLOGÍA

Partiendo de la configuración de la formación en valores como una competencia transversal que puede y debe ser introducida en los estudios universitarios a través de muchas asignaturas pertenecientes a diferentes titulaciones, es cierto que el ámbito de las ciencias jurídicas, y en especial del grado de Derecho en la medida de que éste tiene una especial conexión con la configuración del desarrollo de las competencias ciudadanas y la promoción del respecto a los Derechos Humanos, por lo que —dentro de las ciencias sociales— sería uno de los estudios universitarios más adecuados para su implementación.

A este respecto, el grado de Derecho tiene por objeto proporcionar una formación jurídica básica que comprende tanto los conocimientos teóricos sobre la legislación como las herramientas metodológicas necesarias para poder interpretarla y aplicarla. De esta manera, el objetivo último del grado es formar profesionales capaces de defender los derechos de los ciudadanos y las ciudadanas dentro de la sociedad a la que pertenecen, de acuerdo con el sistema legal establecido[93].

Dentro del mismo consideramos que destaca el ámbito del Derecho Penal por tener éste un papel fundamental en el mantenimiento del orden y la justicia en cualquier sociedad. Pues constituye la herramienta mediante la cual el Estado regula las conductas que afectan gravemente a la convivencia para los bienes jurídicos que la sociedad considera más importantes y establece sanciones para quienes las transgreden, y en evidente. Y, también sobresale —debido a su especial conexión con el anterior— el campo de la Criminología.

---

riencia de innovación docente en la Universitat de València", en Vivancos Comes, M, (Dir.) *Memoria de las víctimas del terrorismo y universidad: Actas I Congreso de Innovación Docente*, Tirant lo Blanch, Valencia, 2024, p. 38 y ss.

93 Ficha del grado de Criminología de la Universitat de València: https://www.uv.es/uvweb/futurs-estudiants/es/oferta-grados/grado-criminologia-1285852676035/Titulacio.html?id=1285847455660. Recuperado el 2 de mayo de 2025.

Así, los estudios universitarios de Criminología tienen como objetivo general la formación de profesionales que den respuesta a las necesidades sociales de seguridad y de prevención y control de la delincuencia, pero con las particularidades propias de una ciencia empírica y multidisciplinar[94]. De esta manera, el grado proporciona las herramientas teóricas y prácticas necesarias para analizar la realidad criminal desde una perspectiva interdisciplinar y al mismo tiempo integradora de diferentes campos de conocimiento (Derecho, Sociología, Psicología, etc.) —pero también de otras conductas relacionadas con el fenómeno delictivo—, como comportamiento individual y como hecho social, contribuyendo a la formulación de un diagnóstico global del fenómeno delictivo y antisocial[95].. Todo ello facilita los instrumentos para contribuir a la lucha contra el crimen desde el respeto al marco jurídico establecido y desde la confianza en las políticas sociales destinadas a prevenir la delincuencia y a minimizar sus efectos[96].

Y dentro de ambos ámbitos, teniendo en cuenta los respectivos contenidos, competencias y resultados de aprendizaje, de las asignaturas incluidos en sus respectivos planes de estudios de la Universitat de València, hemos destacado las siguientes asignaturas del grado de Derecho y grado en Criminología (así como en sus dobles grados) que consideramos más adecuadas para introducir actividades de testimonio de víctimas del terrorismo:

---

94 Ficha del grado de Derecho de la Universitat de València: https://www.uv.es/uvweb/futuros-estudiantes/ca/oferta-graus/grau-dret-1285852676035/Titulacio.html?id=1285847455682. Recuperado el 2 de mayo de 2025.

95 VVAA, "Desarrollo de guías docentes del área de conocimiento de derecho penal para el grado en criminología. especial referencia a los métodos docentes y de evaluación del aprendizaje", en Gómez Lucas, M.C., Grau Company, S. (Coords.) *Evaluación de los aprendizajes en el espacio europeo de educación superior*, Universidad de Alicante, Marfil, Alcoy, 2010.

96 Ficha del grado de Criminología de la Universitat de València: https://www.uv.es/uvweb/futuros-estudiantes/ca/oferta-graus/grau-criminologia-1285852676035/Titulacio.html?id=1285847455660. Recuperado el 2 de mayo de 2025.

1. En las asignaturas de Derecho Penal

La asignatura de "Derecho Penal I" tiene carácter de obligatoria y se imparte en el segundo Curso del Grado de Derecho y también en los dobles grados (Doble Grado en Titulación Administración y Dirección de Empresas y Derecho, Doble Grado en Derecho y Ciencias Políticas, y Doble Grado en Derecho y Criminología), y su carga lectiva es de 9 créditos ECTS (225 horas). Entre los contenidos de dicha materia se encuentra el estudio de los principios constitucionales que afectan al Derecho Penal y los límites al poder punitivo (el principio de legalidad; el principio de exclusiva protección de bienes jurídicos; el principio de intervención mínima y el carácter fragmentario y subsidiario del derecho penal; el principio de proporcionalidad; el principio de igualdad; el principio de culpabilidad; el principio de responsabilidad por el hecho; el principio de presunción de inocencia; el principio de humanidad de las penas; el principio de resocialización)[97].

Entre los resultados de aprendizaje del alumno y teniendo en cuenta las competencias generales como específicas de dicha asignatura, se encuentra la capacidad para utilizar los principios y valores constitucionales, el respeto a los derechos humanos, con especial atención a la igualdad entre hombres y mujeres, la sostenibilidad y la cultura de la paz, como herramientas de trabajo en la interpretación del ordenamiento jurídico (en relación con las competencias generales de conocer e interpretar los límites del poder punitivo y de aplicación de la ley penal e identificar los distintos elementos de la infracción penal). También la competencia consistente en la capacidad de adquirir una conciencia crítica en el análisis del ordenamiento jurídico y de desarrollar la dialéctica jurídica (en relación con las competencias generales de conocer e interpretar los límites del poder punitivo y de aplicación de la ley penal e identificar los

---

97 Guía Docente de la asignatura de "Derecho Penal I" del grado de Criminología de la Universitat de València año 2024-25: https://webges.uv.es/uvGuiaDocenteWeb/guia?APP=uvGuiaDocenteWeb&ACTION=MOSTRARGUIA.M&MODULO=35062&CURSOACAD=2025&IDIOMA=C. Recuperado el 2 de mayo de 2025.

distintos elementos de la infracción penal y conocer los elementos de cada delito en particular).

Asimismo, en el ámbito de las competencias generales instrumentales destaca la capacidad para buscar, localizar, analizar y seleccionar correctamente las distintas fuentes de información jurídica; y entre las competencias generales interpersonales, la capacidad para reconocer y valorar la diversidad y la multiculturalidad, la capacidad para desarrollar un razonamiento crítico. Finalmente, en el ámbito de las competencias generales sistémicas, se incluye la capacidad para adoptar una actitud sensible hacia temas de la realidad social, económica y medioambiental.

La asignatura de "Derecho Penal Político y de la Función Pública" es una materia optativa que se imparte en el cuarto curso del Grado de Derecho y tiene asignados 4'5 créditos ECTS. Esta asignatura optativa se enmarca en el ámbito de la denominada Parte Especial del Derecho penal (que tiene por objeto el estudio de las concretas figuras delictivas castigadas en los Libros II y III del vigente Código Penal), pero profundizando en el estudio de un grupo de delitos que se diferencian sustancialmente de las figuras delictivas que tradicionalmente son objeto de estudio en la asignatura troncal de Derecho penal II y que, por esta razón, tienen unas características comunes. Así, se centra —entre otros aspectos— en la protección penal otorgada al pacífico funcionamiento de Estado social y democrático de Derecho (protección del orden público), analizando los delitos de pertenencia a organizaciones o grupos criminales, delitos de pertenencia a organizaciones o grupos terroristas, delitos de terrorismo[98].

Entre las competencias de la asignatura se encuentran la capacidad para comprender el carácter unitario del ordenamiento jurídico y la necesaria visión interdisciplinaria de los problemas jurídicos; la capacidad para utilizar los principios y valores constitucionales, el respeto a los derechos humanos, con especial atención a la igual-

---

98 Guía Docente de la asignatura de "Derecho Penal Político y de la Función Pública" del grado de Criminología de la Universitat de València año 2024-25: https://webges.uv.es/uvGuiaDocenteWeb/guia?APP=uvGuiaDocenteWeb&ACTION=MOSTRARGUIA.M&MODULO=35248&IDIOMA=V&CURSOACAD=2025. Recuperado el 2 de mayo de 2025.

dad entre hombres y mujeres, la sostenibilidad y la cultura de la paz, como herramientas de trabajo en la interpretación del ordenamiento jurídico; la capacidad para el manejo de fuentes jurídicas (legales, jurisprudenciales y doctrinales); la capacidad de análisis de los problemas jurídicos y de síntesis en su planteamiento y resolución; y la capacidad de adquirir una conciencia crítica en el análisis del ordenamiento jurídico y de desarrollar la dialéctica jurídica.

Finalmente, entre los resultados de aprendizaje del alumno se enumeran la capacidad para conocer y entender el régimen penal aplicable a la función pública y a la defensa del estado y los valores constitucionales; la capacidad para interpretar y aplicar los delitos contra la constitución y el orden público; y la capacidad para aplicar los límites punitivos del Estado en la actividad profesional y distinguir las citadas infracciones penales.

2. *En las asignaturas de Criminología*

La atención a las víctimas tiene una atención primordial y específica a través de la asignatura de "Victimología", la cual se centra en el análisis de la figura de la víctima desde un punto de vista multidisciplinar (psicológico, sociológico, jurídico) y que abarca el estudio de las razones que pueden llevar a una persona a ser víctima y de la situación subsiguiente al hecho delictivo para la persona que lo ha sufrido —lo que implica, entre otras cuestiones, el examen de la compleja relación de la víctima con el sistema de justicia penal en sus facetas sustantiva, procesal y asistencial—, así como de las principales estrategias de prevención y de desvictimación[99].

Por ello, esta asignatura proporciona al alumno un panorama teórico y metodológico de los diversos aspectos de la victimización; esto supone estudiar el área de la victimología en su vertiente teórica, descriptiva, explicativa, predictiva, y de investigación, así como en la

---

99 Guía Docente de la asignatura de "Victimología" del grado de Criminología de la Universitat de València año 2024-25: https://webges.uv.es/uvGuiaDocenteWeb/guia?APP=uvGuiaDocenteWeb&ACTION=MOSTRARGUIA.M&MODULO=35070&IDIOMA=V&CURSOACAD=2025. Recuperado el 2 de mayo de 2025.

aplicación, evaluación, prevención, asesoramiento y/o tratamiento y seguimiento de la víctima en los más variados campos.

Fruto de lo anterior, entre las "competencias" que se deben trabajar en dicha asignatura se encuentran "saber atender las necesidades de la víctima, con especial referencia a las víctimas de violencia de género o los menores", "saber diseñar programas orientados a la prevención de la reincidencia y la victimización" o "ser capaz de analizar el delito, el delincuente y la víctima, y diseñar estrategias de prevención e intervención, desde el respeto a los derechos humanos, la igualdad entre hombres y mujeres, la paz, sostenibilidad, accesibilidad universal y diseño para todos y valores democráticos". Asimismo, entre los "resultados de aprendizaje" podemos destacar la necesidad de que los alumnos sepan "comprender la importancia del respeto a los derechos fundamentales de la víctima en el marco del sistema penal", "conocer y detectar los efectos o consecuencias del delito en las víctimas a nivel bio-psico-social-cultural con especial referencia al género" y "conseguir el manejo de las principales técnicas de evaluación, tratamiento e intervención en la victimización, conociendo las ventajas e inconvenientes".

La asignatura de "Delincuencia Organizada", es una asignatura optativa de 4º curso, que consta de 4.5 créditos ECTS, y afronta las modalidades organizadas de la fenomenología delictiva, tanto si se proyectan para la obtención de lucro o ventajas materiales (crimen organizado) como si se orientan para la consecución de fines políticos (terrorismo). En su contenido se incluye, entre otros aspectos, el terrorismo y extremismo violento, así como las vinculaciones entre la delincuencia organizada y el terrorismo[100].

Entre las competencias de la asignatura se encuentran el saber trasladar a un informe criminológico los datos psicológicos, sociales y jurídicos de relevancia criminológica; el saber diseñar programas orientados a la prevención de la reincidencia y la victimización; el ser

---

[100] Guía Docente de la asignatura de "Delincuencia Organizada" del grado de Criminología de la Universitat de València año 2024-25: https://webges.uv.es/uvGuiaDocenteWeb/guia?APP=uvGuiaDocenteWeb&ACTION=MOSTRARGUIA.M&MODULO=35085&IDIOMA=C&CURSOACAD=2025. Recuperado el 2 de mayo de 2025.

capaz de diseñar estrategias para resolver conflictos concretos en el contexto penal y criminológico; y el ser capaz de analizar el delito, el delincuente y la víctima, y diseñar estrategias de prevención e intervención, desde el respeto a los derechos humanos, la igualdad entre hombres y mujeres, la paz, sostenibilidad, accesibilidad universal y diseño para todos y valores democráticos.

Finalmente, entre los resultados de aprendizaje del alumno se enumeran el saber aplicar las tácticas de prevención de la ruptura social; el saber trabajar desde una perspectiva multicultural; y el ser capaz de identificar las consecuencias que la violencia tiene en las víctimas, tanto a nivel de su salud como en el ciclo de la violencia.

La asignatura de "Criminología I" es una asignatura de formación básica, correspondiente al primer curso del Grado en Criminología, con una carga estimada de 9 créditos ECTS. La asignatura implica un recorrido histórico-conceptual por las diferentes propuestas de marcos teóricos en la comprensión del fenómeno criminal y, por tanto, un estudio de diferentes paradigmas de comprensión del delito, delincuente, víctima y control social del comportamiento delictivo que servirá como herramienta de comprensión o como marco conceptual para muchos contenidos de los estudios del Grado. En su contenido se incluye, entre otros aspectos, la exposición crítica de diversas funciones atribuibles a la Criminología, con especial atención a la obtención y análisis de información, prevención del delito y reacción al delito. También se estudia la relevancia en la determinación de las conductas consideradas delictivas de la legitimidad democrática y mayorías, así como la importancia de la comunicación en democracia[101].

Entre las competencias de la asignatura se encuentran, el ser capaz de proporcionar una explicación analítica de la diversidad y desigualdad social, así como de sus consecuencias en relación con el hecho delictivo, la victimización y las respuestas ante el crimen y la

---

101 Guía Docente de la asignatura de "Criminología I" del grado de Criminología de la Universitat de València año 2024-25: https://webges.uv.es/uvGuiaDocenteWeb/guia?APP=uvGuiaDocenteWeb&ACTION=MOSTRARGUIA.M&MODULO=35052&CURSOACAD=2025&IDIOMA=C. Recuperado el 2 de mayo de 2025.

desviación; e identificar la influencia de los medios de control social en la delincuencia.

Finalmente, entre los resultados de aprendizaje del alumno se especifican el ser capaz de proporcionar una explicación analítica de la diversidad y desigualdad social, así como de sus consecuencias en relación con el hecho delictivo, la victimización y las respuestas ante el crimen y la desviación; el iniciarse en el diseño de programas preventivos orientados hacia el delincuente y la víctima; y el identificar la influencia de los medios de control social en la delincuencia.

La materia "Criminología II" es una asignatura obligatoria de 3º curso de los estudios de Grado de criminología y consta de 6 créditos ECTS. Esta asignatura estudia el fenómeno delictivo desde la disciplina científica de la psicología social. El interés está principalmente en comprender y analizar los fenómenos y procesos psicosociales implicados en las nuevas formas sociales de criminalidad, tales como la delincuencia organizada, entre otros fenómenos delictivos[102].

Entre las competencias de la asignatura se encuentran, el ser capaz de apreciar la complejidad y diversidad del fenómeno criminal; el tener una conciencia crítica frente a la realidad social y los problemas sociales respetando los principios de igualdad, derechos humanos, paz, accesibilidad universal, solidaridad y protección medioambiental, todo ello desde una perspectiva de género, el saber atender las necesidades de la víctima, con especial referencia a las víctimas de violencia de género o los menores; el saber identificar la diversidad y desigualdad social y sus consecuencias en relación con el hecho delictivo, la victimización y las respuestas ante el crimen y la desviación; y ser capaz de analizar el delito, el delincuente y la víctima, y diseñar estrategias de prevención e intervención, desde el respeto a los derechos humanos, la igualdad entre hombres y mujeres, la paz, sostenibilidad, accesibilidad universal y diseño para todos y valores democráticos.

---

[102] Guía Docente de la asignatura de "Criminología II" del grado de Criminología de la Universitat de València año 2024-25: https://webges.uv.es/uvGuiaDocenteWeb/guia?APP=uvGuiaDocenteWeb&ACTION=MOSTRARGUIA.M&MODULO=35071&CURSOACAD=2024&IDIOMA=C. Recuperado el 2 de mayo de 2025.

Finalmente, entre los resultados de aprendizaje del alumno se especifican el ser capaz de analizar la fenomenología de los delitos desde una perspectiva criminológica: agresor, víctima, contexto social y medioambiental.

3. *Objetivo, evaluación y conexión con los ODS*

El objetivo de esta propuesta de innovación docente es adaptar las citadas asignaturas a una metodología de aprendizaje basada en el análisis crítico de las cuestiones penales y criminológicas. Mejorando la comprensión de los conceptos abordados en la asignatura y ver su aplicación práctica en la realidad, mejorando, en definitiva, la calidad de la docencia de la asignatura. También, incentivar el espíritu crítico del alumnado en relación a los acontecimientos sociales relacionados con el panorama jurídico-político-social para que, a su vez, el/la alumno/a conozca mejor la realidad en la que vive. En último lugar nos proponemos fomentar el interés de los alumnos y alumnas en aquellos aspectos penales de relevancia político criminal.

Las actividades prácticas de utilización de los testimonios de las víctimas en estas asignaturas pueden introducirse de forma directa mediante la técnica cualitativa flexible de la entrevista semi-estructurada, puesto que esta modalidad favorece a la vez, la expresión del entrevistado y del entrevistador para abordar los temas relevantes de la investigación; o de forma indirecta mediante el análisis de autobiografías y declaraciones efectuadas por las víctimas.

Para ello es necesario que la participación voluntaria e informada de la víctima a través del relato o la conversación deba seguir unas fases preestablecidas y contar con el apoyo de una o varias personas facilitadoras. Asimismo, deben fijarse las normas o reglas de la conversación que deben estar basadas en el respeto, la confidencialidad y la honestidad[103].

---

[103] Varona Martínez, G. (Dir.) "Caminando restaurativamente: pasos para diseñar proyectos transformadores alrededor de la justicia penal", op. cit., p. 27.

Las actividades que supongan la utilización de los testimonios de las víctimas se pueden configurar como créditos prácticos y evaluarse dentro de la nota correspondiente a la evaluación continua de la asignatura.

Por otra parte, no puede olvidarse que el 25 de septiembre de 2015, la Asamblea General de las Naciones Unidas adoptó la Agenda 2030 para el Desarrollo Sostenible (ONU, 2015) estableciendo los 17 Objetivos de Desarrollo Sostenible (ODS). Los ODS universales, transformadores e inclusivos, describen los principales desafíos de desarrollo para la humanidad. Hacen referencia a una serie de necesidades sociales, que incluyen educación, salud, protección social y oportunidades laborales, y a la vez el cambio climático y la protección del medio ambiente[104].

La educación es la prioridad principal de la UNESCO porque es un derecho humano esencial y es la base para consolidar la paz e impulsar el desarrollo sostenible[105]. Por ello el ODS 4 se ha propuesto "garantizar una educación inclusiva, equitativa y de calidad y promover oportunidades de aprendizaje durante toda la vida para todos". El objetivo es para en 2030, garantizar que todos los alumnos adquieran los conocimientos teóricos y prácticos necesarios para promover el desarrollo sostenible, entre otras cosas mediante la educación para el desarrollo sostenible y la adopción de estilos de vida sostenibles, los derechos humanos, la igualdad de género, la promoción de una cultura de paz y no violencia, la ciudadanía mundial y la valoración de la diversidad cultural y de la contribución de la cultura al desarrollo sostenible, entre otros medios.

---

104 La finalidad de los 17 ODS es garantizar una vida sostenible, pacífica, próspera y justa en la tierra para todos, ahora y en el futuro. Los objetivos abordan desafíos mundiales cruciales para la supervivencia de la humanidad; fijan los límites ambientales y los umbrales críticos para el uso de recursos naturales; y reconocen que la erradicación de la pobreza debe ir a la par de estrategias que fomenten el desarrollo económico.

105 El documento de la UNESCO "Educación para los Objetivos de Desarrollo Sostenible: Objetivos de aprendizaje" puede obtenerse en la dirección https://unesdoc.unesco.org/ark:/48223/pf0000252423. Recuperado el 2 de mayo de 2025.

Con base en los fundamentos previamente expuestos se plantea una propuesta educativa que pretende incorporar además del ODS 4, el 10 (reducir las desigualdades)[106] y 16 (paz, justicia e instituciones sólidas)[107] mediante actividades prácticas en el contenido del programa de las referidas asignaturas. Su conexión con los ODS señalados anteriormente viene recogida de forma expresa como una competencia en las guías docente de las asignaturas jurídicas consistente en "la capacidad para utilizar los principios y valores constitucionales, el respeto a los derechos humanos, con especial atención a la igualdad entre hombres y mujeres, la sostenibilidad y la cultura de la paz, como herramientas de trabajo en la interpretación del ordenamiento jurídico". Asimismo, en el caso de las asignaturas criminológicas, viene incluida explícitamente *al* contemplarse entre las competencias a adquirir por el alumnado la de tener "conciencia crítica frente a la realidad social y los problemas sociales respetando los principios de igualdad, derechos humanos, paz, accesibilidad universal, solidaridad y protección medioambiental".

---

106 La desigualdad por razón de ingresos, sexo, edad, discapacidad, orientación sexual, raza, clase, etnia, religión, así como la desigualdad de oportunidades, sigue persistiendo en todo el mundo. La desigualdad amenaza el desarrollo social y económico a largo plazo, frena la reducción de la pobreza y destruye el sentido de realización y autoestima de las personas. Esto, a su vez, puede resultar en delincuencia, enfermedades y degradación ambiental. Es imposible lograr un desarrollo sostenible y mejorar el planeta si se priva a la gente de la oportunidad de tener una vida mejor (https://www.un.org/sustainabledevelopment/es/inequality/. Recuperado el 2 de mayo de 2025).

107 Los altos niveles de violencia armada e inseguridad tienen consecuencias destructivas para el desarrollo de un país. La violencia sexual, los delitos, la explotación y la tortura son fenómenos generalizados donde existen conflictos o no hay Estado de derecho. Los gobiernos, la sociedad civil y las comunidades deben colaborar para encontrar soluciones duraderas a los conflictos y al clima de inseguridad. El fortalecimiento del Estado de derecho y la promoción de los derechos humanos es fundamental en este proceso, así como la reducción del tráfico de armas ilícitas, la lucha contra la corrupción y el fomento de una participación inclusiva (https://www.un.org/sustainabledevelopment/es/peace-justice/. Recuperado el 2 de mayo de 2025).

Con esta experiencia se pretende implantar técnicas que permitan al alumnado implicarse más en el desarrollo de su propio proceso de aprendizaje, lo que sin duda supone un reto actualmente para la educación universitaria. Pero al mismo tiempo se pretendía implementar de forma transversal en el programa de la asignatura los ODS mencionados anteriormente de una forma eminentemente práctica, que permitiera al alumnado identificar cuál puede ser la labor del profesional, del Derecho y de la Criminología respectivamente, en esta materia. Pues se entiende que en el caso de los Grados de Derecho y Criminología (y dobles grados) resulta fundamental realizar actividades que permitan al alumnado identificar la aplicabilidad de los contenidos teóricos que se abordan en clase.

VIII. CONCLUSIONES

El EEES, al reformular la metodología docente para basarse en el aprendizaje del estudiante, establece que la evaluación sea continua o progresiva y que se realice una valoración integral que mida la asimilación de conocimientos y el desarrollo de competencias por parte de los estudiantes.

A fin de que los/as estudiantes se interesen activamente y participen en el estudio de una asignatura, es necesario facilitarles el desarrollo de procesos de reflexión, potenciar el análisis y conocimiento del contexto social y político en el que desarrollarán su profesión, así como formarlos/as para analizar, debatir y cuestionar la propia práctica de aprendizaje. Esto requiere de parte de los docentes una reflexión sobre qué metodologías de enseñanza y aprendizaje se deben y pueden utilizar en contextos prácticos del aula que lleven a que los estudiantes alcancen todas las competencias definidas en el currículo.

En la actualidad, junto con la enseñanza teórica tenemos la enseñanza práctica se dirige a facilitar la adquisición de destrezas y procedimientos relevantes de la asignatura; aprender a utilizar el método científico en el área de conocimiento, entrenar en la resolución de problemas y/o desarrollar actitudes profesionales específicas.

En este sentido se ha manifestado la conveniencia de que los profesores universitarios de ciencias sociales lleven a cabo una enseñanza basada en el uso didáctico de las fuentes y el desarrollo de actividades variadas, dinámicas y participativas, para vencer los problemas relacionados con la teorización y la abstracción, generando un mayor interés y comprensión del alumnado, un aprendizaje más significativo de la materia y el desarrollo de habilidades reflexivas y de investigación.

Así surgió el convencimiento de que la enseñanza de las Ciencias Sociales debe estar orientada a la comprensión de la realidad social y sus problemas, a formar el pensamiento social para gestionar la complejidad de esta realidad, y a favorecer la participación para la construcción de la democracia y la mejora de la convivencia.

Es una realidad que no nacemos siendo buenos ciudadanos, ni tampoco basta con estar en una sociedad democrática para llegar a ser verdaderos demócratas; nos hacemos ciudadanos de una democracia en buena parte gracias a la educación. Sin embargo, la formación en valores constituye un problema pedagógico complejo. Para lograrlo se establecen ciertas competencias ciudadanas que implican facilitar la comprensión de la propia realidad social, la cooperación, la convivencia y la participación activa y responsable en la construcción de una sociedad ética y democrática. Las competencias ciudadanas, por tanto, permiten que los ciudadanos respeten y defiendan los derechos humanos, contribuyan activamente a la convivencia pacífica, participen responsable y constructivamente en los procesos democráticos y respeten y valoren la pluralidad y las diferencias, tanto en su entorno cercano (familia, amigos, aula, institución escolar), como en su comunidad, país o a nivel global.

Dentro de los actos delictivos, el terrorismo constituye un fenómeno de gran trascendencia y relevancia en la época actual pues los actos terroristas suponen una de las violaciones más graves de los valores universales de la dignidad humana, la libertad, la igualdad y la solidaridad, y el disfrute de los derechos humanos y de las libertades fundamentales.

En la actualidad, se considera que las víctimas en sociedades postviolencia en las que están implicados perpetradores diversos, pueden realizar un papel muy productivo en la educación cívica si les ofrecemos la oportunidad de participar como educadoras. Así, los testimonios de los actores directos constituyen un potente recurso, pues contextualizados, ofrecen un tipo de información que difícilmente se halla en otras fuentes, porque los relatos en primera persona suelen ofrecer imágenes de escenas o situaciones relativas a la experiencia cotidiana que resultan significativas para el alumnado y, constituyen un material para la construcción de conceptos.

Experiencias concretas de uso de testimonios, han constatado que estas permiten abordar más profundamente los contenidos a enseñar, así como obtener un mayor compromiso del alumnado para con su propio aprendizaje; la escucha de testimonios, permite establecer diferencias y similitudes entre los relatos escuchados de estas personas y las suyas propias.

En España el derecho a la memoria de las víctimas del terrorismo fundamentalmente ha tenido un desarrollo educativo bajo el impulso de la Administración, implementando programas educativos que cuentan con familiares de las víctimas que trasmiten en las aulas escolares su historia de resiliencia, haciendo pedagogía de la memoria y siendo un referente moral para las nuevas generaciones. Tales actuaciones se han llevado a cabo primero desplegando los contenidos incluidos en los currículos educativos de Educación Secundaria Obligatoria y Bachillerato, y después a través del impulso por parte de diversas universidades de iniciativas de innovación docente en el ámbito de las víctimas del terrorismo.

El testimonio de las víctimas pretende garantizar el respeto y el afianzamiento de los derechos humanos y la defensa de la libertad que se incluyen dentro de los principios democráticos de convivencia pues el relato es el reflejo precisamente de la vulneración de los mismos. De hecho, el relato contado por supervivientes o allegados que hayan vivido en un clima de silencio o miedo propio de las victimizaciones terroristas, consiste en la construcción reflexiva de la vivencia del sobreviviente.

Partiendo de la configuración de la formación en valores como una competencia transversal, es cierto que el ámbito de las ciencias jurídicas, y en especial del grado de Derecho en la medida de que éste tiene una especial conexión con la configuración del desarrollo de las competencias ciudadanas y la promoción del respecto a los derechos humanos, por lo que —dentro de las ciencias sociales— constituye uno de los estudios universitarios más adecuados para su implementación.

Dentro del mismo consideramos que destaca el ámbito del Derecho Penal por tener éste un papel fundamental en el mantenimiento del orden y la justicia en cualquier sociedad. Pues constituye la herramienta mediante la cual el Estado regula las conductas que afectan gravemente a la convivencia para los bienes jurídicos que la sociedad considera más importantes y establece sanciones para quienes las transgreden.

Y en especial conexión con el anterior, también destaca el campo de la Criminología. En este sentido, los estudios universitarios de Criminología tienen como objetivo general la formación de profesionales que den respuesta a las necesidades sociales de seguridad y de prevención y control de la delincuencia, pero con las particularidades propias de una ciencia empírica y multidisciplinar

Por ello nuestra propuesta educativa se circunscribe a dichos ámbitos, dentro de los cuales, teniendo en cuenta los respectivos contenidos, competencias y resultados de aprendizaje, de las asignaturas incluidos en sus respectivos planes de estudios de la Universitat de València, hemos destacado como más adecuadas para introducir actividades de testimonio de víctimas del terrorismo, las siguientes asignaturas: “Derecho Penal I”, “Derecho Penal Político y de la Función Pública”, “Victimología”, “Delincuencia Organizada”, “Criminología I” y “Criminología II”.

Los testimonios de las víctimas en estas asignaturas pueden introducirse, preferiblemente, de modo directo mediante la técnica cualitativa flexible de la entrevista semi-estructurada, puesto que esta modalidad favorece a la vez, la expresión del entrevistado y del entrevistador para abordar los temas relevantes de la investigación. Aunque también cabría su inserción a través del análisis de autobiografías y declaraciones previas efectuadas por las víctimas.

Pero, en cualquier caso, es necesario que la participación voluntaria e informada de la víctima a través del relato o la conversación deba seguir unas fases preestablecidas y contar con el apoyo de una o varias personas facilitadoras. Asimismo, deben fijarse las normas o reglas de la conversación que deben estar basadas en el respeto, la confidencialidad y la honestidad

En este sentido, sería adecuado introducir sus testimonios mediante el desarrollo de actividades prácticas en su seno. Asimismo, estas actividades prácticas se pueden configurar como créditos prácticos y podrían evaluarse dentro de la nota correspondiente a la evaluación continua de la respectiva asignatura.

En definitiva, el objetivo de esta propuesta de innovación docente es adaptar las citadas asignaturas a una metodología de aprendizaje basada en el análisis crítico de las cuestiones penales y criminológicas. Mejorando la comprensión de los conceptos abordados en la asignatura y ver su aplicación práctica en la realidad, mejorando, en definitiva, la calidad de la docencia de la asignatura. También, incentivar el espíritu crítico del alumnado en relación a los acontecimientos sociales relacionados con el panorama jurídico-político-social para que, a su vez, el/la alumno/a conozca mejor la realidad en la que vive. En último lugar nos proponemos fomentar el interés de los alumnos y alumnas en aquellos aspectos penales de relevancia político criminal y su conexión con los contenidos del ODS 4.

IX. BIBLIOGRAFÍA

Abel Souto, M., "Metodologías docentes activas en derecho penal y puesta a disposición de recursos de aprendizaje que faciliten el trabajo autónomo", *R.E.D.S.*, nº 3, Septiembre-Diciembre 2013, pp. 20-39.

Albás Ibeas, L., Vicent, N., Ibáñez Etxeberria, A., Gillate Aierdi, I., "Víctimas Educadoras y su Incidencia en Formación del Profesorado del País Vasco", *Revista internacional de educación para la justicia social (RIEJS)*, vol. 13, nº 2, 2024, pp. 227-253.

Andrés Zambrana, L., Manzano Arrondo, V., "¿Hacia dónde camina la Universidad? Reflexiones acerca del EEES", *RIFOP: Revista interuniversitaria de formación del profesorado,* nº 51, 2004, pp. 269-276.

Aranguren-Juaristi, O., Apaolaza-Llorente, D., Echeberria Arquero, B., Vicent, N., "Testimonios de víctimas en el módulo educativo Adi-adian.

Una mirada desde la didáctica de las ciencias sociales y la educación patrimonial", *Investigación en la Escuela*, nº 101, 2020, pp. 15-24.

Baixauli Fernández, A, "La introducción en el grado de Criminología del relato de las víctimas de los delitos de terrorismo a través de la Victimología", en Vivancos Comes, M, (Dir.) *Memoria de las víctimas del terrorismo y universidad: Actas I Congreso de Innovación Docente*, Tirant lo Blanch, Valencia, 2024, pp. 115-146.

Baixauli Fernández, A, "La reparación de las víctimas del terrorismo en el ámbito universitario a través de prácticas de justicia restaurativa basadas en el testimonio y el diálogo en las víctimas", *ReCRIM: Revista de l'Institut Universitari d'Investigació en Criminologia i Ciències Penals de la UV*, nº 32, 2024, pp. 114-153.

Becerra Valdivia, K., "Aprendizaje-Servicio: desarrollo de habilidades valóricas en competencias ciudadanas para los Derechos Humanos en estudiantes de Derecho", *Revista de Educación y Derecho*, Abril-Septiembre 2018, nº 17, pp. 1-22.

Beverley, J., "Testimonio, subalternidad y autoridad narrativa", en Denzin, N.K., Lincoln, Y.S. (coords.) *Manual de investigación cualitativa III. Las estrategias de investigación cualitativa*, Gedisa, Barcelona, 2013, pp. 343-360.

Bilbao Alberdi, G., Etxeberria Mauleón, X., *La presencia de las víctimas del terrorismo en la educación para la paz en el País Vasco*, Bakeaz, Bilbao, 2005.

Bilbao Alberdi, G., "Las víctimas del terrorismo en el ámbito de la educación: una presencia incómoda pero indispensable" en Dupla, A., Villanueva, J. (Coords.) *Con las víctimas del Terrorismo*, Gakoa, Donostia, 2010.

Boza Moreno, E., "Haciendo política criminal: debates y propuestas sobre cuestiones jurídico-penales", en Llorente Cejudo, MC., Raquel Barragán Sánchez, R., Pérez Rodríguez, N., Martin Párraga, L. (Coords.) *Enseñanza e innovación educativa en el ámbito universitario*, Dykinson, Madrid, 2024, pp. 286-293.

Canal, M., Costa, D., Santisteban, A., "El alumnado ante problemas sociales relevantes: ¿Cómo los interpreta? ¿Cómo piensa la participación?", en De Alba Fernández, N., García-Pérez, F.F., Santisteban Fernández, A. (Eds.) *Educar para la participación ciudadana en la enseñanza de las Ciencias Sociales*, Díada, Sevilla, 2012, pp. 527-536.

Capó Parrilla, J., Oliver Rullán, X., Sard Bauzà, M., "Evaluando la evaluación continua", *@tic. revista d'innovació educativa*, nº 10, Enero-Junio 2013, pp. 33-43.

Carnovale, V., Larramendy, A., "Enseñar la historia reciente en la escuela: problemas y aportes para su abordaje", en Siede I. A. (Coord.), *Ciencias sociales en la escuela. Criterios y propuestas para la enseñanza,* Aique Educación, 2010, pp. 239-267.

Casado Patricio, E., "El informe criminológico como metodología de innovación docente", en Canino Rodríguez, J.M., Alonso Hernández, J.B., Pérez Suárez, S.T., Sánchez Rodríguez, D.C., Travieso González, C.M., Ravelo García, A.G. (Eds.) *Libro de Actas de las VII Jornadas Iberoamericanas de Innovación Educativa en el Ámbito de las TIC y las TAC, Las Palmas de Gran Canaria, 19 y 20 de noviembre de 2020,* Aplicaciones Tecnológicas para la Enseñanza de las TIC (ATETIC), Universidad de Las Palmas de Gran Canaria, 2020, pp. 151-154.

Company Alcañiz, M., *Reparación integral y políticas de protección de las víctimas del terrorismo,* Tesis doctoral, Valencia, 2017.

Company Alcañiz, M., "Un enfoque criminológico del derecho a la memoria de las víctimas del terrorismo", en Silva Junior, D., Martínez-Zaporta Arechaga, E. y Moura de Aeaujo, D. (Dirs.) *Human rights and universal legal,* Autografía, Barcelona, 2017

Corbetta P., *Metodología y técnicas de investigación social,* McGrawhill, Madrid, 2003.

De la Cuesta Arzamendi, J.l., Varona Martínez, G. (Dirs.) *Impacto victimal, resiliencia e interpelación: encuentros entre víctimas del terrorismo y entre víctimas y estudiantes universitarios,* UPV-EHU, Bilbao, 2016.

De Miguel Díaz, M., *Metodologías de Enseñanza y Aprendizaje para el Desarrollo de Competencias,* Alianza Editorial, Madrid, 2009.

Delgado, A.M. y Oliver Cuello, R., (2006) "La evaluación continua en un nuevo escenario docente", *Revista de Universidad y Sociedad del Conocimiento,* vol. 3, nº 1, Abril 2006, pp. 1-13.

Etxeberria Mauleon, X., "La participación de las víctimas en la educación cívica en situaciones de transición socio-política de la violencia a la paz", *Quaestiones Disputatae - Temas en debate,* vol. 11, nº 23, 2018, pp. 189-217.

Fernández Buján, A., "Clasicidad y utilidad del estudio del Derecho Romano", *Boletín del Ilustre Colegio de Abogados de Madrid,* nº 6, noviembre 1987, pp. 49-57.

Fernández Marrero, A., *Impacto psicológico del terrorismo y su atención en salud mental desde la perspectiva de los Derechos Humanos,* Diego Marín, Murcia, 2021.

Fuertes Muñoz, C., "Propuestas didácticas para la enseñanza de las Ciencias Sociales en la Educación Superior", *Ensayos: Revista de la Facultad de Educación de Albacete,* vol. 29, nº 2, 2014, pp. 141-157.

Gartner, A. V., López, G. E. "El uso de testimonios en la enseñanza de la historia reciente: análisis de una experiencia", *Cambios y Permanencias*, vol. 11, nº 2, 2020, pp. 1173-1190.

Gómez Sepúlveda, D. M. "Voces que narran el pasado reciente: La enseñanza de la memoria y la historia desde una experiencia docente en básica primaria", *Historia y Memoria*, nº 17, Julio-Diciembre 2018, pp. 51-89.

González García, F.m., Ibáñez, F. C., Casalí, J., *Una aportación a la mejora de la calidad de la docencia universitaria: los mapas conceptuales*, Universidad Pública de Navarra, Pamplona, 2000.

González Maura, V., "La educación de valores en el curriculum universitario. Un enfoque psicopedagógico para su estudio", *Revista cubana de educación superior*, vol. 14, nº 1, 2000, pp. 74-82.

Gutiérrez Pérez, M., "Protección de las víctimas en los procesos judiciales, reconocimientos y condecoraciones", en Tony D., Carrillo K. (Coords.); Sempere Navarro A.V. (Dir.) *Reconocimiento y protección integral a las víctimas del terrorismo: estudio de la normativa básica estatal y autonómica*, Eolas Ediciones, León, 2014.

Ibarra Sáiz, M.s., Rodríguez Gómez, G., "Aproximación al discurso dominante sobre la evaluación del aprendizaje en la universidad. *Revista de Educación*, nº 351, Enero-Abril 2010, pp. 385-407.

Jiménez Ramos, M., *El valor del testimonio. Aportaciones de las víctimas de ETA al relato y a la sensibilización de la sociedad*, Tesis doctoral, Pamplona, 2018.

López Facal, R., Santidrián, V.M., "Los «conflictos sociales candentes» en el aula", *Iber: Didáctica de las ciencias sociales, geografía e historia*, nº 69, 2011, pp. 8-20.

Magendzo-Kolstrein, A., Toledo-Jofré, M. I., "Educación en derechos humanos: Estrategia pedagógica-didáctica centrada en la controversia", *Revista electrónica EDUCARE*, vol. 19, Septiembre-Diciembre 2015, pp. 1-16.

Martí, J.a., Heydrich, M., Rojas, M., Hernández, A., "Aprendizaje basado en proyectos: una experiencia de innovación docente", *Revista Universidad EAFIT*, vol. 46, nº 158, 2010, pp. 11-21.

Martín Aragón, M.M., "Innovación docente y ODS en Criminología", en Llorente Cejudo, MC., Raquel Barragán Sánchez, R., Pérez Rodríguez, N., Martin Párraga, L., (Coords.) *Enseñanza e innovación educativa en el ámbito universitario*, Dykinson, Madrid, 2024, pp. 1147-1155.

Martínez Illán, A., Jiménez Ramos, M., Labiano Juangarcía, R., "La memoria como herramienta: formando a periodistas y comunicadores para afrontar la violencia", Comunicación presentada en el II Congreso Internacional de Historia con Memoria en la Educación, Universidad de Navarra,

2024. (https://congresohistoriaconmemoriaenlaeducacion.org/wp-content/uploads/2024/09/antonio-martinez-maria-jimenez-roncesvalles-labiano-la-memoria-como-formacion-para-aforntar-la-violencia.pdf. Recuperado el 2 de mayo de 2025)

Medina Moya, J., *Enseñanza y Aprendizaje en la Educación Superior*, Síntesis, Madrid, 2013.

Morillas Cueva, L., "La adaptación del sistema universitario español al EEES. El Grado en Derecho y el Derecho penal", en Morillas Fernández, D.L. (Dir.) y Rodríguez Ferrández, S. (Coord.) *Innovación docente y Derecho Penal*, EditUM, Murcia, 2013, pp. 11-44.

Morillas Fernández, D. L., Patró Hernández, R.M. y Aguilar Carceles, M.M., *Victimología: un estudio sobre la víctima y los procesos de victimización*, 2ª edición, Dykinson, Madrid, 2014.

Ochman, M., Cantú Escalante, J., "Sistematización y evaluación de las competencias ciudadanas para sociedades democráticas", *Revista Mexicana de Investigación Educativa*, vol. 18, nº 56, 2013, pp. 63-89.

OLAZ, A., *La entrevista en profundidad*, Septem ediciones, Oviedo, 2008.

Ortega Valencia P., Merchán Díaz J., Vélez Villafañe G., "Enseñanza de la historia reciente y pedagogía de la memoria: emergencias de un debate necesario", *Pedagogía y saberes*, nº 40, 2014, pp. 59-70.

Parra Ortiz, J. M. "La educación en valores y su práctica en el aula", Tendencias pedagógicas, nº 8, 2003, pp. 69-88.

Pena Mardaras, C., Bermúdez Vélez, A., Sáez de la Fuente, I., Bilbao Alberdi, G., Prieto Mendaza, J., "Orientaciones y recursos para una enseñanza de la historia de Euskadi que contribuya a la deslegitimación de la violencia", *Cuadernos sobre Memoria, Educación Histórica y Construcción de Paz*, nº 3, Universidad de Deusto, 2020.

Pineda-Alfonso, J.A., "Educar para la ciudadanía trabajando con temas controvertidos en Educación Secundaria Obligatoria", *Revista de Investigación Educativa*, nº 33, 2015, pp. 353-367.

Plaza-Díaz, F. A., "Historia reciente y enseñanza del conflicto armado reciente y actual de Colombia en colegios y universidades del país", *Revista Latinoamericana de Estudios Educativos*, vol. 13, nº 1, 2017, pp. 179-200.

Puij Rovira, J., Gijón Casares, M., Martín García, X., Rubio Serrano, L., "Aprendizaje-Servicio y educación para la ciudadanía", *Revista de Educación*, nº extraordinario 2011, pp. 45-67.

Ríos Corbacho, J.M., "Innovación docente del Derecho Penal de la empresa a través de técnicas colaborativas y entornos virtuales de aprendizaje en el EEES", *REJIE: Revista Jurídica de Investigación e Innovación Educativa*, nº 3, Enero 2011, pp. 67-80.

Rodríguez Fernández, S., Fernández Castejón, E. B., "El modelo de la enseñanza-aprendizaje del Derecho Penal", *Revista De Educación y Derecho*, nº 13, 2016, pp. 1-22.

Salazar Torre, R., "Vulneraciones y alteraciones de la convivencia en Euskadi y la contribución de las víctimas a la reconstrucción del tejido social" en Varona Martínez, G. (Coord.) *Victimología: en busca de un enfoque integrador para repensar la intervención con víctimas*, Aranzadi, Navarra, 2018.

Santisteban Fernández, A., "La enseñanza de las Ciencias Sociales a partir de problemas sociales o temas controvertidos: estado de la cuestión y resultados de una investigación", *El Futuro del Pasado: revista electrónica de historia*, nº 10, 2019, pp. 57-79.

Serrano, A., Wong Fajardo, E.M., "La pedagogía de la memoria: el role play y la entrevista cualitativa en la enseñanza del Derecho Internacional Público. Una experiencia de innovación docente en las aulas universitarias peruanas", *Revista de educación y derecho*, nº 26, 2022, pp. 1-25.

Uribe García, J.A., "El testimonio de las víctimas como recurso pedagógico. Aportaciones para el posconflicto colombiano", *Praxis & Saber*, vol. 9, nº 20, Mayo-Agosto 2018, pp. 97-118.

Usán Supervía, P., "Inclusión de metodologías activas en el alumnado de enseñanza superior universitaria", *Revista Iberoamericana de Psicología del Ejercicio y el Deporte*, vol. 15, nº 2, 2020, pp. 119-124.

Tamarit Sumalla, J.M., "La Victimología: cuestiones conceptuales y metodológicas", en Baca Baldomero, E., Echeburua Odriozola, E., Tamarit Sumalla, J.M. (Coords.) *Manual de Victimología*, Tirant lo Blanch, Valencia, 2006.

Tamarit Sumalla, J.M., "Paradojas y patologías en la construcción social, política y jurídica de la victimidad", *InDret*, nº 1, 2013, pp. 1-31.

Teruel Lozano, G. M., "La enseñanza del derecho y el profesor universitario en la universidad bononiense: Una aproximación conservadora para la formación de juristas integrales", *Docencia y Derecho*, nº 23, 2024, pp. 3-19.

Varona Martínez, G., "La fundamentación victimológica de una reparación reforzada en casos de victimización terrorista" en Varona Martínez, G. (Coord.) *Victimología: en busca de un enfoque integrador para repensar la intervención con víctimas*, Aranzadi, Navarra, 2018.

Varona Martínez, G. (Dir.) *Caminando restaurativamente: pasos para diseñar proyectos transformadores alrededor de la justicia penal*, Dykinson, Madrid, 2020.

Varona Martínez, G., "Alrededor de las narrativas victimales: algunos paralelismos entre las víctimas del terrorismo y otros delitos graves en términos de justicia epistémica y resiliencia", *Araucaria: Revista Iberoamericana de Filosofía, Política, Humanidades y Relaciones Internacionales,* vol. 24, nº 50, 2022.

Vázquez Gómez, G., *Formación científica y métodos del profesorado universitario,* UIMP, Santander, 2003.

Vivancos Comes, M., "Ciudadanía activa por la memoria y justicia de las víctimas del terrorismo: una experiencia de innovación docente en el ámbito de la educación superior", *Docencia y Derecho,* nº 23, 2024, pp. 75-91.

Vivancos Comes, M., "Los universitarios y la memoria de las víctimas del terrorismo. Una experiencia de innovación docente en la Universitat de València", en Vivancos Comes, M, (Dir.) *Memoria de las víctimas del terrorismo y universidad: Actas I Congreso de Innovación Docente,* Tirant lo Blanch, Valencia, 2024, pp. 25-52.

VVAA, "Desarrollo de guías docentes del área de conocimiento de derecho penal para el grado en criminología. especial referencia a los métodos docentes y de evaluación del aprendizaje", en Gómez Lucas, M.C., Grau Company, S. (Coords.) *Evaluación de los aprendizajes en el espacio europeo de educación superior,* Universidad de Alicante, Marfil, Alcoy, 2010

Zuta, E., Velasco, A., Rodríguez, J., "Desarrollo de competencias ciudadanas mediante un curso socialmente responsable", *Educación,* vol. 23, nº 45, 2014, pp. 51-66.

Capítulo 6

Límites a la salida de prisión de los terroristas antes de cumplir la condena[1]

MARGARITA ROIG TORRES
Catedrática de Derecho penal
Universitat de València

Sumario: I. INTRODUCCIÓN. II. CONDICIONES ESPECIALES PARA ACCEDER AL TERCER GRADO Y LA LIBERTAD CONDICIONAL. III. LA POSTURA ESTRICTA DE LA AUDIENCIA NACIONAL. IV. EXTENSIÓN DE LOS PRESUPUESTOS ESPECIALES A LOS PERMISOS ORDINARIOS DE SALIDA Y LA PROGRESIÓN AL SEGUNDO GRADO 1. Permisos ordinarios de salida 2. Clasificación en segundo grado. V. CONCLUSIONES. VI. BIBLIOGRAFÍA.

I. INTRODUCCIÓN

El 20 de octubre de 2011 la organización terrorista ETA (*Euskadi Ta Askatasuna*) anunciaba el cese definitivo de su actividad armada mediante un comunicado publicado en los diarios *Gara* y *Berria*. El primer asesinato lo cometió el 7 de junio de 1968 y el último el 16 de marzo de 2010, por lo tanto, han transcurrido quince años desde su última víctima mortal. Pero la población española vivió bajo su yugo durante casi 43 años, con 853 asesinatos, 2600 heridos y casi 90 secuestros. Por eso, esta realidad debe ser conocida por las nuevas generaciones. En los libros de historia de los centros escolares se dedican unas páginas a narrar el Holocausto nazi, que supuso el exter-

---

1 Esta publicación se realiza en el marco del Proyecto de Innovación Educativa Emergente "Ciudadanía activa por la memoria y la justicia, víctimas del terrorismo en la universidad", financiado por la Universitat de València (UV-SFPIE_PIEE-2733831).

minio de unos seis millones de personas durante la Segunda Guerra Mundial. Se utiliza como libro de lectura *Entre tonos de gris*, de Ruta Sepetys, que describe las barbaries de los campos de concentración dominados por las tropas soviéticas lideradas por Stalin, cuya magnitud superó incluso a aquel genocidio. Por supuesto, también se explica la dictadura de Franco, entre 1939 y 1975, fecha en que se inició la transición hacia la democracia que culminó con las elecciones generales de 1977 y la Constitución de 1978. Pero junto a ese periodo y este hito histórico los jóvenes han de saber la perniciosa repercusión que tuvieron los crímenes de ETA, que sembraron el terror en aquella ciudadanía esperanzada ante la emergente democracia. Unas pinceladas de ese contexto nos las proporciona Fernando Aramburu en su célebre novela *Patria*, que cuenta cómo un joven, Joxe Mari, tras ingresar en ETA es capaz de asesinar a un amigo íntimo de sus padres, Txato, cuyo hijo había sido compañero de juegos del protagonista durante la infancia. Su muerte fue bien recibida por los vecinos del pueblo de Guipúzcoa donde se desarrollan los hechos, quienes al contrario de lo que los lectores pensábamos, manifestaron una actitud de rechazo hacia la viuda y apoyaron al joven etarra, quien de modo heroico había sacrificado su libertad en beneficio de *su país*.

No obstante, en esa enseñanza no puede faltar la referencia a la organización terrorista Grapo (*Grupos de Resistencia Antifascista Primero de Octubre*), que perseguía el establecimiento de un régimen republicano en España, causando 93 asesinatos y 95 heridos entre 1975 y 2006. Igualmente, es necesaria una mención a los atentados del 11 de marzo de 2004, perpetrados por células yihadistas en cuatro trenes de cercanías de Madrid, que dejaron 193 muertos y 2057 heridos. Sin embargo, tanto por su duración, como por la envergadura de sus crímenes y, sobre todo, por su incidencia en el nuevo Estado constitucional, destaca la actividad delictiva de ETA y de los grupos y colectivos ligados a ella.

Por eso, este episodio de una etapa histórica relativamente reciente en España no debe quedar en un vago recuerdo entre los adolescentes que hubieron de aprenderlo para un examen en la Educación Secundaria, con la misma o menor intensidad si cabe que las atrocidades de aquellos regímenes totalitarios que por sus dimensiones suelen provocarles un mayor impacto. Desde luego, sería enriquecedor para el aprendizaje de esos jóvenes reflexionar sobre esa etapa que minó la paz en España durante décadas, una vez alcanzada la madurez. Por eso, en el proyecto de innovación docente sobre "Ciudadanía activa por la memoria y la justicia, víctimas del terrorismo en la universidad", se propuso llevar ese fenómeno a las aulas en el grado de Derecho. Quienes impartimos docencia en esta titulación hemos tenido ocasión de comprobar que el alumnado sabe que los miembros de ETA eran terroristas, que mataron a gente, pero en su mayoría desconocen si las víctimas fueron decenas o miles, quién fue Miguel Ángel Blanco, o sucesos populares como el atentado de Hipercor en Barcelona. Para paliar esta carencia cultural y, a la vez, hacer justicia con las víctimas los miembros del proyecto quisimos visibilizar dicha realidad y trasladarla a las clases, abriendo el debate con los y las estudiantes.

Además, nos propusimos profundizar en aspectos prácticos relacionados con el terrorismo, en particular de ETA, que pudieran contribuir a ampliar los conocimientos sobre ese fenómeno. Por mi parte, me pareció interesante examinar qué tratamiento se está dando actualmente a las personas que fueron condenadas hace años por terrorismo y que siguen en las cárceles, cuando solicitan la salida antes de cumplir la condena, puesto que en la legislación se prevén requisitos especiales para concederles el tercer grado y la libertad condicional. Con este fin analicé los autos de la Audiencia Nacional que resuelven los recursos de dichos internos, y realmente me llamó la atención el rigor con el que todavía aplica esos presupuestos a los miembros de ETA. Respecto a otros terroristas las resoluciones son escasas, hallando tan solo alguna relativa a yihadistas.

II. CONDICIONES ESPECIALES PARA ACCEDER AL TERCER GRADO Y LA LIBERTAD CONDICIONAL

La LO 7/2003, de 30 de junio, de medidas de reforma para el cumplimiento íntegro y efectivo de las penas, introdujo requisitos singulares para conceder el tercer grado penitenciario y la libertad condicional a los condenados por delitos de terrorismo o cometidos en el seno de organizaciones criminales. En primer lugar, creó el nuevo apartado 6 del artículo 72 de la LO 1/1979, de 26 de septiembre, General Penitenciaria, disponiendo que en esos casos la clasificación o progresión al tercer grado de tratamiento penitenciario requerirá que la persona condenada muestre signos inequívocos de haber abandonado los fines y los medios terroristas, y además haya colaborado activamente con las autoridades[2]. En segundo lugar, reformó el artículo 90, apartado 1 c) CP determinando que en dichos supuestos se entenderá que hay un pronóstico individualizado y favorable de reinserción social, necesario para establecer la libertad condicional, cuando el penado cumpla las mismas exigencias. Aunque ambas leyes contemplan esas nuevas obligaciones para las personas condenadas por delitos de terrorismo o cometidos en el seno de organizaciones criminales[3], en realidad, en este caso están pensando en las

---

2 Artículo 72.6 LOGP: "Del mismo modo, la clasificación o progresión al tercer grado de tratamiento penitenciario de personas condenadas por delitos de terrorismo de la sección segunda del capítulo V del título XXII del libro II del Código Penal o cometidos en el seno de organizaciones criminales, requerirá, además de los requisitos previstos por el Código Penal y la satisfacción de la responsabilidad civil con sus rentas y patrimonio presentes y futuros en los términos del apartado anterior, que muestren signos inequívocos de haber abandonado los fines y los medios terroristas, y además hayan colaborado activamente con las autoridades, bien para impedir la producción de otros delitos por parte de la banda armada, organización o grupo terrorista, bien para atenuar los efectos de su delito, bien para la identificación, captura y procesamiento de responsables de delitos terroristas, para obtener pruebas o para impedir la actuación o el desarrollo de las organizaciones o asociaciones a las que haya pertenecido o con las que haya colaborado, lo que podrá acreditarse mediante una declaración expresa de repudio de sus actividades delictivas y de abandono de la violencia y una petición expresa de perdón a las víctimas de su delito, así como por los informes técnicos que acrediten que el preso está realmente desvinculado de la organización terrorista y del entorno y actividades de asociaciones y colectivos ilegales que la rodean y su colaboración con las autoridades".

3 En estos delitos no se incluía el de pertenencia a banda armada, organización o grupo terrorista de los artículos 515.2 y 516 CP, lo que fue criticado. Puede verse, Llobet Anglí, M.: "La ficticia realidad modificada por la Ley de Cumplimiento Íntegro y Efectivo de las Penas y sus perversas consecuencias", *Indret*, 1/2007, p. 1.

organizaciones terroristas o que colaboran con ellas[4]. Así se desprende del tenor de ambos preceptos, pues esos presupuestos específicos se podrán probar mediante "informes técnicos que acrediten que el preso está realmente desvinculado de la organización terrorista y del entorno y actividades de asociaciones y colectivos ilegales que la rodean y su colaboración con las autoridades". Luego, solo aluden a las organizaciones terroristas y a las asociaciones y colectivos ilegales que las rodean. Eran normas dirigidas a luchar especialmente contra la organización terrorista ETA y los grupos afines pertenecientes a la izquierda abertzale. Por otra parte, es evidente que se quiere endurecer el régimen de quienes cometen crímenes graves. De modo que, imponer dichas condiciones especiales solo por actuar en el seno de una organización criminal, aunque se dedique a realizar delitos leves resulta infundado. De forma sintética lo expresa la Exposición de Motivos de la LO 7/2003, de 30 de junio, indicando que de acuerdo con el artículo 72 LOGP reformado se requiere que el penado "muestre signos inequívocos de haber abandonado la actividad terrorista, colaborando activamente con las autoridades en la lucha contra el terrorismo".

Más tarde, la LO 1/2015, de 30 de marzo, extrajo esos presupuestos particulares que antes figuraban en el apartado 1 del artículo 90 CP como parte del pronóstico[5], y los recogió en el apartado 8 de modo autónomo[6]. Por consiguiente, se excluía la interpretación

---

4 Así lo entiende también, Yuste Castillejo, Á.: "Individualización científica y jerarquía administrativa en la clasificación de los penados", *Diario La Ley*, nº 10189, 2022. (*Online*).

5 Con anterioridad a estas reformas decía Bueno Arús que, en la medida en que en el pronóstico había que valorar la evolución hacia la reinserción social no se podía tener en cuenta para conceder o denegar la libertad condicional el delito cometido. Bueno Arús, F.: "Aspectos positivos y negativos de la legislación penitenciaria española", *Cuadernos de Política Criminal*, nº 7, 1979, p. 12. También Mapelli Caffarena indicaba que exigir al juez sentenciador un informe para conceder la libertad condicional era basarla en motivos retributivos que no tenían sentido en la última fase de la ejecución de la pena. Mapelli Caffarena, B.: "El régimen penitenciario abierto", *Cuadernos de Política Criminal*, nº 7, 1979, p. 71.

6 Artículo 90.8 CP: "En el caso de personas condenadas por delitos cometidos en el seno de organizaciones criminales o por alguno de los delitos

propuesta en la doctrina de considerarlos actos voluntarios que el juez valoraría al resolver la libertad condicional, implantándose claramente como requisitos necesarios para concederla[7]. Por otra parte,

---

regulados en el Capítulo VII del Título XXII del Libro II de este Código, la suspensión de la ejecución del resto de la pena impuesta y concesión de la libertad condicional requiere que el penado muestre signos inequívocos de haber abandonado los fines y los medios de la actividad terrorista y haya colaborado activamente con las autoridades, bien para impedir la producción de otros delitos por parte de la organización o grupo terrorista, bien para atenuar los efectos de su delito, bien para la identificación, captura y procesamiento de responsables de delitos terroristas, para obtener pruebas o para impedir la actuación o el desarrollo de las organizaciones o asociaciones a las que haya pertenecido o con las que haya colaborado, lo que podrá acreditarse mediante una declaración expresa de repudio de sus actividades delictivas y de abandono de la violencia y una petición expresa de perdón a las víctimas de su delito, así como por los informes técnicos que acrediten que el preso está realmente desvinculado de la organización terrorista y del entorno y actividades de asociaciones y colectivos ilegales que la rodean y su colaboración con las autoridades".

7 Cuerda Arnau, M.L.: "El premio por el abandono de la organización y la colaboración con las autoridades como estrategia de lucha contra el terrorismo en momentos de crisis interna". Estudios Penales y Criminológicos, nº 25, 2005, pp. 27 y ss; Díaz-Roncero, J. J./Comes Raga, I.: "El arrepentimiento postdelictual en España: un ensayo acerca de su viabilidad como instrumento combativo del crimen organizado", *La Ley Penal*, nº 77, 2010, pp. 10 y ss. (*Online*); Fuentes Osorio, J.L.: "Sistema de clasificación penitenciaria y el «periodo de seguridad» del art. 36.2 CP", *InDret*, 1/2011, p. 7; Garro Carrera, E.: "Tercer grado y libertad condicional de condenados por delitos de terrorismo: una mirada desde la libertad ideológica y el derecho a no incriminarse. La gestión penitenciaria del final de ETA", *Revista General de Derecho Penal*, nº 28, 2017, p. 22; Llobet Anglí, M.: "La ficticia realidad modificada por la Ley de Cumplimiento Íntegro y Efectivo de las Penas y sus perversas consecuencias", *Indret*, 1/2007, pp. 3 y ss; Renart García, F.: "La libertad condicional en el Anteproyecto de 2012 de reforma del Código penal", *Revista de Estudios Penitenciarios*, 2013, pp. 171 y ss; Revelles Carrasco, M.: "Intervención contra el yihadismo en prisión", *InDret*, 4/2020, pp. 383 y 384; Rodríguez Yagüe, C.: "El modelo penitenciario español frente al terrorismo", *La Ley Penal*, nº 65, 2009, p. 6. (*Online*); Rodríguez Yagüe, C./ Guisasola Lerma, C./Acale Sánchez, M.: "Libertad condicional: artículos 90, 91, 92 y 93 CP", en Álvarez García, F.J. (Dir.)/Dopico Gómez-Aller, J. (Coord.): *Estudio crítico sobre el Anteproyecto de reforma penal de 2012*, Tirant lo Blanch, Valencia, 2013, p. 386; y Sánchez Serrador, F.J.: "La clasificación

reguló en el artículo 92.2 la suspensión de la ejecución de la nueva pena de prisión permanente revisable, fijando los mismos criterios específicos[8].

Ciertamente, resulta llamativa esa doble exigencia, de abandono de los fines y medios terroristas y de colaboración con las autoridades, primero para acceder al tercer grado y después a la libertad condicional. Desde mi punto de vista se trata de reforzar tales obligaciones, asegurando que la decisión de las autoridades penitenciarias sea revisada por un órgano judicial[9].

III. LA POSTURA ESTRICTA DE LA AUDIENCIA NACIONAL

La aplicación práctica de las circunstancias singulares establecidas en el artículo 72.6 LOGP para clasificar en tercer grado y en el artí-

---

penitenciaria en el sistema penal español", *Diario La Ley*, nº 9893, Sección Tribuna, 2021, pp. 2 y ss. (*Online*).

8 Artículo 90.2 CP: "Si se tratase de delitos referentes a organizaciones y grupos terroristas y delitos de terrorismo del Capítulo VII del Título XXII del Libro II de este Código, será además necesario que el penado muestre signos inequívocos de haber abandonado los fines y los medios de la actividad terrorista y haya colaborado activamente con las autoridades, bien para impedir la producción de otros delitos por parte de la organización o grupo terrorista, bien para atenuar los efectos de su delito, bien para la identificación, captura y procesamiento de responsables de delitos terroristas, para obtener pruebas o para impedir la actuación o el desarrollo de las organizaciones o asociaciones a las que haya pertenecido o con las que haya colaborado, lo que podrá acreditarse mediante una declaración expresa de repudio de sus actividades delictivas y de abandono de la violencia y una petición expresa de perdón a las víctimas de su delito, así como por los informes técnicos que acrediten que el preso está realmente desvinculado de la organización terrorista y del entorno y actividades de asociaciones y colectivos ilegales que la rodean y su colaboración con las autoridades".

9 Critican esta doble previsión, Renart García, F.: *La libertad condicional: nuevo régimen jurídico (Adaptada a la LO 7/2003, de 30 de junio, de medidas de reforma para el cumplimiento íntegro y efectivo de las penas)*, Edisofer, Madrid, 2003, p. 164; y Téllez Aguilera, A.: "La Ley de cumplimiento íntegro y efectivo de las penas. Unas notas de urgencia", *Diario La Ley*, nº 5837, 2003, p. 11. (*Online*).

culo 90.8 CP para conceder la libertad condicional, se desprende de las resoluciones de la Audiencia Nacional que deciden los recursos relativos a personas condenadas por terrorismo. Ahora bien, precisa esos presupuestos particulares también a la hora de concederles permisos de salida ordinarios y de acordar su progresión al segundo grado, pese a que no se contemplan expresamente en la normativa penitenciaria. Además, interpreta de un modo estricto dichas condiciones. En el caso de declaraciones de condenados por terrorismo precisa un "sincero cambio de actitud", para constatar el abandono de los fines y los medios terroristas. Además, una "petición expresa y concreta de perdón a sus víctimas", que refleje "espontaneidad y sinceridad", es decir, que implique "arrepentimiento". Rechaza los pronunciamientos efectuados por algunos miembros de ETA que se ajustan a los requisitos legales, pero añaden una justificación de la actividad delictiva por motivos políticos. En este caso, dice la Audiencia, se sigue la disciplina de la banda, consistente en atender dichos requerimientos con el fin de obtener ventajas penitenciarias, pero sin existir una ruptura real con la organización. Tampoco admite el reconocimiento genérico del daño causado a las víctimas, siendo necesaria la referencia a las personas individuales afectadas. A continuación, apuntaré algunas resoluciones que evidencian esta postura firme. Las relativas a la libertad condicional estiman la concesión tras comprobar los presupuestos legales. En cambio, se advierte una mayor severidad en las relativas al tercer grado, y de modo sorprendente, en las que atañen a la concesión de permisos ordinarios de salida[10].

---

10 Puede verse el elevado número de recursos presentados por la Fiscalía en materia de clasificación penitenciaria y permisos de salida de condenados por terrorismo, frente a los escasos recursos relativos a la libertad condicional en la Memoria de la Fiscalía de Vigilancia Penitenciaria de 2018. (Disponible en: chrome-extension://efaidnbmnnnibpcajpcglclefindmkaj/https://www.fiscal.es/memorias/memoria2018/FISCALIA_SITE/recursos/pdf/capitulo_II/cap_II_4_11.pdf); y en la Memoria de la Fiscalía de Vigilancia Penitenciaria de 2023. (Disponible en: chrome-extension://efaidnbmnnnibpcajpcglclefindmkaj/https://www.fiscal.es/memorias/memoria2023/FISCALIA_SITE/recursos/pdf/MEMFIS23.pdf).

1. Libertad condicional

El Auto de la Audiencia Nacional de 8 de noviembre de 2017[11], confirmó la libertad condicional, al entender que se cumplen las exigencias del artículo 90.8 CP. Dice la Audiencia que el condenado ha realizado una declaración expresa en la que muestra su arrepentimiento, señala que no ha pertenecido a la organización terrorista ETA y que desde 2009 se encuentra desvinculado del entorno de la izquierda abertzale, condena la violencia ejercida por la banda y añade que su actividad delictiva solo causó daños materiales, a los que está haciendo frente. Muestra su disposición a colaborar con las autoridades en todo lo que le sea requerido. Por lo tanto, se trataba de un interno que no pertenecía a ETA, sino a un grupo relacionado con ella. Por eso, se comprueban los presupuestos previstos en esa disposición para los delitos cometidos en asociaciones y colectivos ilegales que rodean a una organización terrorista.

Asimismo, el Auto de la Audiencia Nacional 619/2021, de 26 de julio[12], mantiene la libertad condicional de una interna que debía cumplir 30 años de prisión por delitos de terrorismo. Había alcanzado las tres cuartas partes de la pena en 2018 y su licenciamiento estaba previsto para 2022. La Audiencia argumenta que en el escrito presentado constaba que había abandonado los medios terroristas y hace referencias concretas y precisas a las víctimas de los delitos cometidos por la organización, pues no había víctimas directas de sus actos. No obstante, esta decisión se adopta el año antes de extinguirse la condena.

Aunque no se refiere a condenados de ETA es de interés el Auto de la Audiencia Nacional 243/2022, de 22 de abril[13]. En este caso refrenda la resolución que denegó la libertad condicional a un condenado por un delito de integración en una organización terrorista de carácter yihadista. El recurrente alega que está en tercer grado, ha mostrado su arrepentimiento y pedido perdón a la Asociación de Víctimas del Terrorismo. Pese a ello se desestima su petición aten-

---

11 AAN de 8 de noviembre de 2017 (FJ. 1 a 3) (*Tol 6455246*).

12 AAN 619/2021, de 26 de julio (FJ. 1 a 5) (*Tol 6455246*).

13 AAN 243/2022, de 22 de abril (FJ. 1 a 3) (*Tol 8949425*).

diendo a la especial gravedad de los hechos, pues formaba parte de una célula terrorista dedicada a reclutar combatientes para el Estado Islámico. La decisión se centra en la peligrosidad y en motivos retributivos. No se alude a la colaboración, que a mi juicio se concibió para el terrorismo nacional.

Por otra parte, las exigencias específicas se mantienen con una rigidez llamativa a la hora de otorgar la libertad anticipada por razón de edad o enfermedad. Según el artículo 91 CP en los casos de mayores de 70 años y de enfermos muy graves con padecimientos incurables se han de cumplir las condiciones particulares del artículo 90.8 CP, salvo cuando el peligro para la vida del interno es patente. De este modo, dice el Auto de la Audiencia Nacional 359/2012, de 19 de septiembre[14], la ley adopta el principio de humanidad de las penas. En este supuesto se concedió la libertad porque el pronóstico de vida era de unos meses. Pese a ello hay un Voto particular en el que el magistrado disidente destaca *"La diferencia efectiva que en nuestra sociedad contemporánea existe entre el..., condenado como fanático criminal y las personas normales, no es otra que la indignidad de los primeros, que les lleva a faltar al respeto a los derechos individuales fundamentales... "*. Afirma que existen contradicciones entre los informes médicos que ponen en tela de juicio su credibilidad. Aquí se ve la crudeza con que se trata a los terroristas, particularmente de ETA, a quienes se ve como *enemigos* por la gravedad de los hechos que cometieron. Siguiendo este criterio restrictivo, el Auto de la Audiencia Nacional 251/2021, de 15 de abril[15], deniega la libertad condicional a un preso condenado por adoctrinamiento terrorista, con una enfermedad renal crónica, un pronóstico desfavorable a medio plazo (1-5 años), que había recibido un trasplante con resultado negativo, no se le pudo realizar el segundo y estaba a la espera de que se le pudiera practicar. Igualmente, el Auto de la Audiencia Nacional 389/2024, de 20 de junio[16], se la niega a un condenado por un delito de apología del terrorismo afectado de un carcinoma, con un diagnóstico grave, por no ser inminente el peligro para la vida.

---

14 AAN 359/2012, de 19 de septiembre (FJ. 4) (*Tol 5348732*).

15 AAN 251/2021, de 15 de abril (FJ. 1 a 4) (*Tol 8415230*).

16 AAN 389/2024, de 20 de junio (FJ. 1) (*Tol 10093191*).

2. Tercer grado

En cuanto a las exigencias del artículo 72.6 LOGP para conceder el tercer grado, la Audiencia Nacional se muestra más estricta que respecto a la libertad condicional, lo que es lógico teniendo en cuenta que es el paso previo a esta suspensión final. De modo que el comportamiento del penado durante el tercer grado, permite valorar su peligrosidad de cara a la libertad condicional. Ese rigor se advierte especialmente frente a los condenados de ETA quienes, dice la Audiencia, siguiendo una táctica marcada por la banda, satisfacen formalmente las obligaciones legales para lograr la salida, pero sin existir una verdadera desvinculación. Por otra parte, no solo atribuye a la pena un fin preventivo, sino también retributivo, por lo que tiene en cuenta los delitos cometidos, la condena total impuesta, el tiempo efectivo que el penado ha de cumplir y el que le resta para extinguirla.

Así, el Auto de la Audiencia Nacional 373/2022, de 9 de junio[17], aduce que el escrito presentado por el interno es un texto estandarizado, donde no hay una declaración expresa de repudio de la actividad terrorista, ni de rechazo de la violencia, tampoco arrepentimiento, ni una petición expresa de perdón a las víctimas de sus actos. Asimismo, no consta colaboración activa con las autoridades. Además, argumenta que la pena total impuesta supera los 51 años, de los que cumplirá 25 años, ingresó en 2002, estuvo en primer grado hasta 2019 y fue trasladado al actual centro penitenciario en 2021. Por lo tanto, no hay consolidación suficiente de factores positivos, resultando completamente prematura la progresión a tercer grado, dada la gravedad de su carrera delictiva, la lejanía de la libertad definitiva y que no ha disfrutado de permisos de salida. De hecho, por esos mismos motivos el mes anterior se le había denegado el permiso solicitado[18]. La Audiencia no se limita a exigir una petición expresa de perdón a las víctimas como indica el artículo 72.6 LOGP, sino un cambio interno que entrañe arrepentimiento. Además, en su decisión pesa la pena total impuesta y el tiempo cumplido, de modo que

---

17 AAN 373/2022, de 9 de junio (FJ. 3) (*Tol 9045132*).

18 AAN 335/2022, de 27 de mayo (FJ. 3) (*Tol 9044750*).

le atribuye una finalidad retributiva en consonancia con la repercusión social que tuvo la actuación de ETA en la población.

Sin embargo, el Auto de la Audiencia Nacional 292/2023, de 19 de abril[19], confirma la clasificación en tercer grado de un penado por delitos de terrorismo con una condena acumulada de 25 años que ingresó en 2001, pues según el informe psicológico se dan los requisitos del artículo 72.6 LOGP. Dice la Audiencia que se debe tener presente el valor que esta norma atribuye a dichos informes penitenciarios. En realidad, al preso le quedaban solo 3 años y unos meses por cumplir.

El Auto de la Audiencia Nacional 307/2023, de 27 de abril[20], mantiene la decisión de no progresar a tercer grado a un interno que ingresó en el año 2000, con una condena de 153 años y 33 meses, acumulada en 30 años. Los informes destacaban su evolución positiva. Señala la Audiencia que se han de considerar los hechos extraordinariamente graves por los que fue condenado y que faltaban bastantes meses para cumplir los tres cuartos de la pena. En consecuencia, declara que dicha progresión resulta prematura porque no ha dado tiempo a consolidar los elementos del artículo 72.6 LOGP. Como se advierte, esta resolución se adopta cuando el penado ha extinguido más de 22 años y ha satisfecho las obligaciones de ese precepto. En realidad, la continuación en el segundo grado se debe a los delitos realizados y a la condena impuesta que, a su juicio, ha de comportar un tiempo de internamiento elevado atendiendo al fin retributivo que asigna a la pena.

El Auto de la Audiencia Nacional 541/2023, de 24 de julio[21], deja sin efecto la progresión al tercer grado de un condenado a 17 años de prisión por delitos de terrorismo. Argumenta que el informe del psicólogo se basa en las manifestaciones del interno, sin expresar los métodos científicos aplicados, ni los signos inequívocos de desvinculación de la actividad terrorista y de la organización terrorista ETA, como exige el artículo 72.6 CP. Añade que tampoco se mencionan

---

19 AAN 292/2023, de 19 de abril (FJ. 5) (*Tol 9521789*).

20 AAN 307/2023, de 27 de abril (FJ. 2) (*Tol 9554127*).

21 AAN 541/2023, de 24 de julio (FJ. 3) (*Tol 9680316*).

las actividades realizadas de colaboración con las autoridades. Por lo tanto, resta credibilidad a los informes, cuando la propia ley admite esta forma de acreditar los elementos exigidos.

En cambio, el Auto de la Audiencia Nacional 713/2023, de 2 de noviembre[22], ratificó la concesión del tercer grado a un condenado de ETA atendiendo a esos informes. El Ministerio fiscal estima que la carta dirigida a la Junta de Tratamiento es un modelo estereotipado, sin arrepentimiento, ni repudio de sus hechos delictivos. Sin embargo, la Audiencia afirma que *"La sinceridad de las manifestaciones contenidas en la carta escrita por el interno, como elemento perteneciente a la psique de una persona, debe buscarse a través de elementos externos, y es el mismo artículo 72.6 LOGP el que da indicaciones de donde hallar esos elementos externos al referirse a los informes técnicos*". Concluye que los informes del educador y el psicólogo corroboran el contenido de la carta, sin que el tribunal tenga elementos para afirmar que son incorrectos, erróneos o falaces[23]. Por lo tanto, a diferencia de la resolución anterior no se cuestiona el contenido de los dictámenes, sin que haya una diferencia sustancial entre ellos. Además, estos escritos no se refieren a la colaboración con las autoridades, seguramente porque la organización había cesado en su actividad, como apunta el Tribunal.

Los presupuestos del artículo 72.6 LOPGP se mantienen, incluso, para atribuir el tercer grado por razón de edad o enfermedad. El Auto de la Audiencia Nacional 796/2023, de 4 de diciembre[24], se lo negó a un recluso de 68 años que padeció un accidente cerebral agudo y después un ictus que llevó a la Junta de Tratamiento a proponer el tercer grado. Fue condenado a 30 años de prisión por asesinato como miembro de ETA, habiendo cumplido la mitad de la condena. La Audiencia niega la aplicación del artículo 104.4 del Reglamento penitenciario, que permite clasificar en tercer grado a los enfermos muy graves con padecimientos incurables por razones humanitarias y de dignidad personal, atendiendo a su escasa peligrosidad. Aunque en esta norma no se recogen las condiciones del artículo 72.6 LOPGP, la Audiencia Nacional las aplica.

---

22 AAN 713/2023, de 2 de noviembre (FJ. 3) (*Tol 9806199*).

23 En el mismo sentido, el AAN 47/2023, de 31 de enero (FJ. 4) (*Tol 9392468*).

24 AAN 796/2023, de 4 de diciembre (FJ. 3) (*Tol 9829093*).

IV. EXTENSIÓN DE LOS PRESUPUESTOS ESPECIALES A LOS PERMISOS ORDINARIOS DE SALIDA Y LA PROGRESIÓN AL SEGUNDO GRADO

1. Permisos ordinarios de salida

Los artículos 47 LOGP y 154 del Reglamento penitenciario prevén la concesión de permisos de salida ordinarios, previo informe preceptivo del Equipo Técnico, como preparación para la vida en libertad. Según el artículo 156 del Reglamento se pondrán denegar cuando ese informe sea desfavorable porque, por la peculiar trayectoria delictiva, la personalidad anómala del interno o la existencia de variables cualitativas desfavorables, resulte probable el quebrantamiento de la condena, la comisión de nuevos delitos o una repercusión negativa de la salida sobre el interno respeto a su preparación para la vida en libertad o su programa individualizado de tratamiento.

Pues bien, aunque las condiciones del artículo 72.6 LOGP rigen solo para la progresión al tercer grado, la Audiencia Nacional determina que el Equipo Técnico las debe valorar en su informe relativo a estos permisos. Así lo explica en el Auto 20/2023, de 8 de febrero[25]. "*Ciertamente, estos requisitos, establecidos específicamente para esta progresión de grado penitenciario, no obligan a su aplicación para la obtención de otros beneficios penitenciarios*". "*Sin embargo, sólo mediante el análisis de estas circunstancias podrá valorarse si la pena ha cumplido sus objetivos de reinserción social y de prevención especial, y si el interno está en condiciones de preparar una vida honrada en libertad*". Concluye que, si no se dan dichas condiciones, los permisos de salida deberán contemplarse solo tras el cumplimiento íntegro de la condena en régimen ordinario. Además, se considera la colaboración activa con las autoridades como la principal vía para demostrar el abandono de los fines y medios terroristas[26]. Por consiguiente, la Audiencia niega el permiso

---

25 AAN 20/2023, de 8 de febrero (FJ. 1 a 5) (*Tol 9413293*).

26 En igual dirección, el AAN 390/2022 de 4 de julio (FJ. 4) (*Tol 9149075*); el AAN 401/2022, de 14 de julio (FJ. 4) (*Tol 9149075*); el AAN 402/2022, de 14 de julio (FJ. 4) (*Tol 9152586*); el AAN 456/2022, de 14 de julio (FJ. 4) (*Tol 9156146*); el AAN 457/2022, de 14 de julio (FJ. 4) (*Tol 9149976*); el

de salida propuesto por la Junta de Tratamiento, en tanto no se dio esta colaboración. Además, tiene en cuenta los delitos cometidos por los que se le condenó a 75 años, de los que cumpliría solo 25 años y que le faltaban 5 años para alcanzar este término, por lo que no era apremiante su preparación para salir en libertad.

Es ejemplificativo de esta postura el Auto de la Audiencia Nacional 869/2020, de 26 de noviembre[27]. El Ministerio Fiscal impugna el permiso concedido a un interno condenado a 20 años de prisión por terrorismo, aduciendo que la Junta de Tratamiento no mencionó la existencia de una asunción sincera de responsabilidad, ni arrepentimiento, ni profundo cambio de actitudes. La defensa del penado presentó después un escrito en el que lamentaba el daño causado por la organización ETA a la que pertenecía, compartiendo su decisión de finalizar su actividad. Indica la Audiencia que se ha de analizar si se da un sincero cambio de actitud o si el escrito obedece a factores oportunistas, tendentes a obtener beneficios penitenciarios. En este sentido, alude a escritos de condenados de ETA dirigidos a Centros Penitenciarios o al Juzgado de Vigilancia Penitenciaria, en los que realizan una asunción genérica de responsabilidades, limitada a reconocer los hechos o incluso el daño causado a las víctimas, renunciando a la violencia como "*medio para la consecución de objetivos políticos*". Establece que dichas manifestaciones no son equiparables a la petición expresa de perdón a las víctimas concretas, la reparación del daño, colaboración en el esclarecimiento de otros delitos, y rechazo de los postulados terroristas. Por consiguiente, también para otorgar permisos penitenciarios precisa los elementos del artículo 72.6 LOGP, e incluso exige arrepentimiento, lo que no prevé el legislador en ese precepto.

El Auto de la Audiencia Nacional 796/2021, de 22 de octubre[28], apunta que es en la ponderación de las variables establecidas en la

---

AAN 460/2022, de 14 de julio (FJ. 4) (*Tol 9154110*); el AAN 584/2022, de 29 de septiembre (FJ. 4) (*Tol 9255332*); el AAN 661/2022, de 27 de octubre (FJ. 3) (*Tol 9284481*); y el AAN 744/2022, de 15 de diciembre (FJ. 2) (*Tol 9360130*).

[27] AAN 869/2020, de 26 de noviembre (FJ. 1) (*Tol 8253158*).

[28] AAN 796/2021, de 22 de octubre (FJ. 1 a 4) (*Tol 8642903*).

normativa penitenciaria para la concesión del permiso donde hay que encajar el arrepentimiento por el daño causado a las víctimas, el abandono de las ideas que llevaron a cometer delitos y la desvinculación de la organización, porque es indicativo de que el tratamiento penitenciario está surtiendo efecto. Por lo tanto, deben valorarse los factores del artículo 72.6 LOGP, a los que añade el arrepentimiento, aunque no exige la colaboración con las autoridades. En este supuesto la Audiencia entiende que la carta que el interno envió a la Junta de Tratamiento no es una carta modelo, por lo que su contenido se debe valorar en el Informe del Equipo Técnico.

El Auto de la Audiencia Nacional 803/2021, de 26 de octubre[29], deja sin efecto el permiso de salida otorgado. Argumenta que es en el marco de los artículos 154 y 156 del Reglamento penitenciario que regulan esos permisos donde hay que situar las circunstancias apuntadas. Afirma que todavía queda tiempo para alcanzar las tres cuartas partes de la condena, que el interno cometió dos asesinatos acumulándose las penas en 30 años, en las cartas enviadas no pide perdón a los familiares de sus víctimas y no se advierte arrepentimiento. Por lo tanto, no basta renunciar a la actividad terrorista, que una vez desarticulada ETA resulta creíble, es necesario que el penado se arrepienta de su comportamiento. De nuevo requiere un cambio interno que no precisa el artículo 72.6 CP.

El Auto de la Audiencia Nacional 883/2021, de 18 de noviembre[30], también anula el permiso de salida atribuido a un preso condenado a 25 años por delitos terroristas, que ingresó en prisión en 2007. Reitera que es en el artículo 156 del Reglamento penitenciario donde hay que considerar los factores indicados en las resoluciones anteriores[31]. Aduce que no procede la concesión porque al interno todavía le queda mucho tiempo para alcanzar las tres cuartas partes de la condena y de la carta presentada se deduce que todavía está en una fase temprana de la asunción de responsabilidad. Así pues, una

29 AAN 803/2021, de 26 de octubre (FJ. 1 a 4) (ECLI: ES:AN:2021:7862A).

30 AAN 883/2021, de 18 de noviembre (FJ. 1 a 4) (*Tol 8669980*).

31 Son de interés sobre este punto, el AAN 979/2021, de 22 de diciembre (FJ. 1 a 4) (*Tol 8728715*); y el AAN 204/2024, de 21 de marzo (FJ. 4) (*Tol 9957546*).

vez asumida esta responsabilidad, se le deniega el permiso porque no ha estado bastante tiempo en prisión, señalando como referencia las tres cuartas partes necesarias para la libertad condicional.

El Auto de la Audiencia Nacional 979/2021 de 22 diciembre[32], reproduce la misma argumentación, pero en este caso confirma el permiso otorgado a un recluso con una condena acumulada de 30 años de prisión, que ingresó en 2003. El Tribunal se basa en que tanto del escrito presentado, como de los informes del Equipo Técnico y de la videoconferencia realizada con el juez, se deduce que sí hubo arrepentimiento y petición de perdón a las víctimas. Igualmente, el Auto de la Audiencia Nacional 227/2022, de 19 de abril[33], reconoció un permiso de salida a un condenado por delitos de terrorismo, señalando que no había víctimas concretas y admitiendo el reconocimiento del daño causado por su actividad en ETA. Pero la pena era de 20 años de prisión y le quedaba poco más de un año para el licenciamiento, por lo que había que ir preparando su libertad. No se le había concedido el tercer grado.

El Auto de la Audiencia Nacional 268/2022, de 5 de mayo[34], ratifica la denegación de un permiso propuesto por el Centro penitenciario. Para ello se basa en la gravedad del delito, un intento de asesinato terrorista por el que el interno fue condenado a 30 años de prisión, de los que ha cumplido menos de 8 años, y en la falta de arrepentimiento por los hechos cometidos y de petición expresa de perdón a las víctimas concretas[35]. Desde una óptica retributiva tiene en cuenta el tiempo cumplido, además de los elementos específicos, requiriendo arrepentimiento.

También el Auto de la Audiencia Nacional 403/2022, de 27 de junio[36], refrendó la negativa de un permiso de salida propuesto por la Junta de Tratamiento para un condenado por delitos realizados en ETA, que ingresó en prisión en 2002. La Sala recuerda que ya le había

---

32 AAN 979/2021, de 22 de diciembre (FJ. 1 a 5) (*Tol 8728715*).

33 AAN 227/2022, de 19 de abril (FJ. 1 y 2) (*Tol 8925340*).

34 AAN 268/2022, de 5 de mayo (FJ. 3) (*Tol 8960806*).

35 En la misma línea, el AAN 626/2022, de 20 de octubre (FJ. 4) (*Tol 9284477*); y el AAN 590/2022, de 17 de noviembre (FJ. 3) (*Tol 9300195*).

36 AAN 403/2022, de 27 de junio (FJ. 3) (*Tol 9118413*).

denegado otro permiso porque su escrito era un texto estandarizado, y no estaba acreditada la colaboración activa con las autoridades. Por lo tanto, precisa los mismos presupuestos que para conceder el tercer grado. Asimismo, el Auto de la Audiencia Nacional 281/2023, de 17 de abril[37], declara aplicables los requisitos del artículo 72.6 LOGP y confirma la negativa de un permiso de salida por no cumplirlos. Reproduce los argumentos relativos a la necesidad de colmar las condiciones específicas para progresar al tercer grado, al estar enfocadas ambas instituciones a la preparación de la vida en libertad.

En cambio, el Auto de la Audiencia Nacional 283/2023, de 17 de abril[38], le reconoce el permiso solicitado a un condenado a 30 años de prisión por delitos cometidos en ETA, que llevaba en la cárcel desde 2002. Entiende que la petición expresa de perdón se desprende de los informes técnicos. Señala que *"aparte de como es bien sabido no ser un requisito necesario para los permisos, aparece en el propio texto del artículo 72.6 LOGP…, únicamente como una forma entre las posibles de acreditar el abandono de los fines y medios terroristas y de colaboración con las autoridades"*, pudiéndose constatar a través de informes técnicos penitenciaros, como en este caso. Así pues, señala que no son precisos esos presupuestos, pero los verifica para resolver acudiendo a dichos informes.

Por el contrario, el Auto de la Audiencia Nacional 667/2023, de 16 de octubre[39], corrobora la decisión de rechazar un permiso de salida propuesto por la Junta de Tratamiento por no cumplir los elementos del artículo 72.6 LOGP, ni la acreditación del abandono de los fines y medios de la banda, ni la colaboración con las autoridades. Además, alega que falta casi un año para extinguir las tres cuartas partes de una larga condena, impuesta por un delito de asesinato terrorista.

En definitiva, la Audiencia Nacional señala que al examinar los elementos previstos en el artículo 156 del Reglamento penitenciario para los permisos ordinarios de salida se debe comprobar que se

---

37 AAN 281/2023, de 17 de abril (FJ. 3) (*Tol 9521782*).

38 AAN 283/2023, de 17 de abril (FJ. 3 a 7) (*Tol 9521778*).

39 AAN 667/2023, de 16 de octubre (FJ. 1 a 5) (*Tol 9757684*).

dan las condiciones exigidas en el artículo 72.6 CP para progresar al tercer grado, pues sin ellas no cabe afirmar el éxito del tratamiento. Además, va más allá y precisa arrepentimiento respecto al daño causado. Únicamente se advierte cierta divergencia en las resoluciones en lo que hace a la colaboración con las autoridades, pues no siempre se exige. Por otra parte, esa asimilación con el tercer grado se advierte también en el tiempo de cumplimiento que se precisa para conceder los permisos, de manera que en algunos casos se aduce que no se ha extinguido la mitad de la condena, plazo fijado para el tercer grado (art. 36.2 CP), o incluso las tres cuartas partes, necesarias para la libertad condicional (art. 90.1 CP). La Audiencia Nacional adopta una perspectiva preventiva respecto a la pena, que determina la valoración de todas esas circunstancias, pero también retributiva, como apunta en alguna resolución, lo que le lleva a mantener que la persona condenada por terrorismo debe permanecer interna unos periodos mínimos antes de salir de la cárcel.

2. *Clasificación en segundo grado*

Esos criterios del artículo 72.6 LOGP se han precisado también para la progresión del primero al segundo grado, aunque la ley los prevea solo para el tercero. De acuerdo con el artículo 10 LOGP se clasificará en primer grado a los internos calificados de peligrosidad extrema o inadaptación manifiesta y grave a las normas de convivencia ordenada. Según el 102.5 del Reglamento Penitenciario, a estos efectos se ponderarán factores como, c) Pertenencia a organizaciones delictivas o a bandas armadas, mientras no muestre signos inequívocos de haberse sustraído a la disciplina interna de las mismas. Además, los artículos 75 LOGP y 65.2 del Reglamento penitenciario disponen que, para acordar la progresión se ha de atender a la modificación de aquellos rasgos de personalidad directamente relacionados con la actividad delictiva.

Pues bien, el Auto de la Audiencia Nacional 720/2020, de 22 de octubre[40], ratificó el mantenimiento en primer grado de un recluso

[40] AAN 720/2020, de 22 de octubre (FJ. 1 y 2) (*Tol 8194470*).

condenado a 700 años de prisión por delitos de terrorismo, con un límite de cumplimiento de 30 años y que llevaba 19 años en primer grado. En el recurso se alega la excepcionalidad y temporalidad del primer grado y que no persiste la peligrosidad extrema; que la gravedad de los hechos cometidos ya se consideró para fijar la pena; el condenado ha presentado un escrito reconociendo su responsabilidad y el daño causado a las víctimas; la organización terrorista con la que estuvo vinculado se ha disuelto; y está cumpliendo en un módulo de segundo grado, efectuando salidas por razón de estudios. La Audiencia dice que se debe tener en cuenta la naturaleza de los delitos cometidos y la pertenencia a una organización terrorista, las cuales persisten en el interno. Además, requiere la petición expresa de perdón a las víctimas concretas. Así pues, aunque para la progresión del primero al segundo grado la normativa penitenciaria no contempla las condiciones del artículo 72.6 LOGP, la Audiencia las deduce de la regulación citada. Además, argumenta que no se puede ignorar el profundo impacto social que causa en la sociedad que penas tan elevadas se reduzcan notoriamente hasta un límite como el referido. En el fondo, dado que ETA había abandonado su actividad, la decisión de mantener en primer grado responde, como reconoce la Audiencia, a razones retributivas, y esas exigencias específicas buscan que los terroristas muestren arrepentimiento a las víctimas, a sus familiares y a la sociedad.

Ese mismo razonamiento se mantuvo en el Auto de la Audiencia Nacional 758/2020, de 29 de octubre[41]. El Ministerio Fiscal impugnó el régimen de flexibilización dentro del primer grado acordado para un condenado por delitos de terrorismo a 95 años y 6 meses de prisión, con un límite de cumplimiento de 30 años, que se extinguiría en 2023. Los informes técnicos indicaban cierta evolución positiva en la actitud del interno, pero la Audiencia cuestiona si se debe a una directriz de la organización o a un proceso de reflexión personal que le ha conducido a solicitar la colaboración con el sistema legal, aceptando su ordenamiento jurídico. Por consiguiente, lo que se valora no es la peligrosidad del sujeto, sino si el arrepentimiento es sincero. Esta duda lleva a negar, no ya la progresión al segundo grado, sino la

---

41 AAN 758/2020, de 29 de octubre (FJ. 1 y 2) (*Tol 8219277*).

aplicación de un régimen más flexible conforme al artículo 100.2 del Reglamento penitenciario.

V. CONSIDERACIONES FINALES

La actividad terrorista que mayor impacto ha tenido en la historia reciente de nuestro país fue la desplegada por ETA y los colectivos afines, sin olvidar, no obstante, los delitos realizados por otras organizaciones como GRAPO, o el grupo yihadista que llevó a cabo el atentado conocido como el 11M. Pese a la trascendencia de ese periodo para la sociedad española quienes nos dedicamos a la docencia universitaria constatamos que muchos estudiantes desconocen la verdadera envergadura de la acción criminal de ETA, que se inició en la dictadura de Franco, pero continuó durante décadas una vez instaurada la democracia. Por eso, el Proyecto de innovación docente interdisciplinar del que formo parte, "Ciudadanía activa por la memoria y la justicia, víctimas del terrorismo en la universidad", perseguía varios objetivos. Por una parte, dar a conocer a los alumnos y alumnas esos hechos que sus autores trataron de justificar como una vía para lograr la independencia del País Vasco. Por otra parte, analizar algún aspecto nuevo relacionado con dicha organización terrorista, hoy inoperativa, pero que durante muchos años erosionó la convivencia, ocupando casi a diario la portada de los medios de comunicación un nuevo acto criminal de ETA. Personalmente, me conmocionó el asesinato del catedrático de Derecho mercantil Manuel Broseta en 1992, a pocos metros de la Facultad de Derecho de la Universidad de Valencia en la que en aquel momento me encontraba cursando la carrera. Poco después en 1996 el asesinato del catedrático de Historia del Derecho de la Universidad Complutense y ex presidente del Tribunal Constitucional, Francisco Tomás y Valiente, teniendo la fortuna años después de ser compañera de su hija Carmen, profesora en el Departamento de Derecho penal de la Universidad de Valencia. Esta coincidencia hizo que viera esa muerte todavía más injusta e inverosímil que cuando se produjo.

Pues bien, dado que ETA ya no está activa, en el orden penal mi aportación consistió en examinar cómo se aplican actualmente las disposiciones que prevén requisitos específicos para permitir la salida de prisión antes de cumplir la pena a los condenados por terrorismo, en su mayoría antiguos miembros de ETA. En concreto, se exigen condiciones particulares para otorgar el tercer grado y suspender la ejecución del resto de la pena de prisión y de la prisión permanente revisable en los casos de terrorismo y delincuencia organizada (art. 72.6 LOGP, 90.8 y 92.2 CP). Según estas normas es necesario acreditar que el penado ha abandonado los fines y los medios terroristas y ha colaborado activamente con las autoridades. Por eso, analicé las resoluciones de la Audiencia Nacional que resuelve los recursos de dichos internos relativos a estos preceptos. En el estudio comprobé que la Audiencia sigue siendo muy exigente a la hora de permitir la salida de los presos que pertenecieron a dicha organización. En muchos casos la deniega pese al informe favorable del Equipo Técnico del centro penitenciario. En ocasiones, efectivamente, porque no se han constatado los requisitos particulares. Así ocurre con reclusos de ETA que envían cartas a la Junta de tratamiento o al Juzgado de Vigilancia Penitenciaria cumpliendo formalmente esas condiciones. Pese a ello la Audiencia entiende que se trata de escritos estereotipados realizados en connivencia con la organización terrorista con el único fin de lograr ventajas penitenciarias. Ahora bien, en otros supuestos reconoce que se dan los presupuestos para conceder el tercer grado o la libertad condicional, pero argumenta que no solo hay que atender al fin resocializador de la pena, sino también a los de prevención general y retribución. Por eso, se fija en los delitos cometidos, la pena total impuesta, el tiempo que el interno va a cumplir y el que le resta para extinguirla. De forma que, pese a haber transcurrido el periodo legal no concede la libertad, aunque no se considere peligroso. Además, no estima suficiente la petición expresa de perdón a las víctimas, requiriendo arrepentimiento, o sea, un cambio moral de cara a las víctimas y a la sociedad.

Pero la Audiencia Nacional precisa las circunstancias del artículo 72.6 CP también para la concesión de los permisos ordinarios de salida, aunque la legislación no los requiere. Establece que se deben comprobar al evaluar las variables que según el artículo 156 del Reglamento penitenciario determinan su denegación. Argumenta que sin esos presupuestos no cabe afirmar que el programa de tratamiento dirigido a la reinserción social ha sido exitoso. Por otra parte, toma como parámetro para reconocerlos el tiempo legal necesario para conceder el tercer grado o, incluso, la libertad condicional. Así pues, el cúmulo de las exigencias específicas, de estos periodos temporales, y del prisma retributivo, hace que con frecuencia se niegue un permiso de salida a reclusos con condenas de 20 o 25 años, a quienes resta poco tiempo para extinguirlas. En este caso la Audiencia se aparta del principio de legalidad, porque si el legislador hubiese querido aplicar tales condiciones lo habría dispuesto expresamente.

Además, valora esas obligaciones particulares para progresar del primero al segundo grado. En realidad, en este caso la normativa da pie a considerarlas, pues, el artículo 102 del Reglamento Penitenciario dispone que para clasificar en primer grado se tendrá en cuenta la pertenencia a organizaciones delictivas o a bandas armadas, mientras el penado no muestre signos inequívocos de haberse sustraído a su disciplina. Por su parte, los artículos 75 LOGP y 65.2 del Reglamento determinan que, para acordar la progresión se atenderá a la modificación de aquellos rasgos de personalidad directamente relacionados con la actividad delictiva. Sin embargo, la Audiencia exige un cambio de actitud y una petición expresa de perdón a las víctimas, de forma paralela al artículo 72.6 LOGP. De este modo encontramos penados que llevan en primer grado hasta 27 años.

La inmensa mayoría de los autos de la Audiencia Nacional se refieren a personas condenadas por delitos cometidos en la organización terrorista ETA, que al recaer esas resoluciones ya había abandonado su actividad armada. Por consiguiente, la decisión de alargar la prisión no responde generalmente a la peligrosidad de la persona interna, ni a razones de prevención especial, sino como la propia Audiencia indica a un fin retributivo. No se puede ignorar, dice, el profundo impacto que causa en la sociedad que penas tan elevadas como las impuestas a algunos terroristas se reduzcan hasta límites de cumplimiento notoriamente inferiores. Por consiguiente, sigue teniendo en cuenta la opinión de la sociedad que vivió la amenaza de ETA. No obstante, en ciertos casos es cuestionable la observancia de algunos principios penales, como los de reinserción social y humanidad de las penas. Esta posible vulneración se plantea cuando los informes técnicos indican que la persona condenada no es peligrosa y está preparada para salir en libertad, pero no cumple las exigencias legales por temor a represalias de la banda. En este caso se prolonga la privación de libertad causando un sufrimiento innecesario. De ahí que lo oportuno sería que la administración constate la desvinculación de la organización y se elimine la exigencia de colaboración con las autoridades.

PARTE IV
TESTIMONIO DE LAS VICTIMAS COMO EXPERIENCIA DOCENTE

Capítulo 7
El rostro habla

IÑAKI ARTETA ORBEA
Cineasta

Sumario: I. ¿POR QUÉ HABLAR DEL TESTIMONIO DE LAS VÍCTIMAS? II. EL ROSTRO. III. EL TESTIMONIO COMO FORMA DE VERDAD. IV. EL CASO DEL TERRORISMO EN ESPAÑA. V. EL VALOR DEL ARCHIVO AUDIOVISUAL. VI. EL PAPEL DEL TESTIMONIO EN LA CONSTRUCCIÓN DE MEMORIA. VII. CONCLUSIÓN: LOS DISCOS DUROS.

Borges escribió "somos nuestra memoria, ese quimérico museo de formas inconstantes, ese montón de espejos rotos". Somos nuestra memoria, ese gran contenedor de recuerdos que, de alguna manera, nos interpela constantemente (frente al espejo) sobre los tiempos que nos tocaron vivir.

I. ¿POR QUÉ HABLAR DEL TESTIMONIO DE LAS VÍCTIMAS?

Vivimos en España unos tiempos post-terrorismo en los que la trepidante actualidad genera un estado de confusión haciendo elevar el temor de que algo tan relevante para la historia reciente de nuestro país como la existencia de una organización terrorista con aspiraciones nacionalistas que asesinó durante 50 años, se diluya en *no se sabe qué,* pero haga peligrar el merecido lugar protagonista de las víctimas y atenúe injustamente la culpa de los perpetradores. Los marcos sociales que permiten que pervivan las memorias parecen más inestables que nunca antes.

La fría estadística de los resultados del terrorismo debería traducirse en relato, y la crónica de los testigos, aún vivos en nuestro tiempo, en una narrativa creativa capaz de poder comunicar la valiosa verdad que atesoran.

El terrorismo no solo ha dejado cadáveres, marcas físicas y psicológicas indelebles en decenas de miles de personas y familias afectadas, sino que ha condicionado en todos los sentidos las políticas de los 40 primeros años de nuestra democracia, sembrando lentamente los peligrosos frutos que hoy consumimos.

La sociedad actual ha recibido una herencia de valores básicos erosionados por la larga secuencia de posicionamientos blandos, cuando no ambiguos o cómplices, frente al terrorismo y la ideología que lo impulsó.

Durante demasiado tiempo, el contexto presionó fuertemente a las víctimas a mirar hacia delante y a olvidar o reprimir los males vividos. Las familias afectadas y los supervivientes eran habitualmente recibidos con una combinación de lástima, miedo y culpa, y por lo general fueron aislados y evitados.

Las miles de historias diferentes, con solo el denominador común de haber sido objeto de la cruel agresión del terrorismo, se enfrentan a la inabarcable tarea de brindar mediante relatos una prueba causal de la existencia histórica de aquello a lo que se refiere. La necesidad de búsqueda de un género vinculado a una noción convencional de verdad y autenticidad nos dirige al audiovisual.

Frente al clima de silencio al que el tiempo del terror nos sometió y aún perdura en muchos sentidos, el testimonio audiovisual es una herramienta única para preservar la verdad, la dignidad de las víctimas y la memoria democrática. Pero una herramienta más.

Pensemos que también cabe en lo posible un "apagón" de la memoria. Nunca hay que descartar oportunistas intereses ideológicos que minimicen las bestialidades del pasado, no nos olvidemos del poder sobre la información de los nacionalistas en sus gobiernos ni tampoco de la actual influencia propagandística de los perpetradores. No hay nada que pueda prevenir una desaparición progresiva de esta parte del pasado o su infravaloración o arrinconamiento histórico intencionado.

II. EL ROSTRO

"Nuestro rostro es el portal de los demás hacia nuestros pensamientos, sentimientos e intenciones", dice *Jonathan* B. *Freeman*, psicólogo estadounidense especializado en neurociencia de la percepción y cognición social. Ver el rostro de una persona narrando su experiencia vital proporciona una suma de informaciones tremendamente valiosa.

"En el rostro reside la esencia de la persona", Enrique Rojas. Por ello los materiales grabados son probablemente el arma más efectiva contra los revisionistas y el revisionismo.

La importancia del rostro es fundamental para el establecimiento de un vínculo comunicativo singular entre el que relata y el que recibe el testimonio.

III. EL TESTIMONIO COMO FORMA DE VERDAD

Dice Ricoeur: "el testimonio desprende de la huella vivida un vestigio de ese rastro, y ese vestigio es la declaración de que aquello existió".

El testimonio personal se convierte en una herramienta crucial para la verdad. Lejos de ser un mero relato de sufrimiento, se convierte en una reflexión profunda sobre la condición humana, la barbarie y la necesidad de recordar y comprender el pasado para evitar repetirlo.

Para Primo Levi "el testigo forja un nuevo modelo de memoria y resistencia, buscando no solo transmitir la experiencia, sino también generar conciencia sobre la importancia de la ética y la política en la construcción de una sociedad justa".

Para el sociólogo francés Maurice Halbwachs hay distintos tipos de memorias, entre las que cabría resaltar la memoria autobiográfica y el concepto de memoria histórica. La memoria autobiográfica se asienta en la memoria histórica siendo más densa pero menos amplia.

La memoria puede quedar alienada del recuerdo personal y activo para pasar a ser algo meramente documentado y registrado en archivos o moldeado por efímeras experiencias mediáticas. De ahí que el testimonio puro encuentre en las formas más antiguas y más directas de comunicación, las claves de una memoria viva que pueda ser transmitida generacionalmente mediante historias tradicionales, pero con instrumentos actuales.

El elemento fundamental por el que destaca el testimonio audiovisual, ausente en los testimonios escritos o de historia oral y que solo lo proporciona esta cualidad cinematográfica, es la visibilidad del rostro. Es el rostro el que devuelve al relato testimonial la fuerza de verdad que puede perderse en el texto.

La videograbación captura el drama visual del testimonio. La voz con sus personales modulaciones, las expresiones faciales, emociones y los matices del lenguaje corporal son todos grabados por la cámara, lo cual le añade otra dimensión a la entrevista. La imagen se congela en el tiempo y el espacio para acercarnos vidas, restos imborrables de dramas terribles, vestigios de una vida en una hora de grabación.

La imagen grabada intenta recomponer las fracturas y hacer frente al debilitamiento del sentido de la realidad que provoca el cotidiano aluvión de imágenes. Ante un verdadero proceso de narcotización visual y desorientación cognitiva, aparece una clara necesidad de retornar a la imagen creíble, la del testigo, la del rostro del hombre y de la mujer que cuentan su historia.

El testimonio se convierte así en un medio ideal de transmisión para las nuevas generaciones.

IV. EL CASO DEL TERRORISMO EN ESPAÑA

ETA ha sido el grupo terrorista de más duración en todo Occidente. En nuestro país también han existido, y coexistido con la organización ultranacionalista, otros grupos terroristas mucho menos organizados. Grupos de extrema derecha o extrema izquierda revolucionaria, pero también nacionalistas de otras regiones, han tenido una vida temporal mucho menor y han causado un número de víctimas cuya suma total se encuentra muy por debajo de las de ETA.

El terrorismo etarra, a pesar de su crueldad, ha gozado de un cierto pero extraño factor de comprensión ideológico entre amplios sectores de la ciudadanía española en general, pero más en la comunidad vasca, que junto con el silencio impuesto por el miedo a sus inesperados ataques generó un dilatado dilema sobre cómo hacerle frente y/o como gestionar negociaciones o posibles finales dialogados.

Si los diferentes gobiernos democráticos, sufridores todos ellos de las campañas terroristas, no supieron qué hacer con una violencia aplaudida por una porción no pequeña de ciudadanos vascos que contaba con un brazo político homologado, peor fue su comportamiento con los familiares de las víctimas que cada mes aumentaban en número. El desamparo institucional fue largo para los damnificados. Su silencio se prolongó durante décadas mientras parecía impensable construir un relato público honesto y compasivo con ellas. Tampoco han faltado, en tiempos más recientes, desde la política, aspiraciones a la instrumentalización de las víctimas.

V. EL VALOR DEL ARCHIVO AUDIOVISUAL

En la búsqueda de un género adecuado para narrar las vivencias de la comunidad judía tras la segunda guerra mundial, surgieron en un primer momento, las grabaciones sonoras. Parece lógico en estos tiempos que la búsqueda de una forma de representación que respete los límites sin dejar de comunicar la realidad del terrorismo encuentre su respuesta contemporánea en lo audiovisual, especialmente en un género serio como es el documental, que se vincula a una noción convencional de verdad, realismo y autenticidad.

La imagen aporta continuidad de sentimientos y de emociones que no es otra cosa que el marco simbólico que les da sentido.

El testimonio audiovisual sería así una extensión de la tradición oral en circunstancias modernas, convirtiéndose en el medio ideal de transmisión para los jóvenes del presente.

Si Louise Bourgeois afirmó que "la memoria es una forma de arquitectura", las palabras, los testimonios y la descripción de su contexto son los ladrillos que construyen una historia más allá de lo personal.

Imágenes y voces narran con amargura la vida de los muertos y, a pesar de todo, la esperanza de los vivos, pero también revelan quienes somos, quienes fuimos y lo que fuimos capaces de hacer, de permitir... Todo esto va construyendo memoria.

Los mensajes de los supervivientes, directos y exentos de rencor alertan al mundo de los peligros que para la humanidad suponen el olvido, la complacencia y la indiferencia frente al terrorismo y transmiten el legado de los damnificados a los jóvenes actuales y a todas las generaciones futuras.

El superviviente es un testigo, pero en un sentido muy diferente: no sólo para decidir la verdad de la historia, sino para hacer que esa verdad significativa y comunicable, constituya un argumento histórico.

Steven Spielberg debió verlo de esta manera. A finales de los noventa destinó parte de los ingresos proporcionados por el éxito de su película "La lista de Schindler" a organizar una macroproducción cuyo objetivo fue grabar el máximo de testimonios de supervivientes del Holocausto. Con 15.000 jóvenes voluntarios, sobre todo, europeos, recopiló y catalogó 55.000 entrevistas a todo tipo de testigos del exterminio nazi. Una iniciativa privada de dimensión universal. 55.000 testimonios a disposición de cualquiera, pero especialmente destinado a programas educativos. Los originales se albergan para su custodia férrea y su conservación futura en la Universidad del Sur de California (USC).

Definir un Archivo Audiovisual de Víctimas del Terrorismo como en el que trabajo desde hace 25 años, que emula al construido por Spielberg, es muy sencillo: recopilamos las grabaciones de entrevistas personales a víctimas españolas del terrorismo.

Lo aparentemente fácil suele ocultar casi siempre una intensa complejidad. Desde la búsqueda de víctimas a entrevistar al vídeo final alojado en una web abierta al público en general hay un intenso trabajo, en primer lugar, de búsqueda de fondos y seguidamente, de documentación, preparación de entrevistas, transcripción de las mismas, edición en diferentes medidas, catalogación y conversión en distintos formatos digitales para su destino final en la web. Los originales son depositados en la prestigiosa Fundación Ortega-Marañón para su custodia y a la vez a disposición abierta de estudiantes e investigadores.

VI. EL PAPEL DEL TESTIMONIO EN LA CONSTRUCCIÓN DE MEMORIA

"La memoria se construye, no con monumentos a los muertos, sino con la comprensión de sus vidas", he visto escrito en algún sitio.

Es fundamental entender los acontecimientos históricos como experiencias vivas, no como una secuencia de datos impersonales. Se trata de pasar de las cifras al individuo, de pensar en el terrorismo como en una pérdida individual, una biografía o un nombre que debe ser recordado. Solo así es posible penetrar en una realidad social, en la vida cotidiana de una época en la que dominaba la violencia, el señalamiento despiadado, el constante peligro de una muerte a traición.

La memoria no es solo recuerdo, es también reconocimiento, justicia y prevención. Estos tres argumentos podrían ser tarea lógica y obligada de las instituciones gobernantes, pero seamos prudentes: dejar exclusivamente en manos de las instituciones políticas, cada vez más contaminadas, tesoros tan esenciales y cuyo destino indiscutible es traspasar generaciones es, hoy en día, una mala decisión.

Testimoniar no es solo contar, es también resistir al olvido lógico o interesado cruzado con el blanqueamiento oportunista de los perpetradores. Si el propósito de todo terrorista es la deshumanización de sus perseguidos o aniquilados, la respuesta tiene que ser una rehumanización que devuelva a las víctimas precisamente aquello que se les intentó arrebatar: una historia, un rostro y una memoria en forma de narración.

Las víctimas que he escuchado ante mi cámara son preguntadas acerca de la vida anterior al ataque terrorista y su vida posterior. A menudo, si el asesinado vivía en el País Vasco, había recibido cartas con amenazas, o había sido insultado, señalado o perseguido en la calle o su coche podía haber sido incendiado, a veces, también su domicilio; durante un tiempo pudo haber tenido escolta lo que significaba que no podía salir de su casa sin compañía armada. Otras familias vivían con normalidad hasta ese día en que el padre de familia, el hijo o el hermano salió de su casa y fue sorprendido por los terroristas con unos disparos o con la explosión de su coche. Algunas personas allegadas a la víctima se encontraban cerca del hecho y contemplaron el cuerpo de su familiar en la acera o los pedazos esparcidos por el entorno. Otros, muy jóvenes, acompañaban a su padre cuando fue atacado. También interesa en la entrevista hablar de la nueva vida tras el atentado. El destrozo familiar es generalizado. La perplejidad ante el hecho, primero, y después la rabia, no han provocado nunca una venganza. La generalidad vivió en el ostracismo hasta casi el cambio de siglo. Muchas de esas familias tuvieron que abandonar el País Vasco siguiendo el rastro del féretro. Las familias de asesinados de otros lugares de España vivieron más arropadas, pero la gran mayoría pasó apuros económicos para pagar los estudios de los hijos. No existía la atención psicológica. No hubo ayudas oficiales durante más de treinta años y por encima de todo, la viudas, hicieron de su vida un ejemplo de heroísmo. Trabajaron en empleos precarios, educaron en la concordia a sus hijos desterrando el odio en su familia, lo que hizo posible no empeorar las cosas. Increíblemente tuvieron escasos homenajes de reconocimiento durante décadas. Años después, al ser entrevistadas, es común en todas las víctimas el recuerdo permanente de su ser querido, pero también el desamparo por cómo los acontecimientos políticos han favorecido excesivamente a los perpetradores, muchos de ellos asesinos múltiples que van saliendo de las cárceles gracias a medidas excepcionales. Casi la mitad de las víctimas desconoce al autor del asesinato del familiar. El aguijón de la impunidad duele. Veinte, treinta o cuarenta años después, el presente es un mal sueño para ellas. Los homenajes oficiales resultan mecánicos y faltos de emoción verdadera. Los que tienen esperanza la tienen en las próximas generaciones, pero la educación no se empeña en situar la injusticia de los hechos terroristas en el lugar que se merecen, en todo caso se edulcora la historia de "la violencia" o está totalmente ausente en los libros de texto de los chicos. Todo esto forma parte del valioso material de las grabaciones. En estos vídeos se puede atisbar el milagro de la inmortalidad de la verdad.

Cuando la imagen, el tono de la voz, la gestualidad natural transmite un rol concienciador su visionado pasa a ser considerado, según el profesor Alex Baer, "una experiencia moralmente transformadora".

"Las historias orales grabadas de supervivientes son las formas más eficaces de transmitir la memoria del Holocausto a aquellos que no lo vivieron", afirma Judith Miller (1990). Esta autora resalta que tras visionar o escuchar las memorias personales de los supervivientes se hace imposible poner en duda si estos acontecimientos realmente tuvieron lugar.

VII. EL TESTIMONIO COMO CINE Y COMO DOCUMENTO

Es en las épocas de depravación masiva cuando se plantea la pregunta de "por quién hay que actuar", "por qué sacrificarse", dejó escrito Alexander Solzhenitsyn.

Los largos y convulsos tiempos del terrorismo afectaron a toda la sociedad. A todos los estratos sociales, también a los culturales. No solo la incomodidad de tratar como tema el terrorismo, sino el miedo a sentirse señalado por una opinión comprometida al respecto sacudió a los creadores tanto en literatura como en las artes visuales. Se pasó de puntillas sobre un asunto de evidente impacto social. Mientras la red asesina funcionaba a toda máquina en los años 79 y 80 dejando solo en estos dos años casi doscientas víctimas mortales, decenas de secuestros y mientras familias enteras veían la huida del País Vasco como el camino a la supervivencia, las carteleras de los cines españoles se llenaban de películas sobre el "destape", los vampiros o las comedias de Esteso y Pajares. El cine dejó de reflejar durante décadas uno de los problemas sociales que más preocupaban a la ciudadanía según las encuestas de la época. Así que, no habiendo compromiso, ni voluntad de sacrificio, el relato de aquellos tiempos se dejó "para más adelante".

Y cuando fueron llegando esos tiempos del final del terrorismo y del post terrorismo y se comienza a mencionar "el relato", no se señala cuáles son las herramientas que hay que crear para construirlo de manera duradera.

El caso Spielberg, con la creación del gran Archivo del Holocausto, da cuenta de cómo la memoria social contemporánea conforma un campo abierto en el que los medios de comunicación y la industria cinematográfica juegan un papel cada vez más importante.

El género documental es el ideal para capturar el drama visual del testimonio. Expresiones faciales, emociones y los matices del lenguaje corporal son grabados por la cámara, lo que añade una dimensión superior a las entrevistas. Claude Lanzmann, Rithy Panh, son autores con soberbios acercamientos a las víctimas desde un alto nivel de lenguaje cinematográfico. Los trabajos documentales que he producido y dirigido sobre la cuestión de las víctimas del terrorismo, ETA y el nacionalismo, son piezas que ya están formando parte de ese gran puzzle que es, será, parte de la historia de los tiempos más dramáticos de la historia reciente de nuestro país.

Es posible, yo creo que más que probable, que el rastro indeleble de las películas, la hemeroteca periodística y los archivos televisivos imposibiliten el negacionismo futuro, pero no solo eso, sino que facilitarán el acceso a la historia de los damnificados directos causados por el terrorismo. Los nuevos historiadores, periodistas, escritores, productores y directores audiovisuales dispondrán de documentación y artefactos audiovisuales suficientes para ir más allá de la superficie de los hechos estadísticos y serán el tesoro patrimonial que, como en otras cuestiones, pasa de generación en generación en cada país.

VIII. CONCLUSIÓN. LOS DISCOS DUROS

Las temáticas del terrorismo y sus consecuencias, las víctimas, han atraído la atención de muy pocos creadores cinematográficos y en algunos casos notables, las aproximaciones a la cuestión han sido poco menos que temerarias, creadoras de confusión y de debates estériles. En otros, los provenientes del mundo ultranacionalista, pura propaganda.

Somos pocos pero suficientes para no rendirnos. El reto de una aventura independiente como la nuestra ha sido y es hacer frente al olvido. La tarea de creer en la trascendencia de nuestra humilde y persistente labor ha merecido y sigue mereciendo la pena.

Lo principal: convertirnos en el gran almacén de la Memoria Visual de las víctimas del terrorismo de nuestro país. Lo hizo Spielberg, lo haremos, a escala más pequeña, pero no menos importante, nosotros.

Haremos que las víctimas continúen hablando hasta que el último superviviente ya no esté. Después sólo quedarán los rostros y las voces grabadas en archivos audiovisuales almacenados en discos duros para contar la historia de lo que ocurrió a las generaciones futuras. Y como de los errores casi nunca se aprende a tiempo, sirvan para evitar que fatalmente se repitan.

Dicho todo lo anterior, la humedad y la temperatura son determinantes. Pongámonos prácticos, con el paso del tiempo, las cosas materiales si no se extravían, se oxidan o, en la actualidad, "se borran" o desaparecen.

La fragilidad del "relato" testimonial depende de que alguien se acerque a escuchar y registre, pero también preserve.

Dicen los expertos que la magia de la conservación futura está en la humedad 45-55% de HR y la temperatura 20+- 2° C. Y sobre todo, un lugar bien aireado de posibles manejos oportunistas.

Este es el último secreto de la memoria audiovisual, su custodia física ideal, un lugar de propiedad independiente donde los tentáculos perversos de poderes futuros faltos de escrúpulos no tengan acceso ni oportunidad para reinterpretar a su gusto ciertas partes del pasado.

Capítulo 8

Las víctimas del terrorismo ante el proceso penal: del acompañamiento a la escucha de su testimonio

CARMEN LADRÓN DE GUEVARA PASCUAL
Miembro del departamento jurídico de la Asociación Víctimas del Terrorismo
Profesora asociada Derecho Procesal UCM

I. INTRODUCCIÓN

El 10 de noviembre del año 2000, Aurora Intxausti se encontraba en su domicilio de San Sebastián preparando a su hijo Iñigo, de apenas un año y medio de edad. Su esposo, Juan Palomo, había salido unos minutos antes con la intención de adelantar su jornada. Al abrir la puerta del domicilio, Juan observó sobre el felpudo una maceta de la que sobresalía un cable. Ante la sospecha de encontrarse frente a un artefacto explosivo, avisó a Aurora que se refugió en una habitación interior con su hijo, mientras Juan procedía a alertar a las autoridades competentes.

Transcurridos veinticuatro años desde aquellos hechos, el 25 de noviembre de 2024 se celebró en la Audiencia Nacional el juicio contra los cuatro miembros de la organización terrorista ETA responsables de la colocación del artefacto explosivo. Cabe señalar que los cuatro acusados comparecieron ante el tribunal encontrándose ya en situación de libertad, bien por estar clasificados en tercer grado penitenciario, bien por encontrarse disfrutando de los beneficios del régimen especial del artículo 100.2 del Reglamento Penitenciario, lo que había permitido su progresión flexible en el cumplimiento de condenas previas. Durante la vista oral, los acusados escucharon los testimonios de las víctimas, quienes relataron cómo el atentado frustrado transformó radicalmente sus vidas. A raíz de aquella amenaza, la familia se vio obligada a abandonar el País Vasco y establecerse en Madrid. Asimismo, se expuso ante el tribunal que Aurora Intxausti continúa, veinticuatro años después, bajo tratamiento psicológico debido a las secuelas que padece como consecuencia de aquel intento de atentado.

Dos semanas después de la finalización del juicio, el 11 de diciembre de 2024 se dictó sentencia condenatoria, que impuso penas de casi setenta y cinco años de prisión a cada uno de los cuatro acusados por tentativa de asesinato y pertenencia a organización terrorista. Tras conocerse el fallo, Aurora manifestó públicamente: «Pone fin a un trágico suceso que se produjo en el 2000. Tengo que dar las gracias al equipo de Información de la Guardia Civil en Vitoria, que fueron los que descubrieron quiénes eran los que nos quisieron matar. Y al tribunal por emitir una sentencia justa»[1].

A pesar de haber sido previamente asesorados y preparados para afrontar el proceso judicial, tanto Aurora como Juan solicitaron el apoyo del servicio de acompañamiento psicológico de la Asociación Víctimas del Terrorismo. Un hecho especialmente significativo se produjo cuando, a las puertas de la Audiencia Nacional, coincidieron inesperadamente con los acusados, en presencia de numerosos medios de comunicación. Esta circunstancia, que fue ampliamente documentada gráficamente, suscitó una intensa reacción social y mediática.

---

1 *El País*, 11/12/24.

El papel de la administración de justicia en la reparación simbólica y emocional de las víctimas del terrorismo constituye un elemento recurrente en los procesos judiciales desarrollados en los últimos años. Así lo evidencia también el caso de Borja Giménez Abad, cuyo padre fue asesinado el 6 de mayo de 2001 en su presencia. Veintitrés años después, se celebró el juicio contra los dos presuntos autores materiales, resultando condenado únicamente uno de ellos. Tras la lectura de la sentencia, Giménez Abad expresó públicamente que: «hemos esperado mucho tiempo (22 años) para este resultado, pero al final el Estado de derecho ha funcionado. Hoy es un día en el que se entremezclan sentimientos, por una parte, es inevitable que vuelva a la memoria todo el sufrimiento padecido, la muerte de mi padre, su irreversibilidad. Pero al mismo tiempo, hoy recibimos la noticia con alivio y diría que cierta satisfacción»[2].

De igual forma, Naiara Zamarreño expresó su satisfacción al conocer la condena de los asesinos de su padre, manifestando que «después de 26 años se hace justicia y el asesinato de mi aita no quedará impune», lo que les permitirá, según sus propias palabras, «cerrar una etapa»[3].

Estos casos permiten ilustrar la diversidad de estrategias adoptadas por las víctimas en su participación en los procedimientos penales, tanto en su condición de acusación particular como en su implicación activa mediante la prestación de testimonio. Asimismo, ponen de manifiesto la importancia del acompañamiento institucional y psicológico proporcionado por asociaciones especializadas, que facilitan a las víctimas transitar por las distintas fases del proceso judicial.

Finalmente, estos relatos subrayan el valor del testimonio de las víctimas no solo como elemento probatorio en sede judicial, sino también como herramienta de concienciación social sobre las consecuencias humanas y sociales del terrorismo.

---

2 *El Heraldo de Aragón*, 22/9/2023.

3 *El Diario Vasco*, 15/6/2024.

II. PARTICIPACIÓN DE LA VÍCTIMA EN EL PROCESO PENAL

1. Personación de la víctima en el proceso como acusación particular

Una de las particularidades del modelo procesal penal español radica en la posibilidad de que la persona perjudicada u ofendida por el delito pueda personarse en el procedimiento judicial como acusación particular, ejerciendo tanto la acción penal como la acción civil. Esta característica diferencia nuestro sistema de otros modelos del entorno europeo, donde la legitimación de la víctima suele limitarse al ámbito civil, circunscribiéndose exclusivamente a la reclamación de una indemnización por los daños y perjuicios sufridos, sin posibilidad de participar activamente en la acción penal.

Por el contrario, en el sistema español, la víctima no solo puede reclamar la correspondiente indemnización, sino que también está habilitada para solicitar la condena penal de los responsables del delito. Como han sostenido diversos autores, «la existencia de la acusación particular se fundamenta tanto en una razón de justicia —esto es, dar a cada cual lo que le corresponde en relación con el objeto del proceso penal— como en la defensa de la legalidad»[4]. Desde esta perspectiva, se considera un principio de justicia que el perjudicado por un delito tenga la oportunidad de constituirse como parte procesal y solicitar de la autoridad judicial el impulso de un procedimiento dirigido a investigar los hechos, identificar a los responsables y, en su caso, obtener su castigo.

Asimismo, es incuestionable que la víctima ostenta un interés legítimo en la persecución penal del autor del delito, lo que le faculta para solicitar de los tribunales tutela judicial efectiva en relación con dicho interés.

La posibilidad de participación de la víctima en el proceso penal español se encuentra consagrada desde hace más de un siglo en la

---

4 Banacloche Palao, J/Zarzalejos Nieto, J., *Aspectos fundamentales de Derecho procesal penal*, La Ley, Madrid, 2025, p. 109.

Ley de Enjuiciamiento Criminal (LECrim), que prevé el trámite del ofrecimiento de acciones y la personación como acusación particular en cualquier fase del procedimiento hasta el inicio del juicio oral. En particular, los artículos 109 y 110 de la LECrim regulan el ofrecimiento de acciones como el acto procesal mediante el cual se informa formalmente a la víctima o perjudicado de su derecho a ejercitar las acciones penales y civiles que estime pertinentes.

En el caso específico de las víctimas del terrorismo, su participación en el proceso penal ha experimentado una evolución progresiva a lo largo de las últimas décadas. Desde la creación de la Audiencia Nacional en 1977[5], órgano judicial competente para la instrucción y enjuiciamiento de los delitos de terrorismo[6], se ha transitado desde una participación escasa y residual de las víctimas en los procedimientos judiciales a una presencia cada vez más visible y activa.

Durante los primeros años de funcionamiento de este órgano, la intervención de las víctimas se limitaba, en la mayoría de los casos, a la prestación de testimonio en calidad de testigos cuando eran citadas por el juez, sin que existiera una cultura jurídica que favoreciera su personación como acusación particular o su acceso a la información procesal. Esta marginalización procesal se mantuvo durante buena parte de las décadas de 1980 y 1990.

Sin embargo, a partir de finales de los años noventa y comienzos de los años dos mil, se observa un cambio de tendencia, motivado en gran medida por el papel activo de la Asociación Víctimas del Terrorismo[7] que comenzó a ofrecer asistencia jurídica especializada y a fomentar la personación de las víctimas en los procedimientos judiciales. Este cambio permitió que las víctimas no solo tuvieran un mayor control sobre el desarrollo del proceso, sino que también pudieran ejercer sus derechos de manera más efectiva, interviniendo activamente en la acusación y en la defensa de sus intereses.

---

5 RDL 1/1977, de 4 de enero, por el que se crea la Audiencia Nacional.

6 RDL 3/1977, de 4 de enero, sobre competencia jurisdiccional en materia de terrorismo.

7 Asociación Víctimas del Terrorismo, inscrita en el Registro Nacional de Asociaciones el 14/02/1981.

Esta falta histórica de información fue parcialmente corregida mediante la aprobación de dos normas fundamentales en el modelo de protección a las víctimas del terrorismo: la Ley 32/1999, de 8 de octubre, de Solidaridad con las Víctimas del Terrorismo y la Ley 29/2011, de 22 de septiembre, de Reconocimiento y Protección Integral a las Víctimas del Terrorismo, que vino a derogar y completar la anterior.

Ambas leyes establecieron el derecho de las víctimas a ser indemnizadas y reconocieron la subrogación del Estado en el pago de las indemnizaciones fijadas judicialmente, ya fuera en aplicación de la legislación específica o mediante sentencias firmes. Esta previsión legal permitió al Ministerio del Interior, a través de la Dirección General de Apoyo a las Víctimas del Terrorismo, poner en marcha el «Programa de Localización de Víctimas Reconocidas en Sentencia Penal y No Indemnizadas 2000-2007», posteriormente ampliado hasta 2010.

Este programa tenía como objetivo principal la revisión de las sentencias penales derivadas de atentados terroristas, con el fin de detectar casos en los que las víctimas —pese a tener reconocida una indemnización por responsabilidad civil derivada del delito (*ex delicto*)— no la hubieran solicitado, generalmente por desconocimiento o por falta de información, al no haber estado personadas en el procedimiento y no haberles sido notificada la sentencia[8]. Según los datos del Ministerio del Interior, de las 368 víctimas identificadas como afectadas, fueron localizadas 302 y 115 de ellas recibieron la correspondiente indemnización hasta el año 2010[9].

Esta situación ha ido mejorando paulatinamente, gracias en parte al papel activo de las asociaciones de víctimas y a una creciente conciencia institucional sobre la necesidad de garantizar el derecho de participación efectiva de las víctimas en todas las fases del proceso penal, en cumplimiento de los principios del Estatuto de la Víctima

---

8 Dirección General de Apoyo a Víctimas del Terrorismo, Ministerio del Interior, «Programa de Localización de Víctimas reconocidas en Sentencia Penal y No indemnizadas 2000-2007», p. 4.

9 Ladrón de Guevara Pascual, C., *Avances y carencias en la protección jurídica a las víctimas del terrorismo*, Colex, Madrid, 2021, p. 77.

del Delito y de las normas europeas e internacionales sobre protección y participación de las víctimas en los sistemas de justicia penal.

La evolución de la participación de las víctimas del terrorismo como acusación particular en los procedimientos penales puede observarse en la Tabla 1, que muestra el número de juicios celebrados ante la Audiencia Nacional desde la década de 1970 hasta la actualidad, diferenciando los casos en los que existió acusación particular personada de aquellos en los que no se ejerció dicha personación.

Tabla 1. Participación de la acusación particular en juicios por terrorismo ante la Audiencia Nacional[10]

Década	Con acusación particular	Sin acusación particular	Total juicios	% Si
Años 70	3	6	9	33%
Años 80	21	208	229	9,1%
Años 90	41	99	140	29,2%
Años 2000	82	84	166	49,3%
Años 2010	64	24	88	72,7%
Años 2020	25	13	38	65,7%
Total	236	434	670	

Fuente: elaboración propia utilizando como muestra 670 sentencias del archivo personal de la autora.

Como se aprecia en la tabla, la participación de las víctimas como acusación particular ha ido en aumento progresivo desde los años ochenta, alcanzando un mayor equilibrio en la década de los años 2000, donde prácticamente la mitad de los juicios contaron con víctimas personadas. Esta tendencia ha continuado en mayor proporción en la década siguiente llegando al 70% de juicios con víctimas

10 Se han incluido los casos en los que ha participado la Asociación Víctimas del Terrorismo como acusación popular puesto que en la mayoría de los casos lo hace en representación de las víctimas directamente afectadas.

personadas y manteniéndose a partir del año 2020, consolidando un modelo procesal cada vez más participativo.

2. *Los derechos de las víctimas con independencia de su personación en el proceso penal*

Además de la posibilidad de ejercer la acción penal y civil como acusación particular, nuestro ordenamiento jurídico reconoce a las víctimas una serie de derechos procesales y extraprocesales que les asisten con independencia de que se personen o no en el procedimiento judicial.

La Ley 4/2015, de 27 de abril, del Estatuto de la Víctima del Delito, ha supuesto un hito normativo en la evolución de la protección de las víctimas en el sistema procesal penal español. Esta ley es fruto de la trasposición de la Directiva 2012/29/UE del Parlamento Europeo y del Consejo, de 25 de octubre de 2012, por la que se establecen normas mínimas sobre los derechos, el apoyo y la protección de las víctimas de delitos. La entrada en vigor del Estatuto marcó un cambio estructural al establecer por primera vez un catálogo único, sistemático y accesible de derechos que hasta entonces aparecían dispersos y escasamente desarrollados en la normativa española.

El Estatuto configura, por tanto, una norma de carácter general que garantiza derechos tanto procesales (como el derecho a ser informado, a entender y ser entendido, a participar activamente en el proceso o a recurrir determinadas resoluciones) como extraprocesales (como el derecho a recibir apoyo psicológico, social y jurídico, o a medidas de protección y asistencia especializada). Todo ello, con independencia de que la víctima se persone formalmente como acusación particular.

Cabe destacar que este régimen general se complementa con la normativa específica dirigida a determinados colectivos de víctimas que requieren una protección reforzada, tales como las víctimas menores de edad, las personas con discapacidad, o las víctimas del terrorismo, que disponen de normas especiales que atienden a sus particulares necesidades de protección y asistencia.

En los últimos años, ha ido creciendo la doctrina que reivindica el papel central de la víctima en el proceso penal, proponiendo una evolución hacia modelos que refuercen su visibilidad, protagonismo y tutela efectiva[11]. Esta tendencia ha tenido también su reflejo en la jurisprudencia del Tribunal Supremo, que ha subrayado el principio de protección a las víctimas como uno de los fundamentos esenciales del derecho penal y criterio rector de la actuación judicial.

Así lo ha declarado expresamente la Sentencia del Tribunal Supremo n.º 607/2020, de 13 de noviembre, en la que se afirma que: «el principio de protección a las víctimas se erige como uno de los pilares sobre los que debe sustentarse la actuación de jueces y tribunales, en consonancia con los estándares europeos e internacionales de tutela efectiva».

Igualmente, la Sentencia del Tribunal Supremo n.º 399/2021, de 5 de mayo, ratifica esta doctrina, destacando que: «la protección integral de la víctima no se limita a su participación procesal, sino que abarca un conjunto de derechos que deben ser garantizados en todas las fases del procedimiento y, en su caso, con posterioridad a la finalización del mismo».

En conclusión, la evolución normativa y jurisprudencial de los últimos años refleja una progresiva consolidación de un modelo procesal orientado a la tutela integral de la víctima, que reconoce su estatus de sujeto de derechos y no meramente de testigo o parte pasiva del procedimiento, contribuyendo así al fortalecimiento de un sistema de justicia penal más humano, garantista y respetuoso con la dignidad de las personas afectadas por el delito.

---

11 Véase Subijana Zunzunegui, Ignacio José, *El principio de protección de las víctimas en el orden jurídico penal. Del olvido al reconocimiento*, Editorial Comares, Granada, 2006; Chocrón Giráldez, Ana María, «Tutela cautelar y protección de la víctima en el proceso penal», en *Boletín del Ministerio de Justicia*, Año 61, n.º 2041, 2007; De la Cuesta Azurmendi, José Luis, «El Principio de Humanidad en el Derecho Penal», *Revista Penal de México*, n.º 4, marzo-agosto, 2013.

III. ACOMPAÑAMIENTO A LAS VÍCTIMAS DURANTE EL PROCESO PENAL

1. *El derecho de información*

El acompañamiento a las víctimas durante el proceso penal no puede concebirse sin la garantía del derecho a la información, reconocido expresamente en el artículo 7 de la Ley 4/2015, del Estatuto de la Víctima del Delito. Este derecho impone a las autoridades judiciales y administrativas la obligación de informar a la víctima de una serie de aspectos con independencia de que se haya personado o no en el procedimiento penal.

En concreto, la víctima debe ser informada de:

- La fecha, hora y lugar de celebración del juicio oral, así como del contenido de la acusación dirigida contra el presunto responsable.
- La resolución de archivo que acuerde no iniciar el procedimiento penal.
- La sentencia que ponga fin al proceso.
- Las resoluciones que acuerden la prisión provisional o la puesta en libertad del investigado o condenado, así como de una posible fuga.
- Las resoluciones relativas a medidas cautelares personales o a la modificación de las existentes cuando estas tengan por objeto garantizar la seguridad de la víctima.
- Las resoluciones de carácter judicial o penitenciario que afecten a condenados por delitos cometidos con violencia o intimidación, cuando estas decisiones supongan un riesgo para la seguridad de la víctima, debiendo la administración penitenciaria comunicarlo de forma inmediata al órgano judicial para su notificación a la persona afectada.
- Las resoluciones previstas en el artículo 13 del Estatuto, relativas a la clasificación en tercer grado penitenciario, el cómputo de cumplimiento de penas y la concesión de la libertad condicional.

Este marco normativo fue ya anticipado por la Ley 13/2009, de 3 de noviembre, que, al reformar la Ley de Enjuiciamiento Criminal, introdujo por primera vez en el ordenamiento español la obligación de notificar a la víctima no personada determinada información procesal relevante, como la sentencia definitiva, la fecha de celebración del juicio oral y las resoluciones que afecten a la seguridad de la víctima (arts. 659.6, 785.3, 789.4, 791.2, 792.4 y 990.6 LECrim).

No obstante, la implementación práctica de este derecho ha evidenciado deficiencias importantes en lo que a las víctimas del terrorismo se refiere. Entre ellas cabe destacar[12]:

1. Interpretación restrictiva del derecho de información: la práctica de la Audiencia Nacional ha venido condicionando el cumplimiento de este derecho a una solicitud expresa previa por parte de la víctima. Esta interpretación asume que el silencio de la víctima equivale al ejercicio de su "derecho a no saber", cuando en realidad muchas víctimas ignoran que disponen de este derecho, lo que transforma su silencio en una manifestación de desconocimiento, no de renuncia informada.

2. Dificultades de localización y comunicación: un elevado número de víctimas desconoce la existencia de procedimientos judiciales abiertos a raíz de los atentados sufridos, en parte por la ausencia de censos oficiales y la deficiente gestión de datos por parte de las administraciones públicas. La Asociación Víctimas del Terrorismo (AVT) ha desempeñado un papel decisivo al desarrollar programas de localización y asesoramiento jurídico, permitiendo que las víctimas reciban la información a través de abogados especializados, lo que facilita su comprensión y asimilación emocional.

3. Lenguaje técnico inaccesible: las notificaciones judiciales se formulan en términos jurídicos complejos, lo que dificulta la comprensión por parte de personas sin formación legal, generando inseguridad, confusión y estrés.

---

12 Se pueden encontrar más desarrollados en Ladrón de Guevara Pascual, C., *Avances y Carencias en la protección jurídica a las víctimas del terrorismo*, Colex, 2021, pp. 78 a 81.

En consecuencia, el acompañamiento informativo debe iniciarse garantizando que las víctimas reciban información veraz, comprensible y ajustada a sus necesidades desde el inicio del procedimiento. Solo así podrán mantener la confianza en las instituciones y en el Estado de Derecho, percibiendo que las autoridades están actuando para esclarecer los hechos y garantizar justicia. Este acompañamiento debe evitar la generación de falsas expectativas y asegurar que la información se transmita de forma clara, empática y libre de tecnicismos innecesarios, minimizando el riesgo de revictimización.

2. *Acompañamiento a las víctimas durante el proceso penal*

Además del derecho a la información, resulta esencial garantizar el acompañamiento físico y emocional de las víctimas durante las diligencias judiciales presenciales, especialmente cuando deben comparecer en la sede de la Audiencia Nacional. Estas comparecencias se producen en entornos hostiles y emocionalmente desafiantes, que pueden revivir el trauma del atentado sufrido.

La práctica ha evidenciado tres perfiles recurrentes de participación de las víctimas en el proceso penal:

1. Víctimas personadas con asistencia letrada: son aquellas que delegan la gestión procesal en su abogado, aunque en ocasiones este carece de experiencia especializada en delitos de terrorismo, lo que limita la eficacia de la defensa de sus intereses.
2. Víctimas interesadas en personarse, pero sin asesoramiento adecuado: estas víctimas desconocen cómo acceder a un abogado especializado, o ignoran, por ejemplo, que tienen derecho a asistencia jurídica gratuita[13].
3. Víctimas que optan por desvincularse del procedimiento: un tercer grupo minoritario manifiesta su deseo de no participar en el procedimiento, evitando así revivir el trauma.

---

[13] Art. 48.1 Ley 29/2011, de 22 de septiembre, de Reconocimiento y Protección Integral a las Víctimas del Terrorismo.

Con el fin de responder a estas necesidades, la Asociación Víctimas del Terrorismo (AVT) ha desarrollado un programa de acompañamiento integral, que incluye:

- Asesoramiento jurídico previo, mediante el cual se informa a las víctimas sobre sus opciones de participación y se explica el procedimiento de forma comprensible.
- Intermediación para la designación de abogados especializados del departamento jurídico de la AVT, ofreciendo un servicio profesionalizado y con experiencia en terrorismo.
- Acompañamiento físico y emocional durante las diligencias judiciales, para minimizar el impacto psicológico y facilitar la comprensión del entorno procesal.

Este modelo de intervención ha demostrado ser esencial para proteger a las víctimas, proporcionándoles seguridad, orientación y apoyo, y evitando situaciones de desamparo o victimización secundaria.

Tal y como se ha señalado en la introducción, el acompañamiento físico en el día del juicio oral se revela como una herramienta fundamental, especialmente en un contexto como el actual, en el que muchos de los acusados por delitos de terrorismo se encuentran ya en libertad, ya sea por la clasificación en tercer grado o por el régimen del artículo 100.2 del Reglamento Penitenciario. Esta situación incrementa la probabilidad de que víctimas y acusados coincidan físicamente en la entrada, salida o en los pasillos de la sede judicial.

Ante estas circunstancias, se observan tres tipologías de víctimas respecto a su participación en el juicio oral:

- Víctimas que optan por no asistir, pero que tienen derecho a ser informadas del desarrollo y resultado del juicio.
- Víctimas que desean asistir al juicio como parte de su proceso personal de cierre de una etapa.
- Víctimas que son citadas a declarar como testigos, una participación que, en muchos casos, resulta inevitable.

En todos estos supuestos, el acompañamiento físico por parte de profesionales o voluntarios se torna imprescindible para amortiguar el impacto emocional. La sala de vistas de la Audiencia Nacional constituye un espacio hostil, no solo por su frialdad institucional y relevancia mediática, sino también por la presencia física de los acusados y sus acompañantes, lo que incrementa el nivel de tensión y angustia para las víctimas.

Un elemento clave del programa de acompañamiento de la Asociación Víctimas del Terrorismo (AVT) es la implicación del voluntariado, compuesto en su mayoría por estudiantes universitarios de Derecho, Psicología y otras disciplinas afines, que colaboran activamente en las tareas de acompañamiento a las víctimas durante las sesiones judiciales. Estos voluntarios se inscriben expresamente para prestar este servicio solidario, motivados por su compromiso social y profesional, o bien participan en el marco de sus prácticas académicas integradas en el departamento jurídico o psicológico de la AVT.

Su formación específica, junto con la atención personalizada que ofrecen, permite a las víctimas sentirse acompañadas, comprendidas y asistidas en un momento procesal y emocionalmente crítico, reforzando el papel de la AVT como referente institucional en el acompañamiento integral a las víctimas del terrorismo.

La formación previa que reciben, unida a su compromiso personal, les permite desempeñar un papel crucial, no solo ofreciendo apoyo logístico y emocional, sino también facilitando la comprensión del entorno judicial a las personas afectadas.

IV. LA IMPORTANCIA DEL TESTIMONIO DE LAS VÍCTIMAS DEL TERRORISMO

El testimonio de las víctimas del terrorismo constituye un elemento esencial tanto desde una perspectiva procesal, cuando son llamadas a declarar en sede judicial en calidad de testigos, como desde una perspectiva social, en cuanto a su capacidad de generar conciencia pública sobre las consecuencias humanas, políticas y sociales del terrorismo.

1. El testimonio de la víctima como prueba

En el ámbito procesal penal, la declaración de la víctima como testigo puede resultar determinante para el esclarecimiento de los hechos y la identificación de los responsables. Sin embargo, la participación en juicio exige una adecuada preparación previa, tanto jurídica como emocional, para garantizar que la víctima pueda declarar en condiciones de seguridad y dignidad.

En este sentido, es fundamental que las víctimas sean informadas de las medidas de protección que la legislación prevé para minimizar el impacto emocional y proteger su integridad personal. En el Estatuto de la Víctima del Delito, en sus artículos 19 a 25, se recogen una serie de medidas de protección. Entre estas medidas, cabe destacar:

- La posibilidad de prestar declaración por videoconferencia, evitando el desplazamiento físico a la sede judicial y, con ello, el contacto directo con los acusados o sus acompañantes.
- La solicitud de medidas de protección visual, tales como pantallas o biombos, que impidan la exposición directa de la víctima ante los acusados durante su testimonio.
- La opción de declarar acompañada por una persona de su confianza o por un profesional especializado, como un psicólogo, que pueda proporcionarle apoyo emocional durante su intervención.

Estas medidas, además de estar recogidas en la normativa procesal y en el Estatuto de la Víctima del Delito, responden a la necesidad de prevenir situaciones de revictimización y de proteger la estabilidad emocional de las personas que, pese a su condición de víctimas, se ven obligadas a participar en un proceso penal que puede resultar emocionalmente re-victimizante.

Y aquí es importante explicar a lo que nos referimos cuando hablamos de re-victimización. La revictimización, también conocida como victimización secundaria, se define como el daño adicional que sufre una víctima como consecuencia de su interacción con las instituciones que deberían proporcionarle protección, asistencia y justicia, especialmente durante la tramitación del procedimiento judicial.

Se produce cuando, a través de actuaciones inadecuadas o negligentes por parte de profesionales del ámbito judicial, policial, social o sanitario, la víctima experimenta nuevas formas de sufrimiento, angustia o humillación, que se suman al daño ya padecido por el delito inicial. Esta victimización puede manifestarse de distintas maneras, entre las que destacan:

- La reiteración innecesaria del relato de los hechos traumáticos ante diferentes operadores o instituciones.
- La exposición pública o mediática de la víctima sin su consentimiento o sin las debidas garantías de protección.
- La utilización de un lenguaje técnico, hostil o insensible que dificulta la comprensión y genera inseguridad o angustia.
- La falta de información adecuada sobre el procedimiento y los derechos que le asisten.
- La desprotección frente al contacto con el agresor o con su entorno, especialmente en el ámbito judicial.
- La dilación indebida de los procedimientos, que prolonga innecesariamente el sufrimiento de la víctima.

Como señala la Profª. Barona Vilar «el deber de evitar la victimización secundaria exige una actuación diligente, respetuosa y empática por parte de todos los operadores jurídicos, garantizando que las víctimas no sean instrumentalizadas, invisibilizadas o sometidas a procesos innecesariamente traumáticos»[14].

En esta misma línea, el Estatuto de la Víctima del Delito reconoce expresamente la obligación de las autoridades de prevenir la victimización secundaria, estableciendo medidas específicas de información, protección y acompañamiento que deben aplicarse a lo largo de todas las fases del procedimiento penal.

---

[14] Barona Vilar, S., *El Estatuto Jurídico de las Víctimas de Delitos: Especial consideración a las víctimas de violencia de género,* Tirant lo Blanch, Valencia, 2016.

2. *El testimonio como herramienta de concienciación social*

Más allá del ámbito judicial, el testimonio público de las víctimas del terrorismo desempeña un papel clave en la construcción de la memoria colectiva y en la concienciación social sobre el impacto del terrorismo en una sociedad democrática. La visibilización de sus relatos contribuye a:

- Humanizar el relato social del terrorismo, poniendo el foco en las consecuencias personales y familiares de la violencia.
- Reforzar los valores democráticos y de convivencia, mostrando el coste humano que supone el quebrantamiento del Estado de Derecho.
- Combatir el olvido, la indiferencia o la trivialización de los delitos de terrorismo, promoviendo una memoria social responsable y comprometida.

En este contexto, resulta esencial acompañar a las víctimas también en su participación en actos públicos, educativos o mediáticos, garantizando que sus testimonios sean respetados, contextualizados y protegidos, evitando cualquier instrumentalización política o mediática que pueda dañar su dignidad o su relato.

3. *La preparación integral del testimonio*

Tanto en el ámbito judicial como en el social, la preparación del testimonio requiere de una intervención profesional y multidisciplinar, que contemple:

- Información jurídica completa sobre el procedimiento, los derechos que le asisten y las medidas de protección disponibles.
- Preparación psicológica y emocional, orientada a gestionar el estrés y preparar emocionalmente a la víctima para su participación.
- Acompañamiento físico y emocional durante su intervención, tanto en el juzgado como en los espacios públicos de testimonio.

El trabajo desarrollado por la Asociación Víctimas del Terrorismo (AVT), a través de su "Proyecto Testimonios"[15], es clave para garantizar que la voz de las víctimas sea escuchada en condiciones de seguridad, dignidad y respeto, tanto en los tribunales como en la sociedad.

V. CONCLUSIONES

Tras el análisis realizado, se puede afirmar que el rol de las víctimas del terrorismo en el proceso penal ha evolucionado desde una posición meramente pasiva y testimonial hacia un papel activo y con derechos reconocidos. La posibilidad de personarse como acusación particular, junto a la aprobación del Estatuto de la Víctima del Delito, ha supuesto un avance significativo en la tutela jurídica y procesal de las víctimas, garantizando su participación efectiva más allá de su intervención como meros testigos.

Sin embargo, la implementación práctica de estos derechos sigue presentando importantes carencias, especialmente en lo relativo a la información accesible y comprensible, la localización de las víctimas, y la prevención de la victimización secundaria. El acompañamiento profesional y humano ofrecido por entidades como la Asociación Víctimas del Terrorismo (AVT) se ha revelado fundamental para cubrir estas deficiencias, ofreciendo asesoramiento jurídico, apoyo psicológico y acompañamiento físico durante el procedimiento judicial.

Asimismo, el testimonio de las víctimas no solo constituye una prueba esencial en sede judicial, sino también una herramienta de concienciación social y de construcción de la memoria democrática. Acompañarlas en este proceso, tanto dentro como fuera de los tribunales, es una responsabilidad institucional y social que contribuye a la reparación del daño, al fortalecimiento del Estado de Derecho y a la defensa de los valores democráticos frente al terrorismo.

---

15 Disponible en https://www.youtube.com/playlist?list=PLvAIe_lX-wqMt3-sZwKJGuSsFSn7nRGjc

VI. BIBLIOGRAFÍA

Banacloche Palao, J/Zarzalejos Nieto, J., *Aspectos fundamentales de Derecho procesal penal,* La Ley, Madrid, 2025.

Barona Vilar, S., *El Estatuto Jurídico de las Víctimas de Delitos: Especial consideración a las víctimas de violencia de género,* Tirant lo Blanch, Valencia, 2016.

Chocrón Giráldez, Ana María, "Tutela cautelar y protección de la víctima en el proceso penal", en *Boletín del Ministerio de Justicia,* Año 61, n.º 2041, 2007.

De la Cuesta Azurmendi, José Luis, «El Principio de Humanidad en el Derecho Penal», *Revista Penal de México,* n.º 4, marzo-agosto, 2013.

Ladrón de Guevara Pascual, C., *Avances y carencias en la protección jurídica a las víctimas del terrorismo,* Colex, Madrid, 2021.

Subijana Zunzunegui, Ignacio José, *El principio de protección de las víctimas en el orden jurídico penal. Del olvido al reconocimiento,* Editorial Comares, Granada, 2006.

Otras fuentes

El Diario Vasco, 15/6/2024.

El Heraldo de Aragón, 22/9/2023.

El País, 11/12/24.